Gustav Seibt

IN
AUSSER
ORDENT
LICHEN
ZEITEN

Gustav Seibt

IN
AUSSER
ORDENT
LICHEN
ZEITEN

Politische Essays

C.H.Beck

© Verlag C.H.Beck oHG, München 2023
www.chbeck.de
Umschlaggestaltung: Kunst oder Reklame, München
Satz: Janß GmbH, Pfungstadt
Druck und Bindung: CPI – Ebner & Spiegel, Ulm
Gedruckt auf säurefreiem und alterungsbeständigem Papier
Printed in Germany
ISBN 978 3 406 80858 6

myclimate

klimaneutral produziert
www.chbeck.de/nachhaltig

INHALT

**AUSSERORDENTLICH SIND DIE ZEITEN
IMMER**

1
GUTE GEISTER

DIE UNENTBEHRLICHEN

HELFER OHNE STAAT

23. 09. 2015

Erinnert sich noch jemand an die Oderflut von 1997? Damals drohte eine vollständige Überschwemmung des erst 250 Jahre alten Bruchs mit seinen von Friedrich dem Großen angelegten Dörfern. Die Hilfe kam schnell und beherzt. Matthias Platzeck machte sich einen Namen als «Deichgraf». Die Bundeswehr half, Sand zu verteilen und stopfte die Löcher an den zerbröselnden Schutzwällen. Mit dabei waren Hunderte Freiwillige, die sich in die Reihen stellten, in denen Sandsäcke weitergereicht wurden. Man sprach von einer zweiten, «inneren» Wiedervereinigung – der im Osten neue Staat, vor allem sein Heer, hatte sich mit der Gesellschaft solidarisch gezeigt.

Und so ging es bei allen folgenden Flutkatastrophen, auch der den Bundestagswahlkampf entscheidenden von 2002: Die staatlichen Verwaltungen, die Bundeswehr, das Technische Hilfswerk waren zur Stelle, um Bürgern zu helfen, die selbst schon anpackten. Live-Sendungen transportierten die Solidarität in alle trockenen Wohnzimmer.

Ist es nicht auch jetzt wieder so? Die Züge mit Flüchtlingen kommen an, und am Bahnhof stehen nicht nur Polizei und Rotes Kreuz, sondern auch die helfenden Bürger, die Spenden verteilen und den Geschundenen Mitleid und Sympathie bekunden – selbst wenn der Alltag danach steinig wird, diese Momente bleiben im Gedächtnis. Inzwischen müssen die verantwortlichen Bürgermeister landauf, landab bekennen: Ohne die geballte Hilfe von Freiwilligen wäre der Ansturm nicht zu bewältigen gewesen. Selbst der Bundesinnenminister rang sich einen schmallippigen Dank ab, der allerdings die Bürger erst an dritter Stelle, nach der Polizei und der Verwaltung, nannte.

Wenn er sich da mal nicht in der Rangfolge täuscht. Freiwillige Bürger sind unentbehrlich, das werden sie gern hören. Aber beunruhigend bleibt

11

doch eine bis jetzt nicht recht ins Bewusstsein getretene Tatsache: Bevor der Flüchtlingsansturm zu jener «Krise» wurde, von der die Bundeskanzlerin behauptete, «wir schaffen das», hat keine staatliche Instanz die Bürger zur Mithilfe auch nur ermuntert, sie gar aufgerufen. Die Bürger waren, wie von Zauberhand, schon da, als die Zehntausende anrollten.

Berlin ist das eklatanteste Beispiel. Als die deutsche Öffentlichkeit noch fast ausschließlich von Griechenland sprach, brach die Flüchtlingsverwaltung in Berlin zusammen – eine erst regional bemerkte Katastrophe, die bis heute etwas Unglaubliches hat. Tausende im Freien wartende Flüchtlinge blieben im heißesten Sommer seit Jahrhunderten wochenlang ohne Wasser, ohne Schatten, ohne Toiletten, ohne medizinische Notversorgung. Darunter waren Kriegsversehrte, Traumatisierte, schwangere Frauen, zahllose Kleinkinder. Die örtlichen Stellen – das «Landesamt für Gesundheit und Soziales» (Lageso) und der Bezirkbürgermeister von Mitte – verkündeten allabendlich im RBB-Fernsehen, man «arbeite» an den Problemen. Viel ist davon bis heute nicht zu spüren.

Da organisierte die Initiative «Moabit hilft», die es übrigens schon seit 2013 gibt, eine der spektakulärsten Hilfsaktionen der deutschen Geschichte. Über Nacht wurde eine Grundversorgung für Tausende aufgebaut, man eröffnete eine Spendenkammer, richtete eine Behelfsküche ein, und als diese vom Gesundheitsamt, dem die vorherige Katastrophe egal gewesen war, untersagt wurde («aus hygienischen Gründen»), sprangen private Caterer oder Restaurants der Umgebung ein, um täglich mehrere Tausend Mahlzeiten zu verteilen – ohne dass die Stadt Berlin einen Finger gerührt hätte.

Eine riesige Spendenwelle rollte vor das Lageso, bald gesteuert durch täglich erneuerte Bedarfslisten. Wer helfen wollte, stellte auf Facebook fest, dass es heute an Rasierschaum, Flipflops oder frischer Unterwäsche mangle, fuhr zu einem Großmarkt und besorgte das Nötige. Wenn er dann die von der Verwaltung aggressiv verteidigten Parkverbote vor dem Lageso überwunden hatte, konnten die Artikel sortiert und verteilt werden. Ähnliche Initiativen arbeiten längst in allen Berliner Bezirken. Jeder, der diesen atemberaubenden Vorgang in Echtzeit verfolgen will, kann dies über die sozialen Netzwerke von Stunde zu Stunde tun.

Am vergangenen Samstag etwa mussten nachts 250 Flüchtlinge in einer Lagerhalle in Prenzlauer Berg untergebracht werden. Bevor die Busse ankamen, stand die Bundeswehr zum Bettenaufbau bereit. Allerdings hatte niemand einen Schlüssel zu dem Gelände – also wurde ein Bolzenschneider über Twitter organisiert. Um Mitternacht lagen die Flüchtlinge wenigstens auf Matratzen, denn für den Aufbau von Betten war es zu spät geworden. Getwittert hatte aber nicht etwa die staatliche Verwaltung, sondern die Initiative «Lichtenberg hilft», die zusammen mit dem DRK in Karlshorst ein äußerst effizient organisiertes Notaufnahmeheim betreut.

So begeisternd diese digital vernetzte, dem globalen Kapitalismus abgeschaute «Just-in-time»-Produktion von Hilfe momentan ist, so beunruhigend ist die Umkehrung der Verhältnisse zwischen Freiwilligenhilfe und staatlicher Initiative für den Fernblick. Warum hat die riesenhafte Verwaltung der Stadt Berlin nicht kommen sehen, was ein paar Dutzend erschütterte Bürger zu unverzüglichem Handeln veranlasste? Gewiss, zwischen Verwaltung und Bürgern in Berlin hat sich ein Ton der Gereiztheit eingespielt, der dazu führt, dass selbst der schrillste Alarm nur noch als Gequengel verstanden wird. Berlin ist buchstäblich taub geworden.

Aber Bayern, Sachsen – die konservativen Musterländer? Sachsen hatte schon Schwierigkeiten, das Gewaltmonopol und die Grundrechte in Heidenau zu sichern. Und natürlich war es dieses Staatsversagen, das die Bürgerhilfe in weiten Teilen Deutschlands erst befeuert hat. Die Willkommensinitiativen sind die wirksamste politische Demonstration seit Menschengedenken, der «Aufstand der Anständigen», der als Demo auf dem Marktplatz außer den Teilnehmern niemanden erreicht hätte. Sie versammelt sich nicht unter Spruchbändern und vor Mikrofonen, sondern in Zelten, Kleiderkammern, hinter Kuchentischen und an Bahnsteigen, sie organisiert sich nicht durch offizielle Aufrufe, sondern in den Netzwerken, die auf ihre Weise auch die Flüchtlinge nutzen.

Dieser Kontrast von staatlichem Phlegma – um es freundlich zu formulieren – und zivilgesellschaftlicher Initiative ist etwas Neues in der deutschen Geschichte. Noch 1989/90, als die Massen aus dem Osten Deutschlands strömten, lag die Initiative eindeutig beim bundesdeutschen Staat. Er sorgte für die Verteilung des Begrüßungsgelds, für Notfahrpläne, für Sonderöffnungszeiten bei den Geschäften, für Willkommen aller Art. Die Bürger machten gern mit, klatschten zu Trabi-Paraden und tranken singend «diese Kleinigkeit auf die deutsche Einigkeit». Aber organisiert hat die ganze Sause die öffentliche Verwaltung, bis hin zu logistischen Großleistungen wie der Einführung eines neuen Geldes.

So war es auch bei den Ausnahmezuständen im Zweiten Weltkrieg und den Notzeiten danach gewesen, bei der Unterbringung von Ausgebombten und Vertriebenen. Die Nazi-Diktatur versuchte ohnehin, den Schein einer effizienten Gemeinschaft zwischen Verwaltung, Parteistellen und Volk zu erzeugen, von der Feuerwehr nach dem Luftangriff bis zum Ortsgruppenleiter oder Bürgermeister, der die Einquartierungen organisierte. Diese mit Nachweisen und Marken auch papiergestützte Organisation wurde in der Nachkriegszeit bruchlos fortgesetzt – die Entnazifizierung scheiterte ja auch daran, dass die weiterschnurrende Verwaltung auf die bewährten Kräfte nicht verzichten wollte.

Selbst in der Revolution von 1919 sah der Beobachter Ernst Troeltsch vor allem Pensionsberechtigte durch die Sonntage spazieren, was in seinen Augen die Aussicht auf eine fundamentale Veränderung stark verringerte. 1945 funktionierten die S-Bahn-Netze und die Zugfahrpläne im Rahmen des Möglichen unverzüglich weiter, auch die Post wurde rasch wieder zugestellt. Die Idee, man könne ein paar Tausend Menschen fremder Herkunft unversorgt und ohne Auskünfte vor einem Amt einfach liegen lassen, hätte der klassische deutsche Beamte bis gestern für unvorstellbar gehalten. Aber in der Hauptstadt Deutschlands ist es bis zu dieser Stunde achselzuckend akzeptierte Realität mit präziser Adresse: Turmstraße, Moabit.

Wird Deutschland also auch administrativ ein «Hippie-Staat», um die britische Kritik am moralischen deutschen Herbstmärchen zu variieren? Freuen kann man sich darüber jedenfalls auf Dauer nicht. Berlin leistet sich seit Jahren in Kreuzberg und Friedrichshain große Zonen manifester Rechtlosigkeit: Weder im Görlitzer Park noch im RAW, der Partyzone im ehemaligen Reichsbahnausbesserungswerk, ist man zu nächtlichen Uhrzeiten vor Diebstahl und Überfall gefeit, ganz zu schweigen von dem geduldeten Dauerverstoß gegen die Betäubungsmittelgesetze.

Gerade läuft eine Kampagne gegen geschmuggelte Zigaretten über deutsche Plakatwände: «Klar rauch ich für die Mafia». Aber die Drogenmafia kontrolliert weite Teile von Kreuzberg und Neukölln, und jeder, vom Innensenator bis zur Bezirksbürgermeisterin, weiß es. Am Südrand des Mittelmeers beginnt eine Völkerwanderung – aber der deutsche Staat verlässt sich auf Bürgersinn und Antifa, auf eine Volksbewegung namens Willkommenskultur. Nein, Deutschland schafft sich nicht ab, aber es ist schon dabei, sich neu zu erfinden.

14

SIEBZIG, VERWEHT

UNSERE JAHRE MIT HELMUT SCHMIDT

12. 11. 2015

Die Jahre des Kanzlers Helmut Schmidt begannen mit den «Grenzen des Wachstums» – der Club of Rome erhielt für seine Studie 1973 den Friedenspreis des Deutschen Buchhandels –, mit dem Ölschock samt autofreien Sonntagen. Sie endeten mit den bis dahin größten Demonstrationen der deutschen Geschichte, die sich gegen die von Schmidt angestoßene Nachrüstung richteten. Ölschock und Raketenwinter rahmen die «bleierne Zeit» des westdeutschen Terrorismus, der mit einer Serie von Morden und Entführungen zwischen 1975 und 1977 einen blutigen Höhepunkt erreichte und das Land in eine Bürgerkriegsstimmung versetzte.

In der zeitdiagnostischen Debatte kursierten alarmistische Krisenbegriffe wie «Legitimationsprobleme im Spätkapitalismus» und «Unregierbarkeit», die von links und von rechts die Funktionsfähigkeit eines politischen Systems anzweifelten, das damals, vor der späteren Hochschätzung des Verfassungspatriotismus, durchaus höhnisch mit einem Kürzel bezeichnet wurde: FDGO, freiheitlich-demokratische Grundordnung. Der Hohn entstand, weil sich Anwärter auf den Staatsdienst seit 1972 regelmäßige Überprüfungen ihrer Verfassungstreue gefallen lassen mussten.

Das galt als «Überwachungsstaat» und «Gesinnungsterror». Wer abgelehnt wurde, sah sich einem «Berufsverbot» ausgesetzt. Im Kampf gegen den linksradikalen Terrorismus, der sich mit dem Kürzel RAF auf die Rote Armee Stalins und die Bomberflotten der Royal Airforce im Zweiten Weltkrieg berief, griff der Staat zu so hässlichen Maßnahmen wie «Rasterfahndung» und «Kontaktsperre». Gemeint waren generalisierter Verdacht mit Straßen- und Wohnungskontrollen sowie Behinderungen in der Kommunikation zwischen Untersuchungshäftlingen und ihren Anwälten.

15

Kein Zweifel also, Schmidt regierte ein hysterisches, stark polarisiertes Land. 1976 setzten die Unionsparteien ihren Wahlkampf unter das Zeichen von «Freiheit statt Sozialismus». 1980, als Franz Josef Strauß Kanzlerkandidat war, konterten Schmidt und seine SPD mit dem Vorwurf autoritärer Unkontrolliertheit. In anthologischen Filmen wie «Deutschland im Herbst» und «Der Kandidat» zeigten Meisterregisseure wie Alexander Kluge und Rainer Werner Fassbinder das depressive Bild eines Landes am Rande zur Diktatur.

Dabei hatten die neuen sozialen Bewegungen, die sich für Umweltschutz, gegen Atomkraft, für Frauen- und Schwulenrechte einsetzten, längst zu einer Umsteuerung des Protests von Systemopposition zu alternativen Lebensformen geführt. Unter Helmut Schmidt, dem leitenden Angestellten der BRD (so beschrieb er sich selbst), wurde die deutsche Gesellschaft bunt. Die Pilzköpfe der Hippiezeit wuchsen zu wilden Haargebirgen, und Schmidt musste sich schon als Verteidigungsminister mit einem umstrittenen «Haarerlass» für die Bundeswehr an die neue Mode anpassen – dass sein eigener Scheitel dabei penibel blieb, verstand sich von selbst.

Man muss an den aufgeregten Zeithintergrund erinnern, um eine der wichtigsten Leistungen des Bundeskanzlers Schmidt zu würdigen: Er ließ sich nicht verrückt machen. Nach dem Mord an Generalbundesanwalt Siegfried Buback im April 1977 sagte er: «Die Mörder wollen ein Gefühl der Ohnmacht erzeugen. Sie wollen die Organe des Grundgesetzes verleiten, sich von freiheitlichen und rechtsstaatlichen Grundsätzen abzukehren. Sie hoffen, dass ihre Gewalt eine bloß emotional gesteuerte, undifferenzierte, unkontrollierte Gegengewalt hervorbringe, damit sie unser Land als faschistische Diktatur denunzieren können. Diese Erwartungen werden sich nicht erfüllen. Der Rechtsstaat bleibt unverwundbar, solange er in uns lebt.»

Das war in einer Kirche gesprochen, und es antwortete auch auf besorgte Anfragen von ausländischen Intellektuellen wie Alfred Grosser und Jean-Paul Sartre, die im bundesdeutschen Abwehrkampf gegen den Terrorismus totalitäre Gefahren erkannten. Es reagierte aber auch auf Versuchungen, den Terror mit kurzen Prozessen zu beantworten. Schmidts damals altmodisch anmutendes, kirchlich geprägtes Staatsethos bewährte sich in der Krise der Schleyer-Entführung und bei der Befreiung der Lufthansa-Maschine *Landshut* in Mogadischu. Dass Schmidt fest blieb, war das eine; dass er glaubhaft unzynisch handelte, als er ein Menschenleben opferte und andere in Gefahr brachte, das andere, vielleicht wichtigere. Denn natürlich wusste Schmidt, dass er durch den Befehl, die *Landshut* zu stürmen, das Leben Hanns-Martin Schleyers aufs Spiel setzte. Eine Entscheidung ohne Schuld konnte es nicht geben. Wenige Tage später saß er beim Trauergottesdienst mit versteinerter Miene neben der Witwe und den Söhnen.

In der Epoche des auslaufenden politischen Radikalismus berief sich Schmidt, der anders als Willy Brandt Distanz zu den Schriftstellern des Landes hielt, auf Verantwortungsethik. Sie leitete ihn beim schwersten Kampf seiner Kanzlerschaft, der sicherheitspolitischen Grundentscheidung des von ihm angestoßenen Nato-Doppelbeschlusses von 1979.

Durch die deutschen Ostverträge und die Schlussakte von Helsinki war der Sowjetunion ihre mittelosteuropäische Vormachtstellung international garantiert worden. Da lag es nahe, auf dem Weg zu einer rein europäischen Sicherheitsordnung weiterzugehen, um die Blockkonfrontation, die Deutschland teilte, schrittweise aufzulösen. Das wollten Vordenker der Entspannungspolitik wie Egon Bahr.

In dieser Logik dachte allerdings auch die Sowjetunion, als sie sich Atomwaffen zulegte, die nur noch Westeuropa bedrohten. Der europäischen Friedensverlockung entsprach auf einmal auch eine innereuropäische Bedrohungslage. Es war Schmidt zu verdanken, dass die pazifistische Verlockung und die europäische Drohung die Nato nicht spalteten. Ihr von Schmidt formuliertes Angebot an die Sowjetunion lautete: Beiderseitiger Verzicht auf Mittelstreckenraketen oder westliche Nachrüstung, innerhalb von vier Jahren, bis 1983.

Um das durchzusetzen, musste sich Schmidt gegen eine Friedensbewegung bewähren, die zwei Jahre lang die Straßen und Plätze des Landes mit Hunderttausenden füllte und dabei neue expressive Protestformen wie Sitzblockaden, Menschen- und Lichterketten, Freiluftgottesdienste und sogar öffentlich nachgestellten Atomtod entwickelte. Der Weltweise Schmidt, den wir aus den vergangenen Jahrzehnten in Erinnerung haben, war am Ende seiner Kanzlerschaft kein allgemein beliebter Staatsmann; bei vielen war er geradezu verhasst. Sein Ton galt als schneidend, junge Parteigenossen wie Lafontaine sprachen von «Sekundärtugenden», mit denen man auch ein KZ betreiben könne.

Schmidts Primärtugend hieß Realpolitik. Als in der Raketenfrage eine neue Eiszeit drohte, hielt er weiter Kontakt mit Moskau und Ostberlin. Er wagte im Winter 1981 sogar einen Besuch in der DDR, der nicht nur freundliche Bilder mit Honecker aus Schloss Hubertusstock am Werbellinsee hervorbrachte, sondern auch die gespenstische Szenerie der von Einwohnern geräumten Stadt Güstrow, wo Schmidt, der Liebhaber des deutschen Expressionismus, Barlach-Skulpturen sehen wollte.

In denselben Tagen wurde in Polen das Kriegsrecht ausgerufen, um die katholische Arbeiterbewegung Solidarność zu bändigen. Besser so, als ein Einmarsch der Russen, befand Schmidt kühl. Den Menschenrechtsforderungen der Helsinki-Schlussakte, die später eine so zerstörerische Wirkung auf die Regime im Ostblock ausübten, schenkte Schmidt kaum Beachtung. Hier unterschätzte der Realpolitiker die Sprengkraft von Ideen.

Im Kampf um die Nachrüstungspolitik wurde Schmidt einsam in seiner Partei. Eine seiner besten Reden musste er 1983, schon nach seiner Kanzlerschaft, im Bundestag ohne Beifall halten. Da verteidigte er noch einmal den Doppelbeschluss und die Aufstellung der *Pershing*-Raketen, und dabei wandte er sich besonders an die jugendlichen Pazifisten außerhalb des Parlaments, deren Friedenssehnsucht der Weltkriegssoldat teilte. Schmidt, akkurat gekleidet wie immer, ohne das Gewicht eines Amtes, nachdenklich, fast leise sprechend, wirkte im großen Plenarsaal des bei seiner Rede meist schweigenden Bundestages auf einmal fast fragil; umso beeindruckender war die Entschiedenheit seiner Argumente.

Schmidts politisches Schicksal entschied sich allerdings nicht beim Kampf gegen den Terrorismus oder in der Sicherheitspolitik, sondern auf dem Feld der Ökonomie. Die Ölschocks von 1973 und 1978/79 hatten zu einer Vollbremsung des Nachkriegsaufschwungs geführt. Gleichzeitig hatten sie die Abhängigkeit der Exportnation Deutschland aufgezeigt. Die Zeiten heimischer Wirtschaftssteuerung schienen vorbei zu sein. Schmidt musste sparen und zugleich die deutsche Verantwortung als internationale Konjunkturlokomotive wahrnehmen. Er wurde zu einem zeitweise gefeierten «Weltökonomen», der mit Rambouillet und dem europäischen Währungssystem, der Einrichtung von Weltwirtschaftsgipfeln für Deutschland erstmals globale Aufgaben übernahm. Schmidts Ansehen auf diesem Gebiet kontrastierte aber stark mit ausbleibenden Erfolgen im Inneren: In den späten Siebzigerjahren mussten sich die Deutschen an eine konstant hohe Sockelarbeitslosigkeit von fast fünf Prozent gewöhnen, und das bei erstaunlich hohen Inflationsraten. Schmidt verkündete, ihm sei höhere

Inflation lieber als hohe Arbeitslosenzahlen, aber er bekam beides, und das hässliche Wort «Stagflation» bereicherte in den Jahren des «Waldsterbens» das Vokabular des gesellschaftlichen Pessimismus, der Schmidts Kanzlerschaft grundierte. In einem Land, das den Erfolg der Demokratie am wirtschaftlichen Wohlergehen maß, war das eine ungemütliche Erfahrung.

Inzwischen hatten in England und Amerika neoliberale Revolutionen begonnen. Hier konnte Schmidt und wollte vor allem die SPD nicht mitziehen, und das wurde zum Grund seines Sturzes. Wie er ihn inszenierte, indem er die sich davonschleichende FDP des Verrats überführte, war noch einmal eine Meisterleistung des Taktikers Helmut Schmidt. Die dabei entfesselten Redeschlachten des Bundestags beendeten glanzvoll das Jahrzehnt der Polarisierungen, dem Schmidt mit so kühlem Verstand vorgesessen hatte.

Als Schmidt am 9. September 1982 seinen letzten «Bericht zur Lage der Nation» vortrug, wusste er, dass er für die Nachwelt sprach: «Politisches Handeln ergibt sich nicht schon ohne weiteres aus Moral, Ethik oder Theologie. Politisches pragmatisches Handeln bedeutet die vernunftgemäße Nutzung von Mitteln zu einem moralisch gerechtfertigten Ziel, und die Mittel dürfen auch nicht unmoralisch sein. Ich denke oft, dass Politik die Anwendung feststehender sittlicher Grundsätze auf wechselnde Situationen sein muss. Deshalb darf es kein pragmatisches, kein praktisches Handeln ohne die Pflicht, die Bindung an sittliche Grundsätze und Grundwerte geben.»

Hier antwortete der Kant-Bewunderer auf den Vorwurf, er verkörpere nur Sekundärtugenden. Der Pragmatiker, der sich auch gern auf den liberalen Denker Karl Popper berief, zeigte sich, wie schon öfter in seinen letzten Regierungsjahren, als Mann von Prinzipien. Schöner trat kein Kanzler zurück.

Draußen im Lande hatte gerade die Party der Achtzigerjahre begonnen. «German Angst» wurde zum Punk, die neuen sozialen Bewegungen zum generalisierten Pop, während das Bürgertum sich Landhäuser in der Toskana kaufte und historische Bestseller verschlang. Die immer wählerischer werdende Öffentlichkeit trauerte dem Redner Helmut Schmidt nach, bis Richard von Weizsäcker sie von ihren Leiden an der Peinlichkeit Helmut Kohls erlöste. Erst in diesen Jahren wurde Schmidt zum *Zeit*-Orakel, viel später dann zu einem hanseatischen Konfuzius, der Sentenzen in die Welt entließ wie Rauchkringel.

FÜRCHTEN MÜSSEN WIR NUR DIE FURCHT

FRITZ STERN IN SEINEM JAHRHUNDERT

19. 05. 2016

Am Ende schloss sich in Fritz Sterns langem und in jedem Sinn erfüllten Leben ein Kreis, und zwar kein guter. Als er im Februar, zu seinem 90. Geburtstag, wie so oft zuvor zur Lage der Welt befragt wurde, warnte er vor einem «neuen Zeitalter der Angst». Er erkannte es im Aufstieg einer verjüngten, geradezu erfrischten Rechten in Europa, in der rasanten Drift zu autoritären Regimen, die erst Ungarn und nun Polen erlebten. Das sei «furchtbar», schon die Geschwindigkeit, mit der sich der polnische Szenenwechsel vollzogen hatte, erschreckte diesen großen Zeugen des 20. Jahrhunderts.

Angst als politische Macht stand am Beginn von Sterns wissenschaftlicher Laufbahn. Der Titel seines ersten Buches wurde sprichwörtlich: «Kulturpessimismus als politische Gefahr» («The Politics of Cultural Despair», 1961 erschienen). Der schmale Band analysierte die Kulturpanik der deutschen Rechten im Kaiserreich vor 1914, das Syndrom aus Massenverachtung und Demokratiefurcht, Dekadenzhysterie und Rassenhass, das alle politischen Fehlentscheidungen bis 1945 mitbestimmte, obwohl es sich bei den Urhebern, Paul de Lagarde, Julius Langbehn und Arthur Moeller van den Bruck eher um Ästheten und Kulturkritiker als um politische Denker handelte. Aber sie bestimmten das Klima eines Irrationalismus, der später als «konservative Revolution» verharmlost wurde und heute gern wieder zitiert wird.

Stern interpretierte dieses Denken nicht nur als Ideenhistoriker. Wirksam konnte es werden wegen tiefer Spaltungen und ungeklärter Verfassungslagen im Bismarckschen Reich, das ganze Bevölkerungsgruppen aus-

20

schloss und unter Verdacht stellte. Als amerikanischer Staatsbürger sah sich Stern schon durch den Antiterrorkampf seit 2001 zu ähnlichen Analogien und Warnungen gedrängt. Im Herbst 2008 debattierte der kleine, quirlige Mann darüber hitzig mit Karl Heinz Bohrer, der 2003 den Irak-Krieg noch befürwortet hatte. Den Ruin der politischen Kultur Amerikas, der sich in diesen Wochen vollzieht, erkannte Stern hellsichtiger und früher als andere, als unmittelbare Folge des auch inneren «Krieges gegen den Terror» mit seinen Feinderklärungen.

Die düstere Rundung dieses Lebens schien noch zur Jahrtausendwende unvorstellbar. Stern war der Friedenspreisträger des Jahres 1999, und damals konnte er einen gelassen optimistischen Rückblick auf die Epoche werfen, die mit seinem eigenen Leben weitgehend zusammenfiel. Wenn ihn etwas an der neuen «Berliner Republik» störte, dann nicht die Besorgnis vor neuen deutschen Eskapaden, sondern der Name: Berlin sei nicht gerade bekannt für seine leisen Töne. Da sprach ein Landsmann.

Stern wurde im Februar 1926 in Breslau in eine Familie jüdischer Wissenschaftler geboren, die in der Mitte der deutschen Gesellschaft angekommen zu sein schien. Sein Patenonkel war Fritz Haber, der Chemiker und Nobelpreisträger, der am Ende des ersten Weltkriegs für sein Vaterland, das Deutsche Reich, die neuartigen Chemiewaffen entwickelt hatte, deren Einsatz bald als Kriegsverbrechen galt. Diese bürgerliche patriotische Herkunft konnte wie bei unzähligen anderen deutschen Juden Verfolgung und Vertreibung nicht verhindern. Zeit seines Lebens sprach Fritz Stern, der 1938 mit seinen Eltern nach New York flüchtete, eine unverwechselbare Mischung aus schlesischem Zungenschlag und amerikanischem Akzent.

Dass er nach dem Krieg in Amerika blieb, hat Stern mit Zufällen der akademischen Laufbahn, nicht mit einer Grundsatzentscheidung erklärt. Doch machten ihn seine Forschungen und Stellungnahmen bald zum Bürger beider Welten, mit den Vorzügen der souveränen Überschau. Sein Hauptthema blieb die deutsche Geschichte seit Bismarck, zu der er nach dem Kulturpessimismus-Buch eine Fülle von ideengeschichtlichen und sozialhistorischen Forschungen beisteuerte. Sein Meisterwerk wurde die Doppelbiografie von Bismarck und seinem jüdischen Bankier Gerson Bleichröder, dem ersten Juden, der seinem Glauben treu blieb und doch ein preußisches Adelsdiplom erhielt. Das 1978 nach über zwanzig Jahren Archivforschung erschienene, fast tausendseitige Werk erzählt die Finanzgeschichte der Bismarckschen Staatsgründung ebenso wie die prekäre Assimilations- und Abstoßungsgeschichte des bürgerlichen Judentums im 19. Jahrhundert.

Hatte Sterns Erstling die realpolitische Kraft von Ideen in den Mittelpunkt gerückt, so zeigte sein Hauptwerk die nur relative Macht der Finanz im politischen Kampf: Ohne Bleichröder hätten die Kriege von 1866 und 1870 nicht finanziert werden können, ohne ihn wäre Bismarck kein reicher Mann geworden, allein sein politischer Einfluss blieb gering, seine Stellung als verachteter «Hofjude» und «schmieriger Börsenjobber» veränderten weder Geld noch Adelstitel.

Trotzdem sah Stern in der deutschen Geschichte des 20. Jahrhunderts keine schicksalhafte Notwendigkeit, so viele Ursachen und Voraussetzungen er in der Vorgeschichte der Katastrophe erkannte. Neben der Neigung zur kulturellen Panik nannte Stern, vielleicht überraschend, am Ende seiner Forschungslaufbahn einen schwer fassbaren Faktor, den er «das feine Schweigen» nannte. Das bezog sich auf ein Zitat Nietzsches, der damit Goethes vornehme Zurückhaltung bei seinem Urteil über die Deutschen bezeichnet hatte.

Diese aristokratische Weigerung, mit offenem Visier und freiem Wort am Meinungsstreit teilzunehmen, die Neigung, sich lieber zurückzuhalten und den Lauten, Frechen und Fanatischen das Feld zu überlassen, erkannte Stern als Grundgebrechen einer Gesellschaft, die nie gelernt hatte, liberal nicht bloß zu denken, sondern auch zu leben. Stern war dankbar für jeden Widerständler, den er ehren konnte, aber die Verdruckstheit der besseren Stände, die lieber kulturell übelnahmen als debattierten, blieb ihm, mehr als einzelne Ansichten, ein Hauptfaktor des deutschen Problems im 20. Jahrhundert.

Darum war er seit dem Mauerfall so dankbar für das Neue, das er in Deutschland und Europa erlebte. 1987 hielt er im Bundestag in Bonn die Rede zum Gedenken an den 17. Juni 1953. Er analysierte den Arbeiteraufstand in der DDR nicht als nationales Aufbegehren, sondern als Freiheitskampf, und damit nahm er die friedliche Revolution der Bürgerrechtsbewegung von 1989 hellsichtig vorweg – denn auch sie begann ja nicht als Wiedervereinigungsaufstand, sondern als Kampf um geheime Wahlen, um Meinungs- und Reisefreiheit. Dass sie dann in die Wiedervereinigung, und zwar demokratisch legitimiert, führte, hat Stern nicht nur begrüßt, er hat es aktiv befördert.

Dass er zu den vier Historikern gehörte, die 1990 nach Chequers, auf den Landsitz der englischen Premierministerin eingeladen wurden, um Margaret Thatcher über Deutschland aufzuklären, hat Stern bis zum Schluss mit Stolz erfüllt – zu schwachen Witzen von seiner Sternstunde kicherte er begeistert. Da nämlich gab er bei der äußerst misstrauischen Lady, die persönlich die Cocktails mischte, energisch Entwarnung: Die Deutschen hätten sich geändert, nichts spreche gegen ein vereintes Land. Das hinderte ihn übrigens nicht daran, Thatchers Sozialphilosophie («So etwas wie Gesellschaft existiert nicht») als Ausdruck von widerwärtigem Sozialdarwinismus zu geißeln. Nein, fein schweigen konnte der kleine große Mann mit seiner blitzenden Brille nicht mehr. Er warnte und ermunterte, schrieb bezaubernde Karten zu Artikeln und Büchern, die ihm gefallen hatten. Ihm, der friedlich starb, verklärte sich aber auch nichts in seinen letzten Wochen. Das deutsche Willkommen für die Flüchtlinge begrüßte und bewunderte er, die Spaltung Europas ließ ihn Schlimmes ahnen. Aber er zitierte Franklin Delano Roosevelt: Das einzige, was wir fürchten müssen, ist die Furcht.

KOMMUNIST FÜR DREI TAGE

VORTEILE DES ABSTANDS: MARTIN MOSEBACH

30. 07. 2021

Dem Schriftsteller Martin Mosebach, der am 31. Juli seinen 70. Geburtstag feiert, hat es an einsichtsvollem Zuspruch nicht gefehlt. Die Liste seiner Loberinnen und Lober ist dabei so heterogen, dass auch Skeptiker neugierig werden sollten. Robert Gernhardt, Brigitte Kronauer, Eckhard Henscheid, Navid Kermani, Michael Maar: Wer solche Bewunderer hat, braucht vielleicht nicht einmal mehr große Preise, die Mosebach allerdings auch bekam, darunter den Büchnerpreis.

Doch kontrastiert dieser solide Ruhm mit unübersehbaren Reserven bei der professionellen Literaturkritik. Mosebach blieb bis heute nie unumstritten, nicht wegen politisch-weltanschaulicher Provokationen, sondern wegen gewisser äußerer Signale, die sein Verhältnis zur Gegenwart anzeigen. Die Stichworte lauten «Einstecktuch» und «Katholizismus», sie betreffen, in durchaus willkürlicher Zusammenstellung, den Habitus und den Glauben. Dabei ist der Letztere hier keine Frage des Habitus, also gar kein «Feuilletonkatholizismus», sondern wirklich Religion. Beides verweist auf eine Ferne zur Gegenwart, ein Nichtdabeisein, das offenbar provokanter ist als einzelne Meinungsäußerungen. Was dann auch erklärt, warum sein Fall anders liegt als der von Handke, Walser oder Botho Strauß, denen man konkrete Ansichten übelnimmt, während Mosebach bisher auch mit Provokationen ohne langes Debattengewitter durchgekommen ist. Warum auch einen Autor öffentlich maßregeln, der ohnehin nicht mitspielen mag? Denn Mosebach separiert sich ja auch nicht einmal privatreligiös-feintuerisch; er bleibt weltnah unbeeindruckt bei sich.

Wie katholisch ist der Schriftsteller Mosebach? Dass es die Person ist, bleibt unübersehbar, Mosebach ist eine der geistreichsten Stimmen des Katholizismus, beißend kritisch gegen seine heutige Gestalt, ultramontan, dem römischen Mittelpunkt verpflichtet, in einem historischen Sinn. Dazu gibt es Bücher, Essays und Interviews in Menge, am bekanntesten die Verteidigung der tridentinischen Messe in «Die Häresie der Formlosigkeit».

Zugleich aber hat Mosebach Weltanschauungsliteratur, die die Wirklichkeit nach Meinungen filtert, immer abgelehnt, ohne deren vorübergehende Wirksamkeit zu leugnen. Die Lektüre von Émile Zolas Roman «Germinal» habe ihn für ein paar Tage zum Kommunisten gemacht, bekannte er. Die Privatreligiosität des katholischen Dichters Stefan George hat er scharfsinnig als Sackgasse analysiert und im Gegensatz dazu das Katholische bei James Joyce und Marcel Proust, zwei fast areligiösen Portalfiguren des modernen Romans, herausgearbeitet.

In Prousts Teegebäck Madeleine eine Hostie wiederzuerkennen, die beim Eintauchen in eine Tasse Tee Kaskaden von Erinnerungen auslöst so wie Brot und Wein im Abendmahl die Gegenwart des Herrn bezeichnen, mag noch naheliegen; kühner ist der Anspruch von James Joyce, aus unbearbeiteten sprachlichen Fundstücken des Alltags Kunst zu gewinnen. Auch das ist eine sublimierende «Wandlung», die für Mosebach immer noch am Geheimnis des Glaubens teilhat.

Mosebach hat also eine Poetik, und ihr Kronzeuge ist nicht das Dogma, sondern der Literaturhistoriker Erich Auerbach. Auerbach hat die nachantike europäische Literatur in der Verschmelzung der in der Antike getrennten Stilgattungen des Erhabenen und des Niedrigen oder Komischen (sermo sublimis und sermo humilis) begründet. Tragödie und Komödie fanden in der Prosa von Novelle und Roman zusammen und eröffneten so einen Blick auf die Totale von Welt und Gesellschaft. Der Sohn Gottes wird in einem Tierstall geboren, und datiert wird die Geschichte nach einem Kaiser. Das ist schon modern. Realismus ist für Mosebach aber kein journalistisch recherchierter Naturalismus, keine statistisch-fotografische Abschilderung, sondern die Darstellung einer bestimmten Erlebnisweise, ein unwillkürlicher Blick auf die Welt, der nur durch die Sprache identifizierbar ist. Beschreibung von Wirklichkeit in Worten gehört zu den Verwandlungen in etwas Geistiges, das von Ferne immer mit der Wandlung der Messe korrespondiert.

Zugleich erkennt Mosebach in der biblischen Auslegungsmethode, die Altes und Neues Testament in Bezügen liest, den Vorschein der Möglichkeit, empirische Wirklichkeit symbolisch durchsichtig zu machen. Die

25

subtilen Motivketten moderner Romane bedienen sich einer assoziativen Bezugstechnik, die beispielsweise in der Josephs-Geschichte eine Vorahnung von Tod und Auferstehung Jesu Christi erkennt, wie es der von Mosebach nicht besonders geschätzte Thomas Mann nach ältesten Vorlagen ausgearbeitet hat. Doch in einer weiteren Wendung hat sich Mosebach auch von der Pedanterie solcher Verfahren wieder abgewandt – die Ferne zu Thomas Mann ist keine Geschmacksfrage. Er feiert als Leser und als Autor immer wieder die deutungslose Wirklichkeit, die nichts als sie selbst bedeutet – es genügt, dass sie sich im Wort inkarniert hat. «Mit der Vorstellung der Inkarnation, diesem christlichen Schlüsselbegriff, ist es verbunden, dass der sich inkarnierende Geist durch die Materie, in die er sich verkörpert, neue, sein Wesen bereichernde Eigenschaften erhält. Wahrheit ist Gestalt und nicht Doktrin.»

Und hier nistet auch das Geheimnis, das den Leser aus Mosebachs vielen Romanen immer wieder anspringt. Ihre sinnliche Präsenz ist betörend, kaum jemand kann Menschen, ihre Gesten, Kleidungen, Umgebungen, aber auch Dinge und Tiere aller Art so leuchtend genau schildern, reicher jedenfalls als Peter Handke mit seiner Polemik gegen Beschreibungsinsuffizienz. Zugleich gehen diese Schilderungen nie in einer erzählerischen Funktion auf; Mosebachs Schreiben ist nicht funktionalistisch-hierarchisch, es hat etwas breit Hingelagertes, üppig Malerisches, wie holländische Landschaften oder Hintergründe bei Tizian.

Da er, je später desto mehr, auch Interesse für die technischen Benutzungsoberflächen unserer Gegenwart entwickelt hat – wer verschafft Smartphones bessere Auftritte? –, zugleich für ihre Kleidermoden und Umgangsformen, wird von Buch zu Buch ein immer lustigeres Fresko unserer Zeit daraus. Seine Heldinnen und Helden sind überwiegend zweifelhafte, dubiose Figuren, oft gescheiterte Existenzen, Pleitiers, Leute mit unklaren Finanzquellen und prekären Lebenslagen, eine ins Reiche und Schöne transponierte Henscheid-Welt. Auch darin ist er so unprotestantisch wie nur möglich, der calvinistische Triebverzichtler hat den Romancier Mosebach nie gereizt.

Und damit ist noch nicht einmal die auffälligste Eigenschaft von Mosebachs Romanen benannt, ihre durchgehende planetarische Multipolarität. Sie bewegen sich wie selbstverständlich zwischen Frankfurt, Indien, Anatolien, Ägypten, Marokko. Dabei bewähren sie eine weltreligiöse Musikalität, die das beste Gegengift zu den heutigen Kulturkämpfen darstellt. Mosebach war imstande, ein Buch über koptische Märtyrer, die der «Islamische Staat» niedermetzeln ließ, zu schreiben, ohne einen einzigen der heute üblichen islamfeindlichen Töne anzuschlagen. Die weiträumige Welt, die dieser Schriftsteller bewohnt, hat ihn zu einem freien und witzigen Zeitgenossen gemacht. Unter den heute lebenden Autoren gibt es jedenfalls kaum einen zweiten, dem man so mühelos zutraut, sich in den geistreichen Salons des 18. Jahrhunderts zu behaupten. Denn natürlich kommt dieser intellektuelle Katholizismus am deutlichsten zu sich selbst im Kontakt mit allem, was ihm widerstrebt. Der Zeitfremdling malt die deutlichsten Bilder der Gegenwart.

UND DAS ROMANTISCHE
IST DAS GESUNDE*

KARL HEINZ BOHRERS VERMÄCHTNIS

09. 09. 2021

Man konnte ja fragen, was das sollte. Karl Heinz Bohrers lebenslange essayistisch-theoretische Anstrengungen hämmerten wenige grundlegende Motive ein: Kunst hat keine Botschaft, sie ist nicht gesellschaftlich anschlussfähig, die Affekte von Trauer, Schrecken und Hass lassen sich nicht begrifflich einfangen und therapeutisch beruhigen; der Modus ihres Erlebens ist Plötzlichkeit, der Bruch der Kontinuität. Und andererseits: Politik möge sich erhabener Formen bedienen. Die Künste, und hier schließt sich der Kreis, sind Orte der Befreiung von kommunikativ-sozialen Zusammenhängen. Damit wurden sie zum Widerspiel demokratisch-deliberativer Kultur und öffentlicher Moral mit ihren Konformismen.

Also ein radikal subjektives Befreiungsprogramm, stolze, trostfreie Vereinzelung, gesteigertes Dasein, ein pathetisches Leben. Doch für wen, außer dem Autor, sollte das gut sein? Wer Lehrhaftigkeit geringschätzte, konnte ja wohl nicht selbst Lehrer sein. Aber natürlich war Bohrer ein Lehrer und durch seine Bücher bleibt er es, nicht mit Doktrinen und Meinungen, sondern durch die beispielhaft vorgeführte Empfindsamkeit. Sein nachgelassenes, aber vollendet poliertes Buch zeigt ihn noch einmal in der Glorie seiner Subjektivität, es liefert einen persönlichen Schlüssel zu seinem Riesenwerk. Es ist die letzte souveräne Geste.

---

*   Karl Heinz Bohrer: Was alles so vorkommt. Dreizehn alltägliche Phantasiestücke. Suhrkamp Verlag, Berlin 2021.

Noch einmal lässt es sich auf konkrete, aktuelle Situationen ein, zugleich schreitet es die Gebiete der Bohrerschen Motive ab. Der Modus ist Erinnerung und Selbstgespräch, aber nicht als christlich-rousseauistische Geständniskultur, sondern antiker, renaissancehafter: die eigene Existenz begriffen als Instrument staunender Erkenntnis. Nicht umsonst fällt immer wieder der Name von Montaigne, der mit heidnischen Klassikerzitaten und Beobachtungen am eigenen Leib das Neuland des modernen Subjekts betrat.

Bohrers Klassiker sind die Romantiker, der große Roman des neunzehnten Jahrhunderts, der Film des zwanzigsten. Diese Werke haben die Welt nicht abgeschildert, sondern neu gemacht und verfremdet. Wozu soll das gut sein? Zum Beispiel, um dessen innezuwerden, was gerade passiert. Das Eingangsstück der dreizehn etwa gleich langen Essays behandelt eine quälende, an den Rand des Erträglichen führende Zugfahrt in einem der letzten Hitzesommer. Die Schilderung hat etwas Dystopisches. «Man bekam keine Luft mehr. Als ob die heiße Luft wie eine aus Klötzen gemachte Masse auf einem läge.»

Zugleich kommt die Ahnung auf, solche Erfahrungen könnten nun immer wiederkehren, Fahrten auf den Kontinent unmöglich machen und damit die vertraute Welt unwiederbringlich verschieben. Dabei vermeidet der Text den Begriff «Klimakatastrophe», der so nahe läge, und verweigert alles Meinungshafte. Das Katastrophale des Erlebnisses kommt dadurch viel wirksamer zur Geltung. Man wird Zeuge eines historischen Schocks.

Das letzte Stück handelt von Corona, Bohrer muss es unmittelbar vor seinem Tod geschrieben haben. Auch er zog sich zurück, aufs Land im Nordosten des geliebten England, und natürlich fällt auch ihm das Beispiel Boccaccios und die Flucht vor der Pest ein. Dabei dreht sich der konventionelle Zusammenhang von Idylle und Chaos um: Nicht das Chaos bedroht die Idylle, sondern die Idylle wird vom Chaos überhaupt erst hervorgebracht. Die Idylle ist so weniger Flucht als Selbstbehauptung. Damit wird nebenbei eine ganze literarische Tradition neu lesbar. Hatte Bohrer Meinungen zur Pandemie? Die Frage ist unerheblich.

Die Stücke innerhalb dieses ganz heutigen Rahmens schreiten allgemeinere Themen aus. Am wenigsten überraschend, fast propädeutisch, für Bohrer-Anfänger also zu empfehlen, sind die Kapitel zu Literatur und Film, die nicht nur Vorlieben präsentieren, sondern Sehweisen. Der Film, dessen Bedeutung bis 1970 angehalten habe, hat für Bohrer in Godards

«Außer Atem» und Viscontis «Gattopardo/Leopard» seine Kulminationen erreicht, in existenzieller Konversation und im Drama des historischen Bruchs, das einen großen Einzelnen allein auf der Bühne zurücklässt – beides Shakespeare-Konstellationen. Der Roman wiederum mag empirisch noch so gehaltvoll sein, seine Aufgabe ist es, «dem Leser nichts Alltägliches vor Augen zu führen, sondern etwas Fremdartiges». Vor allem Balzac ist kein Realist, sondern ein Träumer.

Fremd, nämlich interessant und nicht schön, müssen auch die Städte sein, Bohrers lebenslanges Biotop. Interessantheit entsteht durch historische Zeichenhaftigkeit und das Bewusstsein der Bewohner davon. Städter tragen einen Kosmos kollektiver Erfahrungen mit sich herum und darum drohen sie heute abzusterben – Bohrers geliebtes London, so lautet das trostlose Schlusswort, hat sein Herz verloren, durch neue Bewohner, Brexiteers und Einwanderer gleichermaßen.

Ein Triptychon umkreist Hass, Freundschaft, Alleinsein, «Elementarien» des Lebens. Bohrers Hass gilt dem Ressentiment und seinem physiognomischen Ausdruck, der «Verbindung von Unsicherheit und Arroganz, aus der sich eine irgendwie schmierige Mischung einerseits ins Weinerliche, andererseits ins Anmaßende ergab, die sich in den Gesichtszügen widerspiegelte». Porträts ohne Namen aus der Universität! Aber dort finden sich auch Freunde, sogar im Alter, und hier verrät Bohrer vielleicht das entscheidende Geheimnis seiner Kraft. Nachdem er die Phasen und Typen der Freundschaft abgeschritten hat, heißt es zum Schluss: «Die Männerfreundschaft braucht noch immer genug von jener Affirmation, die zwischen Schulfreunden grundlegend ist, also das Naiv-Ursprüngliche.»

Ja! Bohrer bewahrte sich durch alle Lebensphasen die Energie des pubertierenden Jünglings, nie hat er die Fäden zu dieser Kraftquelle gekappt. Das politisch unkorrekte Stück zu Fußball, Kampf und Krieg lebt von der Knabenhitzigkeit bei Indianerspielen und -lektüren. «Alles kann zusammenkommen, wenn man dreizehn ist. Die Indianer, die Franken, die Helden der Normandie-Schlachten, die Mittel- und Außenstürmer.» Es geht um eine Ansicht des Lebens als Kampf, aber eines ritterlichen. Doch der moderne technologische Krieg, schon die «Stahlgewitter» haben dieser Ritterlichkeit des Krieges den Garaus gemacht. Eine beiläufige, gewichtige Absage an Ernst Jünger, einen von Bohrers Gewährsleuten.

Liebe, Eros, Sexualität – sie leben von ersten Erfahrungen, dem verlockenden Buchdeckelbild von Andersens Seejungfrau, dem ersten Spaziergang mit einem angehimmelten Schulmädchen, aus dem nichts folgt. Wie zart und aufregend ist das Erwachen in einer bilderarmen Welt, in der schon ein gewölbtes Mieder in der Kirche die Fantasie des Messbuben in Wallung versetzt. Auch Alleinsein ließ sich noch üben, es setzt die Trias von Nachdenken, Lesen und Schreiben in Gang, die dann doch mit dem Ruhm kommuniziert. Eher befremdet sieht Bohrer, wie sich die Pascal-Frage, was der Mensch allein in seinem Zimmer mit sich anfangen soll, durch die Präsenz kommunikativer Geräte auflöst. Hier wird sein Text zur Erinnerung an eine Möglichkeit, die gefährdet ist wie nie.

Schlaflosigkeit, für Bohrer nicht Abwesenheit von Schlaf, sondern existenzielle Unruhe, und der Blick in den Spiegel, ein romantisches Motiv, erweitern das Alleinsein ins Fantastische – «Phantasiestücke» annonciert sein Buch, das doch von Grundformen des Lebens handelt. Das Romantische ist das Gesunde, so möchte man diese Lebenslehre zusammenfassen. So wird das Buch zu einem Manual subjektiver Freiheit und Lebensklugheit.

Bleibt der Tod. Für jeden über achtzig ist er gegenwärtig als «Ungewissheit des nächsten Tages». Das ist nüchtern gesagt und umso einschneidender. Bohrer unterscheidet Kunst, die Trost spendet, beispielsweise indem sie Leser und Zuschauer mit dem Gefühl des Überlebens belohnt, von der anderen, der es gelingt, ihn in den Sog des Todes zu ziehen. Dazu zählen Büchners «Danton» und Jacques Beckers Film «Goldhelm». Kühl notiert Bohrer, wie die allgemeine Vorstellung vom Tod für den, «der die Achtzig überschritten hat», persönlich wird. «Er wird zum ganz Eigenen.»

Gibt es ein Weiterleben, einen Trost, etwa durch die Erinnerung der anderen? Ist er nur eine Art Abwesenheit, wie sie im Leben alltäglich ist, bei der man den anderen, den Geliebten, immer noch gegenwärtig bleibt? Ach, nein, die letzte Wahrheit dieser überraschend kommunikativen Überlegung lautet: «Man verlässt und ist verlassen. Das Wissen, erinnert zu werden, hilft hier doch nicht mehr. Denn zu wissen, selbst nicht mehr zu erinnern, enthält die vergiftete Botschaft: Nimmermehr berühren sich die Gedanken.»

EIN GROSS GESTRÖM
VON SPRACHE

OH YEAH! IM KOSMOS VON ECKHARD HENSCHEID

13. 09. 2021

Den Kosmos des Schriftstellers Eckhard Henscheid, der am heutigen Dienstag unversehens achtzig Jahre alt wird, kann man auf verschiedenen Wegen betreten. Die Via Regia, die Hauptstraße, bleiben Komik, Satire, Humor, der derbe Witz von Zeit- und Sprachkritik. Hier hat Henscheid mit seinen Gefährten um die Zeitschriften *Pardon* und *Titanic* Historisches und Bleibendes geleistet, zu Befreiung und Lockerung des öffentlichen Sprechens in Deutschland, heute im Zeichen der Wokeness nicht mehr ungefährdet, aber doch vorerst unerschüttert. Empfindsamen Gegenwind gab es ja immer schon.

Ein tiefer ins Unterholz führender Weg ist die Straße der Romantik und der Musik. Hören wir hinein in das Eichendorff-Buch von 1999 («Aus der Heimat hinter den Blitzen rot»), den sprachlich womöglich virtuosesten aller Henscheid-Texte. Da ist vom «sonnenaufgangsrundlichen Romanfinale» in Eichendorffs «Ahnung und Gegenwart» die Rede; hier werde dessen Sprache «stellenweise ganz untypisch und stilfremd jeanpaulisch, hymnisch und pathetisch, röntgenstrahlhaft dringlicher und zugleich gefühlsseliger, ihren eigenen Verworrenheitsklang verlassend und in Ton und Inhalt visionärisch».

Wenig später redet Henscheid anlässlich der von Robert Schumann vertonten «Frühlingsnacht» von dem «werweiß deutschesten aller Wörter, als der damit schon erfüllten Vorahnung des großen Glücks, der fast militanten Lichtfanfare der Romantik, einer speziell deutschen Romantik zugleich – vorzüglich dann, wenn dieser Eichendorff-Schumannsche ‹Mondesglanz› diesmal weniger von Hermann Prey, sondern von einer so spezifischen Deutschen wie der bekannten Jessye Norman ausgestoßen wird: Es ist das dann schon wie ein hinreißend-hingerissener Trumpfdreisilber mitten im schäumen Triumphgefühl, oh yeah.»

Oh yeah! In diesem Wortflow fällt die Jessye-Norman-Pointe – die Rücknahme falscher Deutschtümelei – eher beiläufig. Was gleißt, sind preziöse Spielereien mit «Trumpf» und Triumph, wie zuvor mit «röngtenstrahlhaft» und «Verworrenheitsklang».

Das ist sehr beredt und zugleich eine Beredsamkeit, die sich selbst genießt und dabei durchaus auf die Schippe nimmt – eine Beredsamkeit auf zweiter Stufe also, fast wie bei Thomas Mann, was für manchen nun überraschend kommen mag.

Dass sie, die Beredsamkeit, sich an der Musik entzündet, ist nun nicht überraschend. Denn schon Henscheids allererstes Erfolgsbuch, die sagenhaft komischen, hunderttausendfach gelesenen «Vollidioten» bestanden ja nicht nur aus oft sinnbefreitem Gerede; der über sieben Tage verteilte Roman hat auch den in der Mittelachse gelegenen vierten Tag, der mit Musik beginnt und mit Musik endet – wer die Sonderstellung dieses vierten Kapitels nicht erkannt hat, verkennt das ganze meisterliche Buch.

Der vierte Tag beginnt mit der morgendlichen Frische, die der «Oberon»-Ouvertüre von Carl Maria von Weber «gleichsam eingewebt ist», mit ihrem «verträumten Hornruf, diesen verschlafen sich die Augen reibenden Streicherkapriolen», und er endet mit dem «ewig-ewig» von Gustav Mahlers «Lied von der Erde». Die Musik überspielt immer dringlicher das gebrechliche Reden der Figuren, das dabei immer weiterläuft. Musik wird hörbar als die eigentliche, die wortlose Sprache, wenn auch im Medium des Erzählerworts.

Und auf einmal wird auch deutlich, dass der Begriff «Neue Frankfurter Schule», den sich die Satirikergruppe um die *Titanic* zugelegt hatte, womöglich mehr als ein Witz war: Weil sie Adornos Traum der Musikhaftigkeit von unverletzter Sprache aufgriff. Denn natürlich veranstaltet auch Henscheids Eichendorff-Buch einen halbernsten Wettstreit, einen «Paragone», mit Adornos beredtem Essay genau zu diesem Dichter.

Das klingt nun alles sehr sieghaft, dabei ist Henscheids Force mindestens ebenso sehr die beschädigte und hilflose Sprache, das verstörte Gestammel, und keineswegs nur polemisch. Ja, es gibt «Dummdeutsch», das Wörterbuch der Epoche um 2000, es gibt die Geschichte der Missverständnisse, all das Gequassel, mit dem Henscheid seinen zweiten maßgeblichen Heroen, nämlich Dostojewski, auf unsere Welt appliziert. Aber daneben stehen zarte Gebilde wie die kurzen fiktiven Nachrufstücke «Wir standen an offenen Gräbern», die eine Beerdigungskolumne der *Mittelbayerischen Zeitung* aufgriffen.

Da hört man die Sprache, die vor dem Tod versagt. Sie wird zum unwillkürlichen Instrument der Hilflosigkeit, der Bedürftigkeit von Menschen, die wenig mit Beredsamkeit zu tun haben. «Nun ging seine Hülle ein ins Reich», lauten dann die Sätze, «seine Seele aber fand eine neue Heimat im Friedhof unterhalb der alten Gräber.» Umgekehrt!, ist man versucht auszurufen, aber man stockt gleich, weil das Verkehrte hier auch wieder kurios einleuchtet und irgendwie stimmt. Und völlig zutreffend ist der schon wieder gänzlich naturreligiöse Satz über eine «Preiselbeerfrau Kuni»: «Der Waldfriedhof ist nun ihr Erdreich.»

«Sämtliche Irregularitäten im Text – Grammatikfehler, Interpunktion, absichtliche Druckfehler – stehen im Dienste der beschriebenen Materie», erläutert das «Gräber»-Büchlein. Diese Aussage könnte über dem gesamten Werk Henscheids stehen – die beschriebene Materie ist die Gebrechlichkeit der Menschen und ihrer Sprache, und die Irregularitäten sind das Kunstmittel ihrer Veranschaulichung, die nicht Abbildung, sondern Mimesis ist. Solche sprachliche Selbstbezüglichkeit tritt umso mehr hervor, je länger die empirische Welt der Henscheid-Romane, Frankfurt um 1975, dann die fränkische Kleinstadt Seelburg/Amberg, historisch werden.

Damit wird Henscheids Sprache selbst zu Musik, am unüberhörbarsten in seinem ewiglichen Meisterwerk «Maria Schnee» von 1988. Brigitte Kronauer hat dieses Buch noch kurz vor ihrem Tod über alles gepriesen. Von milder Musikalität bestimmt sei die von Henscheid selbst so bezeichnete «Idylle», «und zwar ausnahmslos, bis in jede Beobachtung, bis in jeden Satz. Alles, was in ‹Maria Schnee› dem wandernden Protagonisten Hermann widerfährt, erscheint im sanften Spiegel seines kindlichen, reichlich komische Effekte erzeugenden Gemüts. Es besiegt alle Grobheiten des Lebens durch diese Perspektive.» Und darum, so Kronauer, sei ihr der letzte Satz des kleinen Romans so besonders teuer: «Mit der flachen fächelnden Hand winkte er Hermann bewegt und freundlich zu und ihm noch lange nach.»

Freundlich zu und ihm noch lange nach: Hier wird Prosa nicht zufällig zum Blankvers. Henscheid hat sich schon längst in seine Heimat, das seelenvolle Amberg, zurückgezogen, er publiziert nur noch wenig, und seine Physiognomie verwittert zunehmend ins Fragende. Aber längst liegt eine Werkausgabe vor, die neben den großen Romanen all die vielen Interventionen des Tages versammelt, ein «groß Geström von Sprache» (Dante/Borchardt). Diese Sprache zeigt sich, je mehr ihre oft zufälligen und beiläufigen Anlässe vermodern, in ihrer spielerischen, tief lustigen, tief rührenden Klanggestalt.

Das Grobe fällt ab, das Zarte dauert.

PAPA ERKLÄRT DIR SEINEN ISLAM[*]

GOTT IST GRÖSSER: NAVID KERMANIS RELIGION

24. 01. 2022

Die Behauptung, man sei «religiös unmusikalisch», gehört zu den trivialen
Selbstbeschreibungen des modernen, säkularisierten Menschen. Sie legt
die Empfänglichkeit für Glaubensfragen gewissermaßen in Gottes Hand,
als natürliche Anlage, die man eben hat oder auch nicht. Dabei ist Max
Weber, dem Erfinder der Formulierung, eine Metapher gelungen, die genau solchen Fatalismus unterläuft. Musikalität lässt sich ausbilden und
trainieren, und überhaupt: Sind völlig unmusikalische Menschen überhaupt vorstellbar?

Es gibt jetzt für jeden Gläubigen oder Ungläubigen, welcher Konfession oder Weltanschauung auch immer, eine neue Gelegenheit, seine
Musikalität, seine Anlage zur Religion zu erproben, und zwar ausgerechnet in einem Buch über den Islam. Navid Kermani, der politische Redner,
der weitgereiste Reporter und Erzähler, der schriftgelehrte Kenner seiner
eigenen muslimischen Religion, der Freund des Christentums, das er sich
über die bildende Kunst erschloss, hat es für seine zwölfjährige Tochter
geschrieben. Ihr möchte er, einem letzten Auftrag seines verstorbenen, vor
Jahrzehnten aus Iran nach Deutschland eingewanderten Vaters folgend,
die Religiosität der eigenen Familie vermitteln, den «Islam, in dem ich
aufgewachsen bin».

Wir lauschen einem intimen, familiären Religionsunterricht für ein
ganz modernes Mädchen, das alterstypisch ungebärdig, verquasselt und
neugierig ist, dabei erst einmal ungläubig-kritisch gegen alles, was ein

---

*   Navid Kermani: «Jeder soll von da, wo er ist, einen Schritt näher kommen.» Fragen nach Gott. Hanser-Verlag, München 2022.

Vater ihr vorsetzt. Der Dialog ist nur angedeutet, es geht um eine Redesituation, in der einfacher, elementarer gesprochen werden kann als in einem theologischen Traktat.

Warum sollte das erwachsene Leser mit christlichen Hintergründen, gar Agnostiker interessieren? Kermanis Tochter, erfahren wir, wächst in einem christlichen Umfeld auf, im heiligen Köln, wo sie den regulären katholischen Unterricht besucht. Ach so, könnte man argwöhnen, es geht um multikulturelle Toleranz, um Weltethos, universalistische moderne Ethik aus dogmatisch abgespeckten spirituellen Quellen, und hätte Gründe, gelangweilt abzuwinken. Doch so ist es nicht – Vater Kermani zeigt sich als Glaubender, der seine Religion zwar zeitgemäß auslegt, aber unbezweifelbar an ihr festhält.

So am Bekenntnis, das einen zum Muslim macht: Es gibt keinen Gott außer Gott, und Mohammed ist sein Prophet. Monotheismus hat hier einen menschlichen Bezug, Islam ist eine Beziehung. Das Wort «Islam» ist etymologisch mit «Frieden», «salam/schalom» verwandt und meint «sich unterwerfen, sich hingeben, Frieden schließen». Diese durch den Propheten, der zum Empfänger von Gottes Botschaft wurde, vermittelte Hingabe an etwas, das man als Einzelner nicht im Griff hat, äußert sich in dem Satz «Gott ist größer» – nicht «Gott ist groß», wie er immer verkürzend übersetzt werde –, es ist der oft missbrauchte Ausruf: Allahu akbar.

Der Komparativ – oder auch Superlativ, als andere mögliche Übersetzung – entzieht den so angesprochenen Gott jeder menschlichen Inanspruchnahme: Wenn Gott immer und auf jeden Fall «größer» ist, dann kann man eben auch nicht wissen, ob man ihn richtig versteht, wenn man etwas mit ihm rechtfertigt, beispielsweise eine konkrete Verhaltensregel. Der Komparativ relativiert alles Irdische, er ist ein Fenster für Fragen und immer neue Auslegungen, eine unablässige Bemühung, für Geschichte also. «Groß» wäre dogmatisch-fundamentalistisch, «größer» ist beweglich, so grenzenlos wandelbar wie die Natur.

Die Natur und das Staunen vor ihr gibt Kermanis Gottesbegriff seinen wichtigsten Inhalt. Er entwickelt einen Abriss der Kosmologie nach heutigem Kenntnisstand und lehrt damit solches Staunen. Dass Islam und die Wissenschaften keine Feinde sind, zeigte das Mittelalter, als Mathematik und griechische Philosophie aus arabischen Quellen ins zurückgefallene Europa gelangten – warum daran nicht anknüpfen? Staunen kann man beispielsweise über den Umstand, dass jedes der Milliarden

Blätter an allen Bäumen, die je waren und je sein werden, ein wenig anders ist, so wie kein einzelner Mensch, der je war und sein wird, einem anderen ganz gleicht.

In solchen Überlegungen weht so etwas wie ein Geist des 18. Jahrhunderts, als es «Vernünftige Gedanken von Gott, der Welt und der Seele des Menschen, auch allen Dingen überhaupt» gab oder das «Irdische Vergnügen in Gott» zum Anlass detailfreudiger Dichtung wurde. Kermanis Beredsamkeit ist nicht schwärmerisch, sie argumentiert und vergleicht. Der Leser wird nicht taktlos in eine gefühlige Religionsgestimmtheit hineingezogen, sondern darf mit der klugen Tochter skeptisch bleiben. Hat der Vater sie überhaupt überzeugt? Wir erfahren es nicht.

Aber wenn das so einfach und vernünftig ist, wo bleiben Glaube und Bekenntnis? Und was heißt das für das Christentum, das ja auch ein Bekenntnis ist, ein sehr anderes? Kermani besteht auf der Wahrheit seiner Religion, ohne Juden, Christen oder Hindus die ihre zu bestreiten. Darin folgt er der islamischen Überzeugung, in der Kette der Offenbarungen die jüngste, bisher letzte, also auch die einfachste zu sein. Die jüdischen und christlichen Vorgänger sind im Koran aufgehoben, zeigt Kermani, gerade Jesus hat einen Ehrenplatz darin, er darf dort sogar «Christus» heißen, er behält also den Erlösertitel.

Doch der eigentliche Gedanke Kermanis ist tiefgründiger, nämlich dialektisch: Es lohnt sich, an den Unterschieden der Bekenntnisse festzuhalten, denn die Religionen beleuchten sich gegenseitig. Eine von Differenzen bereinigte Einheitsreligion würde diese Wahrheitspotenziale verloren gehen lassen. Vergleichende Religionskunde lässt von Gott, der auf jeden Fall «größer» ist als menschliche Begriffe, mehr sehen, als so ein Kompromiss es je könnte. Unterschiedenes bleibt gut.

Es gibt kaum eine Form des Religiösen, die Kermani seiner Tochter nicht mit Sympathie erläutert, selbst die naturverbundene Vielgötterei, den Gottseibeiuns monotheistischer Überlegenheitsgefühle. Doch vor allem vergleicht er immer wieder Islam und Christentum. Und da wirkt das Christentum mit seinem großen Drama von Sündenfall, Erbsünde, Erlösung durch Gottes Selbstopfer am Kreuz, mit Auferstehung und Dreieinigkeit auf einmal sehr fremd, fast überspannt, sogar blutig, bis in den Abendmahlritus hinein.

Wundervoll der Vergleich zwischen dem christlichen Kirchenbau mit seinen Kreuzarmen und dem Blick auf den Altar, also dem Bezug auf die gerichtete irdische Heilsgeschichte, und einer Moschee, die allen Glaubenden die gleiche Aussicht in den Himmel einer Kuppel bietet. Gott hat hier keinen bestimmten Ort, keine historische Zeit, sondern er ist allgegenwärtig.

In solchen Vergleichen wirkt der Islam schlichter und lebensnäher. Beispielsweise übersetzt Kermani das hochgespannte Gebot der Feindesliebe in die einfachere und nüchterne Forderung, im Gegner, im Konkurrenten und Nervsack immer auch den sterblichen Menschen im Blick zu behalten, den eine Mutter geboren hat und der am Ende in die Grube fahren wird. Gleichheit und Menschenrechte verlangen nicht gleich «Liebe». Überhaupt überfordere das Christentum seine Anhänger oftmals, sagt Kermani mit Blick auf den Foltertod Christi am Kreuz – auch das ein Motiv der europäischen Aufklärung, dem auch Goethe anhing, der einen Horror vor dem Kreuz hatte.

Substanz, Natur, Unendlichkeit ruft Kermani für sein Gottesverständnis auf. Er beschwört mit betörender Beredsamkeit die existenziellen Grenzerfahrungen von Geburt, Liebe und Tod. Jeden betreffen sie, und hier liegt ein Potenzial für religiöse Musikalität, das nicht erschöpfbar ist, wie sehr die Welt uns das Gefühl verteure. Aber wie ist es mit der Gottesebenbildlichkeit des Menschen, dieser äußersten Überforderung durch das Christentum? Ist Gott eine Person?

Goethe, dessen Islam-Verständnis Kermani immer wieder rühmt, verneinte das bis in seine letzten Tage. Aus der Figur der Gottesebenbildlichkeit hat Thomas Mann den ganzen Riesenprozess seiner Josephs-Romane (die Kermani seltsamerweise nie zitiert) entwickelt, als Prozess der Versittlichung des Menschen durch Reinigung des Gottesbildes. Dass Gott die Menschen brauche, steht auch bei Kermani. Aber er hat noch eine Gedankenfigur, die man fast raffiniert nennen könnte, verböte sich dieses Adjektiv nicht in solchen Zusammenhängen.

Er zitiert Ibn Arabi, den großen Mystiker des 12./13. Jahrhunderts: «Die Geschöpfe können zwangsläufig nur das verehren, was sie über Gott meinen. Es gibt nur Götzenanbeter.» Denn Gott ist ja auf jeden Fall «größer». Dann besteht die wahre Gotteserkenntnis, der im Sinne Thomas Manns «gereinigte» Gottesbegriff, genau darin: im selbstkritischen Bewusstsein, dass es für mehr als «Götzenanbetung» bei sterblich-beschränkten Geschöpfen nicht reichen kann. Das ist eine finale Infragestellung und Aufhebung aller Begriffe von Gott, sei er als Natur, als Person, als Prinzip begriffen, als einer oder viele, als Mann oder Frau. Und das ist natürlich auch die Absage an alle fundamentalistische Wörtlichkeit, mit der heutige Islamisten das von Kermani in zahlreichen Zitaten vorgeführte Auslegungspotenzial des koranischen Textes kaputtmachen.

Kermanis schönster Gottesbegriff ist körperlich, er besteht im wortlosen Ein- und Ausatmen, im Zusammenziehen und Weiten der Brust, das sich mit dem kehligen «All-ah» des arabischen Gottesnamens so gut verbinden lässt. Begleitet wird es vom Niederknien und Aufstehen, von einer Gebetshaltung, bei der die Hände geöffnet sind, als hielten sie eine Weltkugel. Dabei ist man gerade nicht in sich gekehrt und versunken, sondern blickt frei in die Schöpfung. Das ist mystisch, aber auch einfach und praktisch, genauso wie die Ethik des Erbarmens und der Mildtätigkeit, die der Islam nicht anders predigt als das Christentum.

Aber was ist dann mit all dem Schrecken, den Menschen, die sich auf den Islam berufen, heute an vielen Orten der Welt verbreiten? Er geistert immer wieder als Gegenbild durch Kermanis Predigt. Den Hass, den die Religion gerade in Iran, im Heimatland seiner Eltern, nach vierzig Jahren religiöser Despotie mit Mord und Folter bei den Jüngeren erfährt, kann er nur allzu gut begreifen. Der Vater spricht zu seiner Tochter auch deshalb so persönlich, weil sie als Familie von Emigranten in Deutschland einer Konfession ohne Gemeinde angehören. Kermani vermerkt es mit Trauer.

Sein Buch ist so einladend wie der Titel. Dieser zitiert einen Platzanweiser in einer überfüllten Moschee, der die Menschen zum Zusammenrücken auffordert. In einem mystischen Text des elften Jahrhunderts wird daraus der Kern aller Weisheit.

WELTTHEATER ZUM FRÜHSTÜCK

1972: GOLO MANN ALS ERZIEHER

28. 01. 2022

Vor genau einem halben Jahrhundert, im Jahr 1972, erlebte die Bundesrepublik eine besonders aufgewühlte Zeit. Der Streit um die von Willy Brandt, dem ersten sozialdemokratischen Bundeskanzler, und seinem liberalen Außenminister Walter Scheel vorangetriebene «Ostpolitik» strebte seiner Entscheidung entgegen. Die 1970 mit den kommunistischen Regierungen in Moskau und Warschau geschlossenen Verträge sollten endlich vom Bundestag ratifiziert werden. Diese sogenannten Ostverträge bekundeten Gewaltverzicht und versprachen friedliche Zusammenarbeit. Ihr eigentlicher Sinn aber war die Anerkennung der nach 1945 entstandenen Grenzen, einschließlich der Oder-Neiße-Grenze.

Das bedeutete die faktische Anerkennung der Westverschiebung Polens nach dem Zweiten Weltkrieg durch die Bonner Republik, die dabei für das gesamte deutsche Volk zu handeln beanspruchte – die DDR hatte die polnische Westgrenze selbstredend nie infrage gestellt. Man muss sich klarmachen, dass 1970 das Ende des Zweiten Weltkriegs und die Vertreibungen von Millionen Deutschen aus den vormals preußischen Ostgebieten kaum weiter zurücklag als heute der 11. September 2001. Diese Vergangenheit war schmerzhaft nah, die Vertriebenen als eigene Bevölkerungsgruppe überaus präsent. Es gab noch unverheilte Verlustgefühle, tiefe Kränkungen, Sehnsüchte nach verlorener Heimat. Wer mit dem Sprachgebrauch der DDR von «Umsiedlern» sprach, wie Arno Schmidt, provozierte und verletzte.

Darum gab es Diskussionen in der bundesdeutschen Gesellschaft, deren Schärfe bis in die Familien reichte. Niemand sprach damals von «Spaltung der Gesellschaft», doch war viel Unversöhnlichkeit zu spüren zwischen Befürwortern und Gegnern der «Ostpolitik». Die ohnehin

41

knappe Mehrheit der sozialliberalen Regierung schmolz in den Wochen vor dem Ratifizierungstermin am 17. Mai 1972 durch spektakuläre Übertritte von Abgeordneten beider Regierungsfraktionen zur Union so zusammen, dass ein «konstruktives Misstrauensvotum» nach den Vorgaben des Grundgesetzes möglich zu sein schien: Abwahl des Kanzlers durch Neuwahl eines neuen Kanzlers. Dies scheiterte am 27. April 1972 zur allgemeinen Überraschung durch Abweichler in der Union – später kam heraus, dass dabei Geld geflossen war, auch aus der DDR.

Was für eine Dramatik: Zwanzig Monate Dauerstreit im Land, Austritte aus den Regierungsparteien, Abweichler bei der Opposition, alles knapp, alles am seidenen Faden. Die Rettung von Brandt und Scheel hing an zwei Stimmen. Zwar konnten dann die «Ostverträge» ratifiziert werden, ebenfalls mit knapper Mehrheit, doch die sozialliberale Regierung sah sich so geschwächt, dass sie für November vorgezogene Bundestagswahlen ansetzte, die zur Abstimmung über die Ostpolitik insgesamt wurden. Warum erst im November? Weil im Sommer erst noch die Olympischen Spiele in München unbelastet von einem Wahlkampf stattfinden sollten – ein Termin von nationaler Bedeutung, weil er als Kontrapunkt zu den Olympischen Spielen von 1936 in Berlin konzipiert war. Brandt siegte und konnte sein Werk mit dem heikelsten Teil abschließen, einem «Grundlagenvertrag» mit der DDR.

Er lief auf die faktische Anerkennung der deutschen Zweistaatlichkeit hinaus, ohne die Rechtsposition der Bundesrepublik mit Blick auf eine spätere Wiedervereinigung zu opfern. Immerhin wurden nun Besuchs- und Reisemöglichkeiten zwischen den zwei Deutschländern eröffnet, auch sonst begann allerlei niedrigschwellige Zusammenarbeit. Natürlich war auch dieser Vertrag Gegenstand heftigen Streits, der zuletzt vor dem Bundesverfassungsgericht ausgetragen wurde. Dessen strenge Auslegung des Vertragstextes spielte dann 1989/90 noch einmal eine Rolle, als die Wiedervereinigung in rechtliche Form gebracht wurde. All das markierte eine Zäsur im nationalen Selbstverständnis, die von allen politisch bewussten Zeitgenossen empfunden wurde.

Epische Redeschlachten im Bundestag, scharfes, oft verbittertes Kommentieren in der Presse begleiteten diese Monate. Niemand, der damals schon halbwegs lese- und hörfähig war, also auch halbe Kinder nicht, konnte sich dieser Erregung entziehen. Wer heute Anfang sechzig ist, dürfte damals erstmals mit Politik in Berührung gekommen sein – so ging es jedenfalls dem Verfasser dieses Artikels. Bundestagsdebatten liefen live im Bayerischen Rundfunk, die *Süddeutsche Zeitung,* der neuen Politik Brandts gewogen, regte die Eltern auf, die wie viele damals glaubten, man habe mit den «Ostverträgen» zu viel aufgegeben und zu wenig bekommen.

Rundfunk, zwei Fernsehprogramme, eine Zeitung auf Papier – das war damals das Medienmenü einer durchschnittlichen Familie. Im Bildungsbürgertum wurde das Fernsehen auch noch gern ausgelassen: Bei Umfragen in der Schule erwies sich, dass ein Drittel der Elternhäuser keinen Fernsehapparat hatte. Gut, das war am humanistischen Gymnasium, also kaum repräsentativ. Viel später, nach der Wiedervereinigung, konnte man sich kühl rühmen, man sei ebenfalls ohne Westfernsehen aufgewachsen, und das in München.

Das war das von heute aus gesehen unfassbar überschaubare Meinungsumfeld, in dem einzelne Stimmen ein kaum noch vorstellbares Gewicht hatten. Eine solche Stimme war der Historiker Golo Mann, der berühmte Sohn von Thomas Mann, der damals mit seiner Wallenstein-Biografie den Gipfel seines Ruhms erreicht hatte – ein tausendseitiger Wälzer, der sich bestens verkaufte und seitenlang rezensiert wurde. Seine «Deutsche Geschichte im 19. und 20. Jahrhundert» bot die Vorgeschichte der aktuellen Auseinandersetzungen, in die er, ein manischer Schreiber, auf vielen Foren eingriff.

Eines davon war die *Süddeutsche Zeitung,* in der Golo Mann von Weihnachten 1970 bis Juli 1972 ein «Politisches Tagebuch» führte, im Kasten mit Bild, im Politischen Teil, jeweils vorne auf der ersten Seite angekündigt. Elf längere Beiträge, jeweils eine viertel Seite lang, erschienen in dieser Zeit. Und alle waren sie Ereignisse.

Golo Mann war nämlich der wichtigste konservative Unterstützer von Brandts Ostpolitik. Dass linke Literaten wie Günter Grass oder Walter Jens sie befürworteten, beeindruckte das Bürgertum, zumal in München, wenig. Aber Golo! Der war ja auch Bismarck-Bewunderer, geadelt durch Familie und Emigration, als Schriftsteller viel populärer als die meisten Romanciers. Im Revoltejahr 1968 hatte ausgerechnet er den Büchnerpreis erhalten, mit Studenten stritt er sich gereizt in Podiumsdiskussionen herum, sein aus der Zwischenkriegszeit mitgebrachter Antimarxismus war unbezweifelbar.

Und doch focht er für die Verträge Willy Brandts! Nein, kein freudiges Ereignis seien sie, «nur der melancholische Schlußstrich unter einen

43

längst geschriebenen Text». «Der Vertrag schafft nichts Endgültiges, das war schon vorher da, aber er spricht es aus.» Die Bitternis der Älteren über Heimatverlust – «ja, wer den nicht mitempfände. Aber schließlich ist der Verlust einer, an dem jeder teilhat, der teilhat am deutschen Kulturkreis. Schließlich sind wir alle, die jene Zeiten bewußt erlebt haben, von ihnen gezeichnet. Schließlich werden wir alle immer noch vertrieben, Jahr für Jahr.»

Wie klug war diese Trauer, die den Gegnern ihr Recht ließ! Trotzdem: «Das alte blutige Spiel mit den Staatsgrenzen hat sein Ende gefunden.»

Damit war 1970 der Ton gesetzt, der machtpolitischen Realismus mit historischer Melancholie verband. Mit dieser Mischung konnte Golo Mann immer wieder sehr unangenehme Wahrheiten aussprechen, so die Vergeblichkeit des Verlangens an die DDR, den Schießbefehl an der Grenze auszusetzen. «Da die DDR einmal da war, da sei, leider, so und so konstituiert war, brauchte sie die Mauer (…). Die Mauer hätte diese Wirkung nicht, hätte man sie in vergleichsweiser Sicherheit überklettern können.» Peter Hacks hätte es nicht kälter sagen können.

Kern der Verträge sei nicht der «Gewaltverzicht», sondern «die Unverletzlichkeit der Grenzen», also die Anerkennung der Realitäten, hielt Golo Mann der konservativen Opposition immer wieder vor. Die vorgeblichen Realisten blamierten sich mit Illusionen, wie Mann in einer ätzenden Detailkommentierung einer Bundestagsdebatte im April 1972 festhielt. Für ihn war der Widerstand nur «Welttheater», dabei hatte das Misstrauensvotum noch gar nicht stattgefunden. Das Wichtigste hatte Golo Mann schon 1971 gesagt: Mit den Verträgen holte Bonn nur nach, was die westeuropäischen Länder längst getan hatten. Die Bundesrepublik beseitigte damit auch einen Stein auf dem Weg zur europäischen Vereinigung. Und Ende 1972 das Resümee: «Der Friede, der in Europa sich abzeichnet, beruht darauf, daß hier beide Machtblöcke alle die Jahre und dem Schein zum Trotz sich defensiv verhielten.»

Süße Wonne, mit solchen Zitaten gerüstet dem darüber wenig amüsierten Vater politisch widersprechen zu können! Die Gegenautorität lag am Frühstückstisch, sie war hervorgehoben mit Bild und Kasten. Ohnehin ist in mancher Biografie der Tag, an dem man den Eltern zum ersten Mal politisch entgegentritt, ein wichtiges Datum – jedenfalls damals, als es noch etwas autoritärer zuging. Ruhm aber einer Zeitung, die es in einer aufgeregten Zeit verstand, einer solchen Stimme aus der Tiefe der Geschichte Raum zu geben. Golo Mann hat damals für seine Bücher mindestens einen jungen Leser mehr gewonnen, und auf diesem Weg auch schon bald für seinen Vater Thomas: Denn waren die «Buddenbrooks» nicht auch eine historische Darstellung, die der «Deutschen Geschichte im 19. und 20. Jahrhundert» zusätzlich Farbe und Leben gab?

Schon Golo Manns erster Beitrag in der SZ-Serie erwies sich zwanzig Jahre später als visionär: «Es gab den Spruch über dem Portal einer Forst-Akademie, den, glaube ich, Bismarck irgendwo zitiert: Wir ernten, was wir nicht gesät haben, wir säen, was wir nicht ernten werden. – Vielleicht wird später eine andere Bundesregierung ernten; die Opposition, die jetzt noch singt ‹Das ganze Deutschland soll es sein.›»

So trafen sich 1972 Fluchtlinien, die aus weiter Vergangenheit in die Zukunft reichten, und wir können sagen, wir sind dabei gewesen.

2

KIPPPUNKTE
DER
DEMOKRATIE

DER VERRAT DER KAVIARLINKEN[*]

FRANZÖSISCHER SCHICKSALSROMAN

21. 05. 2016

Der Vater: Fabrikarbeiter, ungelernt, erst spät Vorarbeiter. Die Mutter: Putzfrau. Der Sohn: geboren 1953 in Reims, Professor in Paris und Amiens, Gastprofessor in Princeton und Berkeley, Kritiker von *Libération* und *Nouvel Observateur*, Freund und Biograf von Michel Foucault, Schüler von Pierre Bourdieu, Gesprächspartner von Georges Dumézil, dazu: einer der wichtigsten schwulen Intellektuellen der Welt. Ein «philosophe», ein Pariser Meisterdenker.

Das ist die biografische Karteikarte von Didier Eribon. Dass er fantastisch schreibt, versteht sich fast von selbst. Und ist die Geschichte nicht rührend? Ein steiniger Weg nach oben, ein gutes Ende. Als der Sohn zum ersten Mal bei den «Apostrophes», der legendären Literatursendung des französischen Fernsehens, ein eigenes Buch vorstellen darf, weint sogar der Vater, der sich sonst als brutaler Macho, brüllender Ehemann, Vieltrinker, Bildungsverächter gezeigt hat. Und einer der Brüder, auch so ein Macker, verbietet seiner Frau auf einmal schwulenfeindlichen Wortgebrauch.

Doch die Geschichte, die Eribon davon 2009 erzählte, und die nun in der vorzüglichen Übersetzung von Tobias Haberkorn auf Deutsch vorliegt, ist nicht schön, sie ist schrecklich. In Frankreich ist sie längst auf dem Weg zum Klassiker, es werden Theaterstücke aus ihr gemacht. Nun kommt sie zum genau richtigen Zeitpunkt zu uns, die wir schaudernd die französischen Konflikte auf den Straßen, den Aufstieg des Front National, die Schockstarre nach den Terroranschlägen betrachten – mitbetroffen,

---

[*]   Didier Eribon: Rückkehr nach Reims. Aus dem Französischen von Tobias Haberkorn. Edition Suhrkamp, Berlin 2016.

nicht nur mitleidend, denn wenn Frankreich den Rechten anheimfällt, ist es aus mit Europa, mit der Arbeit von drei Generationen.

Eribon nämlich erzählt nicht nur von sich und seiner Familie, er erzählt die Geschichte seiner Klasse, des französischen Proletariats, das in den letzten zwei Jahrzehnten ziemlich umstandslos überlief von einem verknöcherten Kommunismus und einem schicken Sozialismus zu einer altneuen, sehr lebfrischen Rechten, die alles hat, was dazu gehört: rabiaten Nationalismus, Europafeindschaft, Hass auf Islam und Fremde, dazu ein dirigistisches Verständnis von Wirtschaft und Wohlfahrtsstaat, das man ohne Ironie als nationalen Sozialismus beschreiben könnte (was Eribon allerdings nicht tut, obwohl es seine Diagnosen nahelegen).

Seine Klasse musste Eribon allerdings erst wiederentdecken, denn er hat sie planmäßig und umfassend hinter sich gelassen, als er zu studieren begann (als Erster und Einziger der Familie) und sich eine neue Identität als Schwuler aufbaute. Er verließ den schwulen «Schrank», um sich in den proletarischen einzuschließen, so beschreibt er es. Seine Herkunft war ihm so peinlich und schamvoll wie zuvor seine sexuelle Abweichung, ein Gegenstand des Verleugnens und Vertuschens. Erst nach dem Tod des Vaters, dem elenden Demenztod eines verbrauchten, abgearbeiteten Mannes, kehrt er nach Hause zurück und damit in seine soziale Herkunft. Das ist der «Retour à Reims», von dem der Titel spricht.

Es sind die tristen Vororte der berühmten Kathedralen- und Champagnerstadt, in denen die Eribons schäbige, im Lauf der Zeit sich nur leicht verbessernde Wohnungen beziehen, erst ein Zimmer, dann zwei, eins davon mit Waschgelegenheit; ein eigenes Zimmer für den lernenden Oberschüler Didier gibt es erst spät. Diese Herkunft haftet in der französischen Bildungsgesellschaft wie ein Makel, eine Schande. Gesellschaft, also bessere Gesellschaft im Kontrast zur armseligen drunten, als Fluch, als Hölle, gegen den der Einzelne sich behaupten muss, das kann so nur der französische soziologische Roman erzählen, und das tut Eribon mit suggestiver Meisterschaft.

Die feinen Leute, die «Bourgeoisie», die Gebildeten, erlebt der Junge, der zu ihnen will, als persönliche Feinde, die einen Klassenkampf gegen ihn führen, ohne es überhaupt zu bemerken, weil ihre offensive Normalität das andere gar nicht kennt: So wie Weiße und heterosexuelle Männer sich als selbstverständlich nehmen und schon dadurch alle anderen zu Außenseitern machen – mit Gesten, Witzen, Einverständnissen, deren Ver-

50

letzungskraft sie nicht ahnen. Eribons Buch hat etwas von einer den Konflikt nachholenden Therapie, an deren Ende erst seine verleugnete Identität als Arbeiterkind neben seiner selbstgeschaffenen als Schwuler steht. Das ist groß und heldenhaft, getragen auch von einem düsteren Hass, der sich beispielsweise in einem bösen, zutiefst ungerechten, aber brillanten Porträt des Liberalen Raymond Aron entlädt.

Aber nicht Psychologie, nicht Therapie ist Eribons Anliegen – mit Schärfe weist er psychoanalytische Lesarten seines Lebens zurück und besteht auf dessen sozialer Determinierung. Sein Ausweg und Aufstieg ist fast Zufall, weniger seiner überragenden Begabung geschuldet als seinem persönlichen Verhängnis zum Außenseitertum, das es ihm unmöglich machte, in der erstickenden Welt der Familie zu bleiben. Ein ungeheurer Fleiß wird allein aus den Lektürelisten erkennbar, die der junge Didier sich zumutet. Am Ende aber ist es auch nicht der Studienerfolg, der ihm die Bahn in die intellektuelle Welt eröffnet, sondern es sind die klassenübergreifenden schwulen Kontakte, die ihm jenes «soziale Kapital» ersetzen müssen, ohne das es in Frankreich nicht geht und von dem er rein gar nichts mitbringt.

«Soziales Kapital», das sind Manieren, Codes, Bildungswissen, aber auch Beziehungen, ein Habitus, ganz praktisch: Kenntnis des Bildungssystems und seiner zeremoniellen Umwege. Eribon wurde ein wenig gefördert, aber vor allem hat er sich selbst so hinaufgearbeitet, dass es Gründe für Dankbarkeit kaum gibt. So beschreibt er seinen Aufstieg eher mit den soziologischen Kategorien von Pierre Bourdieu als mit der Selbstformungsphilosophie Foucaults. Und damit ist auch festgestellt: Eigentlich beweist der einzelne Fall nichts, ebenso wenig wie die bescheidenen Aufsteigergeschichten der beiden jüngeren Brüder. Der eine wird Polizist, der andere Autohändler. Gewiss, Verbesserungen, aber nur im Gleichklang mit der Entwicklung des Ganzen, in dem sich die Stellung der unteren Schichten nicht verbessert. Es gibt halt keinen Bedarf mehr an ungelernter Arbeit, so muss man ergänzen.

Die Wut, die Eribon antreibt, betrifft nicht nur die verriegelte Welt der Oberschicht, sondern noch mehr die Linke, das Milieu, dem sich seine Eltern unbefragt zugehörig fühlten, wie später auch die Brüder. Doch dieses Milieu ist verschwunden, es wurde übernommen vom «Front National». Seine Mutter und seine Brüder wählen diese Partei, muss der Familienheimkehrer Eribon erfahren, also eine Partei der aufgekündigten Solidarität mit Fremden, Anderen, Außenseitern, eine Partei des Hasses.

Und hier beginnen Diagnosen und Vergleiche, über die man in ganz Europa, in jedem Land allerdings etwas anders, diskutieren sollte. Eribon gibt der Linken die Hauptschuld am Aufstieg der Rechten. Sie habe seit den Achtzigerjahren ihren Klassenstandpunkt verraten, sei neoliberal und reformistisch geworden, zur herrschenden Klasse übergelaufen und Teil von ihr geworden. Wer die «gauche du caviar», die Kaviarlinke Frankreichs, vor Augen hat, kann hier nur herzhaft zustimmen, zumal wir aus Deutschland die Genossen der Bosse ja auch kennen. Gegen sie zu stimmen, «rechts» zu wählen, ist dann reaktiv eine neue, letzte Gestalt des Klassenkampfs, gerade in der Aufkündigung einer rhetorisch gewordenen Moralität.

Aber das ist noch nicht alles. Denn Eribon erkennt schon im archaischen, stalinistisch gebliebenen Kommunismus der Vor-Mitterrand-Zeit das Potenzial von Missgunst, Neid und Fremdenhass, das der «Front National» seither bespielt. Mit Blick auf Deutschland darf man fragen, ob die Erfolge von Pegida und AfD in den ostdeutschen Bundesländern nicht eine ähnliche postkommunistische Genealogie nahelegen. Wenn das Soziale national wird, ist man rasch bei den Rechten.

Es gibt allerdings eine Leerstelle in Eribons zwischen Autobiografie, Klassenanalyse und Kulturdiagnose wechselndem Traktat, und das ist die konkrete Politik. Warum ging die französische Linke in den Achtzigerjahren unter? In seinen ersten Jahren versuchte François Mitterand ja unbestreitbar, eine radikal linke Politik durchzusetzen, mit Verstaatlichungen von Banken und Großbetrieben, Vermögensteuern und Dirigismus. Nur führte diese Politik in kürzester Zeit in eine schwere Wirtschaftskrise, die zu brutaler Umsteuerung zwang, während überall sonst im Westen der Aufschwung der Achtzigerjahre eingesetzt hatte. Daraus kann man unterschiedliche Schlüsse ziehen – der Weg war grundsätzlich falsch oder Frankreich konnte ihn nicht isoliert gehen –, aber man muss die Frage diskutieren.

Dass Eribon diesen langen Weg Frankreichs zum kranken Mann Europas nicht einmal erwähnt, verrät auch etwas von seiner wissenschaftlichen Heimat. Pierre Bourdieus Klassentheorie war immer auf den Überbau fixiert, auf die Kultur. Habitus als Herrschaftsform, das war seine Entdeckung. Das, womit der Westen sich damals anderswo herumschlug –

Globalisierung, Marktliberalismus, digitale Revolution – stand in dieser Wahrnehmung bestenfalls am Horizont. Die Versteinerung der französischen Linken ist nicht nur eine Anpassung an die traditionell undurchlässigen Verhältnisse bei den herrschenden Schichten Frankreichs, sie hat auch etwas zu tun mit der Gesamtversteinerung des Landes im Verhältnis zum Rest der Welt.

Die «Rückkehr nach Reims» bleibt trotzdem ein überragend aufschlussreiches, dazu auch menschlich anrührendes Buch. Schon der Familienroman der Eribons, dessen grausamstes Kapitel, die Ächtung der Großmutter als Deutschenhure nach Kriegsende, mit dramaturgisch umwerfender Wirkung enthüllt wird, erzählt so viel von Frankreich, dass jeder bewusste Europäer ihn lesen sollte. In jeder Generation spielt dieses Land Revolution, und wie durch ein Verhängnis erscheinen die Verhältnisse hinterher immer noch unbeweglicher als zuvor.

DIE UNBEHERRSCHTHEIT DES HERRSCHERS

DIE RÜCKKEHR DES TYRANNEN

16. 11. 2016

Noch nie sei Amerika so reif für eine Tyrannis gewesen wie heute, schrieb schon im April dieses Jahres Andrew Sullivan, einer der bekanntesten Blogger und Essayisten Amerikas (im *New York Magazine*). «Tyrannis» muss man hier mit ihrem originalen griechischen Namen bezeichnen, denn Sullivan berief sich bei seiner Diagnose auf das achte Buch von Platons «Staat». Dort wird der Kreislauf der Herrschaftsformen von der Aristokratie (dem Regiment der Ehre) über die Oligarchie (der Herrschaft des Reichtums) zur Demokratie (dem Regime der Freiheit und der Massen) bis zum Umschlag in die Tyrannis eines einzelnen Gewaltherrschers dargestellt – ein komplexes Modell, das über viele Zwischenstufen bis zu dem französischen Aufklärer Montesquieu und in die Verfassungsdebatten der amerikanischen «Federalists» weiterwirkte.

Montesquieu war die Hauptquelle der amerikanischen Gründerväter. Er hatte die Theorie der Gewaltenteilung entwickelt, als institutionellen Schutz vor monarchischer und demokratischer Willkür. Weder ein Einzelner noch die Masse sollten durchregieren können, und dafür sollten eine unabhängige Justiz, die Trennung von Gesetzgebung und Regierung sowie abgestufte Wahlsysteme sorgen. Amerika wurde eine Republik, keine reine Demokratie. Es folgte dem von Platons Schüler Aristoteles entworfenen Ideal einer gemischten Verfassung, die ein monarchisches Element (der starke Präsident) mit aristokratisch-ständischen Gremien (Senat und Kongress, mächtige Bundesstaaten), unabhängigen Gerichten und demokratischer Legitimation durch Wahlen («we the people») verknüpfte.

Schrankenlose Volksherrschaft, direkte Demokratie war den Gründern der amerikanischen Republik ein Gräuel. Noch das Wahlmännersystem, das Donald Trump seinen Sieg bescherte, war ursprünglich als Delegation einer Erfahrungselite gedacht, um die Stöße der Demagogie abzufedern. Wenn Sullivan, ein libertärer, wertkonservativer Denker (katholisch, homosexuell, kritisch gegen «politische Korrektheit») mit Platon vor Trump warnt, dann geht er zu einer Quelle des altständischen Liberalismus zurück. Denn wenn Freiheit schrankenlos werde, dann zerfalle die Gesellschaft in unbeherrschte, eigensüchtige Gruppen und Einzelne, schrieb Platon im vierten vorchristlichen Jahrhundert: «Schließlich schwindet auch jede Achtung vor Gesetzen, gleichviel ob geschriebenen oder ungeschriebenen, um ja keinen Gebieter, in welchem Sinne es auch sei, über sich zu haben.» Mit glühenden Farben schildert Platon eine Fülle von Freiheitsmöglichkeiten, die Sullivan an die «Diversity» heutiger amerikanischer Großstädte erinnert.

Das ist der Moment des Umschlags vom Übermaß der Freiheit zur Knechtschaft: Ein Trump verhöhnt alle Sitten und ungeschriebenen Gesetze, er setzt aufs Recht des Stärkeren in einer Gesellschaft von Unbeherrschten, die nur noch an ihre partikularen Interessen und Vorrechte denken. «In den ersten Tagen und zu Beginn seiner Herrschaft begegnet er allen mit freundlichem Lächeln und Gruß, versichert, er sei gar kein Tyrann, verspricht Einzelnen und Gemeinwesen wer weiß was alles, verfügt Schuldenerlass, verteilt Land an das Volk und seinen Anhang und spielt die Rolle des Gnädigen und Milden gegen alle» – so Platon. Auch davor, sich von solcher Mäßigung täuschen zu lassen, warnte Sullivan schon im April: «Ein Tyrann kennt die Wirkung eines Lächelns: Gerade wegen der Furcht, die er schon verbreitet hat, möchte man ihm seine neue Warmherzigkeit verzweifelt glauben.»

Diese Diagnosen haben eine gewisse Wucht, weil sie vor Trumps Sieg kamen und wenig gemein haben mit dem aktuellen Zukreuzekriechen vieler linksliberaler Intellektueller, man habe sich zu stark um Minderheitenrechte und zu wenig um die weiße Arbeiter- und Mittelklasse gekümmert. Davor hatte schon 1997 Richard Rorty in dem Buch «Achieving our Country» gewarnt, mit prophetischen Worten, die jetzt in den sozialen Medien kursieren: «Ein ansehnlicher Teil der Wählerschaft wird zu dem Schluss kommen, dass das ‹System› gescheitert ist, und wird nach dem starken Mann suchen, den es wählen kann (…)», so Rorty: «Die als

Scherz getarnte Verachtung von Frauen wird wieder Mode werden, am Arbeitsplatz wird man wieder das Wort ‹Nigger› hören. Der Sadismus, den die akademische Linke ihren Studenten austreiben wollte, wird wiederkehren.»

Rortys Warnung nahm viel von dem vorweg, was Didier Eribons derzeit viel gelesenes Buch «Rückkehr nach Reims» 2009 für Frankreich diagnostizierte, nämlich die Rückkehr der von der Linken vernachlässigten Klassenfrage in rechtspopulistischem Gewand. Dass die «Hillbilly Elegy» von J. D. Vance, dem amerikanischen Eribon, in diesen Tagen zu den meistverkauften Büchern gehört, versteht sich fast von selbst. Vance hatte schon im Juli in einem Interview mit dem ökokonservativen katholischen Autor Rod Dreher im *American Conservative* den Sieg Trumps vorhergesagt.

Jetzt ist der Katzenjammer groß, und auch Sullivan ruft angesichts der enormen institutionellen Machtfülle, die der Wahlsieg der Republikaner Trump beschert hat, zum Widerstand auf. «Wir haben einen Vichy-Moment», twitterte Simon Schama, der berühmte Historiker und Kunsthistoriker, in Anspielung auf Hitlers Marionettenrepublik in Frankreich 1940: «Kollaboriert nicht, normalisiert den Autokraten nicht.» Der Soziologe Richard Sennett vergleicht Trump gar mit Mussolini.

Historische Vergleiche florieren nun immer in undurchsichtigen Situationen. Man legt sich das Ungewisse mit Analogien zurecht, meist um den Preis der Erkenntnis dessen, was neu ist. So geschah es übrigens schon beim ersten Auftreten von Mussolini und seinem Nachfolger Hitler, die das gebildete Europa in Analogie zu Napoleon oder den Cäsaren des antiken Roms deutete und damit verfehlte. Einer der lesenswertesten Beiträge zur Lage ist daher ein Essay der an der Columbia-University lehrenden Historikerin Sheri Berman, die in den *Foreign Affairs* energisch vor der Analogisierung des heutigen Populismus mit den faschistischen Bewegungen der Zwischenkriegszeit warnt. Zu unterschiedlich ist vor allem der Kontext. Die von Verarmung und Verfassungskrisen geschüttelten Nachkriegsgesellschaften Italiens und Deutschlands haben wenig gemein mit den heutigen USA.

Die Wahrheit ist, dass niemand weiß, wie sich Donald Trumps Regierung entwickeln wird. Vorerst bleibt die verstörende Tatsache, dass die Hälfte der Wähler in Amerika für einen Kandidaten gestimmt hat, der sich unmissverständlich für den Einsatz von Folter ausgesprochen hat.

Das bleibt, was immer Trump wirklich tun wird, ein Zusammenbruch von Zivilität, und darauf zielte Andrew Sullivans imposanter Verweis auf Platon.

Trotzdem sind die strukturellen Unterschiede von antiker und moderner Demokratie viel zu groß, um eine diagnostisch belastbare Analogie zuzulassen. Die mündliche Direktkommunikation in einer Stadtgesellschaft samt ihrem halbfeudalen Klientelismus und dem Gewaltreservoir der Sklavenheere, die von reichen Leuten mobilisiert werden konnten, unterscheidet sich fundamental von den Zuständen in modernen Flächenstaaten mit ihrer medial organisierten Öffentlichkeit. Das gilt allerdings auch für die Umstände, unter denen die heute geltende amerikanische Verfassung entstand. Um 1790 gab es weder organisierte Parteien oder Lobbygruppen noch Fernsehen und Internet. Amerika ist heute immer noch eine Republik, aber längst mit so starken massendemokratischen Elementen, dass den Gründervätern grausen würde.

So bleibt im Moment der Ungewissheit nur der Blick auf den Charakter des neuen Präsidenten. Die Unbeherrschtheit des Herrschers ist ein Topos der europäischen Geschichtsschreibung seit den Kaiserhistorien des Tacitus und Sueton. In der *Frankfurter Allgemeinen Zeitung* hat Simon Strauß, als Althistoriker ausgewiesen, an den Kaiser Caligula erinnert, der mit der Illusion einer senatorischen Kollegialregierung aufräumte. Caligula war einst auch das Vorbild der Kritik am «Cäsarenwahnsinn», die sich gegen Kaiser Wilhelm II. richtete. «Beware the Kaiser Chiefs», schrieb denn auch gerade im *New Statesman* Christopher Clark, einer der besten Kenner des erratischen deutschen Monarchen.

Bei solchen Warnungen geht es auch um eine Verfassungslage, die einem narzisstischen, sprunghaften und anfallsweise grausamen Staatschef erst die Möglichkeit zu einem persönlichen Regiment gibt. Vor allem außenpolitisch kann ein amerikanischer Präsident mindestens so viel Unruhe erzeugen wie der Kaiser, der mitschuldig am Ersten Weltkrieg wurde, auch wenn er ihn im letzten Moment verhindern wollte. Solche Irrationalität ist etwas anderes als die kalte Skrupellosigkeit von ideologischen Diktatoren. Präsident Obama nimmt sich viel Zeit für seinen Nachfolger. Wird nun seine letzte, wichtigste Aufgabe die Prinzenerziehung?

DER KULT DES EIGENEN

WARUM NATIONEN NICHT VÖLKISCH SIND

14. 09. 2016

Soll man sich jetzt darüber aufregen, dass Frauke Petry und Teile der AfD den Begriff des «Völkischen» wiederaufwerten und vom Vorwurf des Rassismus befreien wollen? Ach nein, der sprachgeschichtliche Befund ist zu eindeutig; Frauke Petry wird ihn nicht ändern. Aber man kann den Anlass nutzen, das Nationale vom Völkischen zu unterscheiden. Denn es gibt keinen Grund, den Begriff der Nation und des Nationalen den Rechten zu überlassen, trotz allen Missbrauchs, der damit getrieben wurde. «Völkisch» nämlich ist, Rasse hin, Volk her, nur die kleine aggressive Schwester des Nationalen, dessen ewige schlechtere Möglichkeit. Denn der Missbrauch des Nationalen lief immer darauf hinaus, dass der Begriff der Nation zu völkisch verstanden wurde.

Die Nation war an ihrem Beginn in der Französischen Revolution ein politisch fortschrittlicher, egalitärer Begriff, das Versprechen auf Gemeinschaft jenseits der Klassenschranken. Freiheit, Gleichheit, Brüderlichkeit waren die Ideale, die sie vereinen sollten. Die Nation, das war 1789 die Gesellschaft derer, die sich unter dem Gesetz der Menschenrechte eine Verfassung in einem einzelnen Land gaben.

Nation war also der übergreifende Gegenbegriff zur feudalen Ordnung der Stände, der Privilegien, der hierarchisch gestuften Gesellschaft. Als Bürger sollten die Franzosen fortan alle gleichermaßen Kinder des Vaterlands sein – die große Gemeinschaft orientierte sich immer noch an der patriarchalischen Familie, den Vorvätern und Brüdern, Toten und Lebendigen. Ein schöner Gedanke, der mit einer (vorerst männlich dominierten) Demokratie umstandslos harmonierte.

Selbstregierung Freier und Gleicher in einem gegenwärtigen Kommunikationsraum mit vielen erhabenen oder auch schmerzhaften Erinnerungen – das bleibt bis heute ein schönes, flexibles und auf lange Sicht auch wirklichkeitsnahes, weil zwangloses politisches Ideal. Der von Dolf Sternberger entworfene, von Jürgen Habermas übernommene Begriff von Verfassungspatriotismus verdeutlicht dieses Moment von selbstgesetzter und gelebter Ordnung, die zur Quelle des Stolzes werden kann, weil sie auf einem beispielhaft prägnanten Text beruht. Dieser Text, so der Gedanke, zieht Lehren aus der Geschichte, bei uns aus einem verheerenden Missbrauch der Idee des Nationalen. Deshalb ist der Verfassungspatriotismus ein bisschen weniger bodenständig als frühere Ausformungen des revolutionären Nationalgedankens.

Freiheit, Gleichheit, Brüderlichkeit aber können an den Grenzen einer Nation auf Dauer prinzipiell nicht haltmachen, auch das stand den Gründern dieser politischen Form von Anfang an vor Augen. Im Übrigen waren es nicht zuletzt deutsche Zeitgenossen der Französischen Revolution wie Immanuel Kant, Friedrich Schiller und Ludwig van Beethoven, die diese Konsequenz zogen: Alle Menschen werden Brüder. Es war darüber hinaus aber eine besondere Leistung des deutschen historisch-politischen Denkens um 1800, dass es auch sagen konnte: Alle verschiedenen Menschen werden Brüder.

Johann Gottfried Herder und nach ihm die Romantiker erkannten die Unterschiedlichkeit der Völker und ihrer Sprachen als anthropologischen und kulturellen Reichtum. Völker waren, so sagte es der Historiker Leopold von Ranke, «Gedanken Gottes» und deshalb jedes für sich wertvoll. Dabei wussten diese Denker natürlich, dass solche reiche Verschiedenheit durchaus konflikträchtig bis zum Nationalhass sein konnte. Genau darum untersuchten und rühmten sie aber die wechselseitigen Beeinflussungen und Mischungen zwischen den Nationalkulturen, bis zu Goethes spätem Konzept einer «Weltliteratur» als Raum des globalen Austausches.

Hier sollte alles rein Nationale wieder überstiegen werden, ohne es deswegen zu verleugnen. Noch der letzte bedeutende Erbe dieser Denktradition, der überaus national gesinnte, aus einer jüdischen Familie stammende Dichter Rudolf Borchardt (1877 bis 1945) beharrte auf einem Bild der Weltgeschichte als Abfolge von Mischungen, Kreolisierungen, Einflussnahmen und Neubildungen. «Nation» verkörperte für Borchardt Geschichte und Tradition, «Volk» dagegen war ihm nur die pure Gegenwart zufällig gleichzeitig am selben Ort Geborener, am Ende ein Begriff der Zoologie, des Menschen also nicht würdig.

So wurde das Wort «völkisch» spätestens seit der Wende zum 20. Jahrhundert durchweg gebraucht. Es steht für eine Vorstellung von Gemeinschaft, in der die politischen Ideale von Gleichheit und Brüderlichkeit nur innerhalb der eigenen Gruppe gelten, aber nicht zwischen den Völkern. Menschheit und Humanität spielen in diesem Denken keine Rolle. «Völkisch» war immer partikular, gebunden an die Abstammungsgemeinschaft, während das Nationale der Französischen Revolution ursprünglich eine universale politische Form ist – in seiner Reinform eine Willensgemeinschaft mehr als eine Schicksalsgemeinschaft und darum offen für neue Bürger.

So sagt es die Definition von Ernest Renan, der die Nation ein «tägliches Plebiszit» nannte und damit als immer wiederkehrende freie Übereinkunft beschrieb. Das ist, als Ideal oder regulative Idee, dann ziemlich genau das Gegenteil von Familie, Stamm, Blutsverwandtschaft und Abstammungsrecht. Dass auch solche Willensnationen besser funktionieren, wenn sie in den eingeübten Lebensformen und lebendigen Traditionen einer gemeinsamen Geschichte ruhen, bleibt unbenommen.

Die einen gedenken ihrer Siege und Revolutionen, die anderen auch ihrer Untaten, erstaunlicherweise mit ähnlich integrierendem Effekt. Giftig und hassträchtig kann solcher Bezug auf Kultur und Tradition werden, wenn er zu einem Kult des «Eigenen» wird, das Fremden angeblich nicht zugänglich sei. Die Selbstvergottung bleibt die ewige Versuchung des Nationalen, und natürlich waren auch die Franzosen der Revolution nicht gegen sie gefeit.

Der gedankliche Trick der neuen «identitären Bewegung», die heute das aufgefrischte Völkische de luxe darstellt, besteht nun darin, dass sie alte, komplex zusammengesetzte Kulturnationen zu Völkern erklärt, also zu Naturwesen, die am besten unvermischt nebeneinander bestehen. So wird ein moderner, lässiger Identitärer gewiss nicht von «Herrenrassen» oder «Untermenschen» reden, Gott bewahre. Er wird nur sagen, dass die Fremden nicht zu uns «passen» und besser ihre eigene Eigenart bewahren sollten. Diese Identitären sind auf ihre Weise durchaus für die Gleichheit der Verschiedenen, aber nur auf der Ebene der in sich möglichst rein zu erhaltenden, getrennt bleibenden Völker und Kulturen. Innerhalb der Völker dagegen soll es bei der Gleichheit der Gleichen bleiben, ohne Mischungen oder Einflüsse von Fremden.

«Identitär» ist daher die eigentliche postmoderne Verkleidung für das alte «völkisch». Es ist also überflüssig, sich aufzuregen, wenn Frauke Petry wieder «völkisch» fühlen will. Damit gibt sie eine willkommene Auskunft über ihr Denken. Ob man das rassistisch nennt, ist fast gleichgültig, denn auf jeden Fall läuft es auf die Verabschiedung einiger der besten Teile der deutschen Tradition hinaus: Diese erfand in Aufklärung und Historismus die Liebe zum eigenen Volk in enger Verbindung mit der Hochschätzung aller anderen Völker. Mit diesem Erbe haben die heutigen identitären Rechten nichts zu schaffen.

So wirkt es nur komisch, wenn der AfD-Redner Björn Höcke auf dem Magdeburger Domplatz «Geschichte atmet» und den seit 1043 Jahren toten Otto den Großen duzt: «Otto, ich grüße dich!» Oder wenn auf einem Youtube-Kanal ein junger österreichischer Identitärer in einem Wald sitzt und Hugo von Hofmannsthals Aufsatz über Beethoven vorträgt. Der mittelalterliche Herrscher nämlich verstand sich als Römischer Kaiser, der nichts Besseres zu tun fand, als seinen Sohn mit einer byzantinischen Prinzessin zu verheiraten. Und der Dichter Hofmannsthal, ein wahrer Kulturmischling der Habsburgermonarchie, rühmte den Komponisten der mitreißendsten Revolutionsmusiken – was sollte daran völkisch, identitär sein?

STÄMME UNTER SICH

DAS GIFT DES SEPARATISMUS

09. 10. 2017

Nach dem katalanischen Referendum soll es in zwei Wochen ein lombardo-venezianisches geben, bei dem der Norden Italiens über seine Selbständigkeit abstimmt. Wie in Spanien sind die Gründe vorwiegend ökonomisch. Wirtschaftlich starke Regionen wollen nicht weiter für ärmere Teile des Landes zahlen, mit denen sie in Nationalstaaten zusammenleben. In Italien ist das eine Dauerklage seit der Vereinigung des Landes im 19. Jahrhundert: Der prosperierende, fortschrittliche Norden schleppt einen zurückgebliebenen, korrupten Süden mit. Katalonien zahlt Milliarden an die spanische Zentrale, so wie Bayern im Bundesfinanzausgleich an die anderen Bundesländer. So weit, so nüchtern, so wenig schön. Über Geld könnte man ja verhandeln.

Aber das ist noch nicht alles, vielleicht nicht einmal das Hauptmotiv, und das macht diese immer wieder aufflammenden Konflikte so unerfreulich. Die Regionen, die sich abspalten, wollen nicht nur Finanzhoheit, sie wollen auch unter sich bleiben. Wie die Schotten oder die Iren blicken sie auf eine lange, oft leidvolle Geschichte zurück, sie sprechen eigene Sprachen, es handelt sich zweifellos um historische Regionen.

Eine sezessionistische, auf Abspaltung und Neugründung zielende Welle durchlief Europa in den frühen Neunzigerjahren, nach dem Ende der Großraumordnung des Kalten Kriegs. Das sowjetische Imperium wurde mit guten Gründen als Völkerkerker empfunden, schlimmer als einst Österreich-Ungarn, das vor 1914 mit diesem Schimpfwort belegt wurde. Nicht einmal der russische Kern dieses ganz Osteuropa beherrschenden Imperiums war homogen.

So befreiten sich seit 1990 nicht nur hegemonial beherrschte, aber noch fortbestehende Staaten wie Polen und Ungarn, es kam darüber hinaus zu den Abspaltungen der baltischen Länder, Weißrusslands und der Ukraine. Auch im asiatischen Teil der ehemaligen UdSSR entstand ein Gürtel neuer Staaten. Kurz danach begann der jugoslawische Zerfallsprozess mit Krieg und ethnischen Säuberungen, die erst eine Nato-Intervention stoppte. Da konnte man froh sein, dass wenigstens die Trennung von Tschechien und der Slowakei lautlos über die Bühne ging.

Schon 1991, am Beginn der jugoslawischen Krise, warnte der liberale Denker Ralf Dahrendorf in visionären Aufsätzen vor dieser Tendenz zur Rückkehr in kleine historische Einheiten, vor der neuen Sehnsucht nach Homogenität in einer «Stammesexistenz»: «Menschen können oder wollen das Leben in heterogenen Gemeinschaften nicht ertragen; sie suchen ihresgleichen und möglichst nur ihresgleichen», schrieb Dahrendorf 1991 in der Zeitschrift *Merkur* unter dem Titel «Europa der Regionen?». In einer kurz zuvor gehaltenen Rede entwickelte Dahrendorf die inneren Widersprüche des völkerrechtlichen Konzepts der «Selbstbestimmung»: Es würde immer im Namen von anderen in Anspruch genommen, die im Zweifelsfall gar nicht gefragt würden. «Selbstbestimmung lädt zur Diktatur ein», so Dahrendorf.

Die Begriffe «Stammesgesellschaft», «Stammesexistenz» wählte er dabei mit Bedacht. Sie sind im politischen Denken Karl Poppers, eines der liberalen Lehrer Dahrendorfs, das Gegenüber von «offenen Gesellschaften», in denen Verschiedene mit gleichen Rechten zusammenleben. Den heterogenen Nationalstaat nannte Ralf Dahrendorf in seinem *Merkur*-Beitrag «größte Errungenschaft der politischen Zivilisation». Denn das sind die europäischen Nationalstaaten: heterogen, innerlich voller Verschiedenheiten, historische Regionen, unterschiedliche Konfessionen und Dialekte überwölbend, mit Mehr- und Minderheiten.

Den homogenen Nationalstaat, das Phantasma vieler Nationalisten, kann es nur auf kleinstem Raum geben, wo das Volk als Großfamilie, als Clan-Verband, eben als «Stamm» begriffen wird, nicht als historisch gewachsene Rechtsgemeinschaft von Bürgern, die sich als Gleiche anerkennen. Alle Versuche, in großen Nationen Homogenität, Einförmigkeit von Volk oder Kultur herzustellen, endeten in brutaler Unterdrückung, oft mit ethnischen Säuberungen, gar Massenmorden.

Doch die Lösung, die Einheiten so zu stückeln, dass nur noch homogene Kleinststaaten zurückbleiben – also ein «Europa der Regionen» – erschien dem Liberalen Dahrendorf keineswegs wünschenswert. Denn die

Homogenität unterlaufe die «Idee von Bürgerschaft». Diese besteht darin, dass sie ein Leben mit Unterschieden erlaubt. Und diese Unterschiede betreffen eben nicht nur Sprache oder Herkunft, sondern auch alle anderen Aspekte, in denen Bürgerindividuen sich unterscheiden können, Religion, weltanschauliche und politische Überzeugung, sexuelle Orientierung. Je kleiner und homogener ein Ländchen ist, umso geringer wird ganz allgemein seine Verschiedenheitstoleranz, und die demokratische Idee der Gleichheit droht sich auf ethnische Gleichförmigkeit zu verengen. Aus dem politischen Demos, dem Souverän der Demokratie, wird das völkische Ethnos, der Stamm, die Gemeinschaft.

Das ist idealtypisch gesprochen, aber es erklärt, warum aus liberaler Sicht ein Übermaß von Homogenität prinzipiell nicht wünschenswert ist. Die Befreiung aus den «Völkerkerkern» könnte die Völker in Einzelhaft bringen, um ein Bonmot Martin Mosebachs aufzugreifen. Die innere Freiheit leidet, wenn Freiheit vorwiegend als äußere, nationale Freiheit begriffen wird. So war es lange Zeit im nationalen Denken Deutschlands, das sich seit den «Befreiungskriegen» gegen Napoleon einseitig auf die Freiheit von ausländischer Hegemonie, auf nationale Selbständigkeit konzentrierte. In allen nationalen Unabhängigkeitskämpfen pflegen die Reihen sich zu schließen. «Stämme mögen Minderheiten nicht», fasste Dahrendorf zusammen.

Schon 1991 wies dieser auch auf eine fatale Wechselwirkung mit der Europäischen Union (damals noch EG) hin: Die Regionen verließen sich bei ihrem Kampf gegen die Nationalstaaten darauf, im großen Ganzen Europas aufgehoben zu bleiben, sie wollten also die materiellen Folgen ihrer Vereinzelung doch lieber nicht tragen. Man wollte unter sich bleiben und gleichzeitig die Vorzüge einer großräumigen Wirtschaftsordnung behalten.

Das erinnert an die wenig erfolgreichen Versuche der Zwischenkriegszeit, nach dem Ende der beiden osteuropäischen Vielvölkerreiche Russland und Österreich-Ungarn mit Hilfe von Handelsverträgen die alten Verkehrswege und Verbindungen wieder aufleben zu lassen. Auch mussten komplexe Minderheitenrechte, vor allem für die Ungarn, deren Staat 1919 radikal verkleinert worden war, die alten imperialen Formen des Zusammenlebens mühsam ersetzen. Ähnliche Probleme entstanden nach der Zerschlagung des Osmanischen Reiches, aus der sich alle bis heute fortbestehenden Konflikte des Nahen Ostens entwickelten. Die Zerstörung der Großreiche zwischen Ostsee und Mittelmeer seit 1918 sind ein Menetekel für alle Sezessionen seither. Dabei plädierte Dahrendorf am Vorabend des Jugoslawien-Kriegs keineswegs für Zentralismus oder für einen forcierten Multikulturalismus. Das Leben in Gemeinden und Regionen solle durchaus blühen, sei es in heterogenen Nationalstaaten, sei es in einem künftigen europäischen Staat. Auch lehnte er die militärischen Maßnahmen der damaligen jugoslawischen Führung strikt ab. Vor dem Hintergrund dieses Beispiels müssen die Polizeimaßnahmen der heutigen spanischen Regierung aufs Äußerste beunruhigen.

Was folgt aus alldem? Dahrendorf verlangte 1991, die Schwellen für Abspaltungen zu erhöhen und formulierte einen Kodex für Sezessionen. Man müsse zuvor alle Möglichkeiten der Einheit in Frieden ausschöpfen. Nötig seien auch qualifizierte Mehrheiten; hauchdünne Abstimmungsergebnisse – wie zuletzt auch beim Brexit – hielt Dahrendorf für unzureichend. Er erinnerte daran, dass die Schweiz nach dem Ersten Weltkrieg die Region Vorarlberg nicht aufnehmen wollte, weil ihr 20 Prozent Nein-Stimmen bei der Volksabstimmung davor zu viel erschienen.

Eine Mehrheit von drei Viertel der Stimmen verlangte Dahrendorf bei Unabhängigkeitsreferenden. Und danach sollte internationale Anerkennung und wirtschaftliche Zusammenarbeit mit dem neuen Staatsgebilde an scharfe Auflagen zu Freiheitsgarantien und Minderheitenrechten geknüpft werden. Schon die Einführung einer diskriminierenden Einheitssprache sei nicht akzeptabel.

Das sind Warnungen für die Gegenwart. Die Europäische Union muss ihre Rolle als Hüterin der liberalen Ordnung wahrnehmen, und Zentralregierungen sind gut beraten, sich nicht allein auf Polizeigewalt zu verlassen. Die liberalen Öffentlichkeiten aber sollten den Unfug des Stammesdenkens mit Gründen bestreiten.

AM ANFANG STAND DAS NEIN

Opposition ist Mist, aber Regieren oft auch. Das letzte parlamentarische Kabinett der Weimarer Republik, die Regierung des sozialdemokratischen Reichskanzlers Hermann Müller, hatte es seit dem zweiten Halbjahr 1928 mit unpopulären Aufgaben zu tun. Vor allem stand eine Etatkonsolidierung mit Blick auf eine dauerhafte Regelung der Reparationslasten aus dem Friedensvertrag von Versailles an. Diese Lasten, ihr endgültiger Umfang, ihre Dauer, wurden soeben neu verhandelt und im sogenannten Young-Plan geregelt.

Gleichzeitig wollte die Reichsregierung die dramatisch unterfinanzierte Arbeitslosenversicherung auf eine solide Grundlage stellen. Beiträge erhöhen oder Leistungen kürzen? Ärgerlich war auch, dass die Vorgängerregierung den Kauf eines neuen Panzerkreuzers beschlossen hatte – könnte man das Geld dafür nicht besser für Kinderspeisungen einsetzen?

Hermann Müllers Regierung hatte eine breite, aber schwache parlamentarische Grundlage. Er führte eine große Koalition aus SPD einerseits und dem katholischen Zentrum und zwei liberalen Parteien (DDP und Gustav Stresemanns DVP) andererseits. Dazu kam die Bayerische Volkspartei, die sich mit der vehementen Ablehnung einer Biersteuererhöhung wichtig machte. Schwach war diese Koalition, weil alle Partner zugleich drinnen und draußen sein wollten. Sie versuchten, die Vorteile des Regierens mit denen des Opponierens zu verbinden.

Die rechten Parteien entsandten ihre Minister zunächst nur «zur Beobachtung» ins Kabinett – damit war ausdrücklich keine Verpflichtung verbunden, bei Vertrauensfragen mit der Regierung zu stimmen. Doch auch die SPD hatte keine Lust, Unpopuläres, aber Beschlossenes mitzutragen. In der Panzerkreuzerfrage zwang sie ihre eigenen Kabinettsmitglieder, den Reichskanzler eingeschlossen, gegen sich selbst zu stimmen.

Reichsaußenminister Gustav Stresemann, der mit Abstand fähigste Staatsmann der Republik, zeigte sich durch diese Manöver beunruhigt. Schließlich quoll die republikfeindliche Publizistik, darunter bedeutende Namen wie Carl Schmitt und Friedrich Georg Jünger, von Hohn gegen den Parlamentarismus und seine angebliche Unfähigkeit über. Stresemann formulierte den Zwiespalt schneidend: «Was ist das überhaupt für eine groteske Auffassung, dass man infolge des parlamentarischen Regimes de facto die Parteienregierung hat, gleichzeitig aber der aus den Parteien hervorgegangenen Regierung fortwährend glaubt, Opposition machen zu können? Darin liegt die alte philisterhafte Auffassung, dass der Abgeordnete der gegebene Gegner des Staates sein müsse.»

Nun ist das Neinsagen tatsächlich der historische Ursprung des Parlamentarismus. Die Obrigkeit, der König oder Fürst, kam von Gott. Gegen sie opponierte das Land mit seinen Ständen und Korporationen, vor allem, wenn es ums Geld ging. «Land und Herrschaft», dieser vormoderne Zusammenhang, realisierte sich im Widerstreit von Monarch und Parlament. Das Parlament regierte dabei zunächst nicht selbst, sondern es achtete auf alte Rechte, verlangte neue, und es eroberte sich das berühmte Königsrecht, die Zustimmung zum Budget. England hat am meisten von dieser Struktur bewahrt: Souverän sind die beiden Parlamentskammern zusammen mit dem König, der die Regierungsbildung dem Vertreter der nach Mehrheitswahlrecht bestimmten größten Parlamentsfraktion übergibt. Diese Konstruktion bewahrt immer noch einen letzten Rest von Mittelalter.

Der Kontinent entwickelte in langen Kämpfen das Prinzip der Volkssouveränität, das die alte Legitimationsquelle des Gottesgnadentums ersetzte. Nun gingen die Regierungen aus den Parlamenten hervor, die das Volk repräsentativ abbildeten. Deutschland hatte bis 1919 eine gemischte Verfassung: Die Regierung wurde vom Kaiser ernannt und suchte sich dann ihre Mehrheiten im Reichstag, häufige Auflösungen und Neuwahlen inbegriffen.

Die parlamentarische Unverantwortlichkeit begünstigte jenen leichtfertigen Oppositionsgeist, den Stresemann 1928, neun Jahre nach der Verabschiedung der Weimarer Reichsverfassung, immer noch zu beklagen hatte: das Parlament als natürlicher Feind der Regierung. Man hatte, so pointieren Historiker heute, noch nicht realisiert, dass die entscheidende Bruchlinie nicht zwischen Parlament und Regierung, sondern zwischen den Regierungsparteien und der Opposition verlief. Eine brillante Untersuchung von Thomas Mergel zur politischen Kultur und dem Alltag im Weimarer Reichstag (erschienen 2002 im Droste Verlag) zeigt, dass die politischen Lager im Persönlichen durchaus gut miteinander zurechtkamen, beim gemeinsamen Essen, beim Trainieren im Fitnessraum des Reichstags oder in dessen Bad. Freundschaften zwischen Sozialdemokraten und Vertretern der Deutschnationalen waren kein Ding der Unmöglichkeit – der eigentliche Gegner saß auf der Regierungsbank.

Am Ende stürzte die Regierung Müller über die Frage, ob man die Beiträge für die Arbeitslosenversicherung von dreieinhalb auf vier Prozent anheben solle, wie die SPD und die Gewerkschaften verlangten, oder ob man Leistungen kürzen solle, wie es die industrienahen liberalen Parteien wollten. Und: Auf keinen Fall die Biersteuer erhöhen!, krähte die BVP dazwischen. Es kam zu Neuwahlen. Die NSDAP, bisher eine Splitterpartei von weniger als drei Prozent, sprang auf achtzehn Prozent. Der neue Reichskanzler Brüning regierte bald nach Bismarckscher Manier: mit Notverordnungen des Reichspräsidenten und mehrmaligen Neuwahlen des Parlaments.

Nichtregieren, das ist eine immer präsente Versuchung im Parlamentarismus, sie hält die Erinnerung an seine Ursprünge wach. Man übernimmt keine Verantwortung, weiß aber, wie es nicht geht. 2013 zogen es die Grünen vor, Opposition zu machen anstatt mit der Union zu koalieren. Die SPD, von ihrer ersten Koalition mit Angela Merkel noch reduziert, ließ sich die Regierungsbeteiligung teuer vergüten, mit mäßigem Erfolg bei ihren Wählern, wie wir jetzt wissen. Die CSU kam der in der Weimarer Zeit erprobten Methode, gleichzeitig mitzuregieren und zu opponieren, seit 2015 am getreuesten nach: In der Flüchtlingskrise ließ sie sogar Gutachten zur Frage erstellen, ob das Handeln der eigenen Regierung verfassungskonform sei. «Herrschaft des Unrechts!», tönte es aus München.

Das hörte eine Partei gern, die aus dem Dagegensein ihr Geschäftsmodell gemacht hat. Alexander Gauland, der die Regierung «jagen» will, hat immer wieder bekundet, die AfD strebe eine Regierungsbeteiligung gar nicht an, denn ihre Aufgabe sei es, auf Probleme aufmerksam zu machen, nicht Lösungen anzubieten. Da können diejenigen, die Entscheidungen treffen müssen, nur schlecht dastehen.

Inzwischen grassiert die Unlust am Regieren auf breiter Front. Nun muss man fairerweise sagen, dass man über vermiedene Mesalliancen nichts wissen kann: Hätte eine schwarz-grüne Koalition mit ihren Polen zwischen CSU und grüner Unbedingtheit während der Flüchtlingskrise von 2015 gehalten? Und bei aller Kritik an Christian Lindners jetzigem schneidigen Auftreten: Das Argument, dass fehlendes Vertrauen schon bei absehbaren Vorhaben ein miserables Präjudiz für die erwartbaren, aber unvorhersehbaren Krisenfälle bedeutet, ist nicht von der Hand zu weisen. Das Argument mit dem Wählerauftrag allerdings ist ein Joker, der entweder für alle gilt – oder eben nicht sticht. Den Willen «des» Wählers gibt es so wenig wie den Willen «des» Volkes – das Parlament hat auch die Aufgabe, diesen Willen und seinen Widerstreit zugleich zu formen. Warum sollte der Wählerauftrag der SPD höher stehen als der der FDP?

In Krisenlagen muss es möglich sein, der anderen Seite zumindest ihr Dilemma zuzubilligen. 1919, als die Weimarer Nationalversammlung nach einem Ultimatum aus Versailles über den Friedensvertrag abstimmte, erkannten die Gegner auf der Rechten ausdrücklich an, die Parlamentskollegen, die für den Vertrag stimmten, hätten dies aus «vaterländischer Gesinnung» getan. Damit war anerkannt, dass es die Pflicht des Parlaments sein kann, das Schmerzliche, manchmal das unerträglich Erscheinende aus Verantwortung zu tun.

Das müssen auch die Bürger und Wähler anerkennen. Der Untergang des Parlamentarismus von Weimar war von einer unablässigen Kette öffentlicher Erregungen, von Pressekampagnen, von Aufmärschen, Sportpalastevents, von Volksbegehren, von Hass und Verachtung für die Regierenden begleitet. Ein Blick in die sozialen Medien zeigt, dass uns das nicht ganz fremd ist. Politiker werden unablässig beschimpft, verbal bespuckt. Ja, ein modernes Parlament hat die Pflicht, eine Regierung zu bilden – und sich nicht nur auf den angeblichen «Auftrag» der eigenen Klientel zu beziehen. Aber die Pflicht zur politischen Vernunft, zum Augenmaß haben auch die Staatsbürger.

ENTHEMMUNG

DIE AFD IST KEINE BÜRGERLICHE PARTEI

03. 09. 2019

Wenn die AfD sich nach ihren Zugewinnen in Sachsen und Brandenburg als «bürgerliche Volkspartei» ins Gespräch bringt, dann ist das taktische Kalkül dabei leicht zu verstehen. Die Botschaft geht an die CDU. Man lockt mit einer Welt von gestern, in der noch alles gut war: «Volkspartei» meint eine Inklusivität, die unterschiedliche Milieus integriert, und «bürgerlich» erinnert vage an konservative Werte von früher.

Es geht eher um Kultur als um Gesellschaft. Denn die AfD wird vor allem im Osten zu mehr als einem Drittel von Arbeitern gewählt. Angestellte, Selbständige und Beamte – die eigentlich bürgerlichen Milieus also – folgen mit deutlichen Abständen. Das galt allerdings schon für die alte CDU, die immer auch eine Arbeitnehmerpartei war. Der Blick zurück, den die Vokabel «bürgerlich» suggeriert, trifft die alte Bundesrepublik nur zu Teilen. Sie wird sozialhistorisch als wohlhabende Arbeitnehmergesellschaft beschrieben und sie erkannte sich selbst wieder in Begriffen wie «nivellierte Mittelstandsgesellschaft». «Bürgerlich» wurden in Westdeutschland nach 1968 auch jene neuen «post-rebellischen Willensbürger», die Heinz Bude zufolge die Verbürgerlichung der Bundesrepublik überhaupt erst vollendeten – für die AfD sind sie «links-grün-versifft» und ein Hauptfeind.

Diese linksliberalen Willensbürger lässt Bude als letzte von drei westdeutschen Bürgertumsgenerationen auf die «Weimarer Restbürger» der ersten Nachkriegszeit und die «skeptischen Neubürger» der frühen Bundesrepublik folgen. Keine dieser Gruppen habe mehr als fünfzehn Prozent der westdeutschen Gesellschaft umfasst. Das einst post-rebellische Willensbürgertum geht heute selbst schon in die dritte Generation. Es fährt Rad, kauft regionale Lebensmittel, strebt ein klimaneutrales Haus an, ist überwiegend gut ausgebildet und oft so «kosmopolitisch», wie es der AfD überhaupt nicht gefällt. Gegen diese bestens ausgebildete, vage globalisierte «Elite» (auch so ein Schimpfwort) führt die AfD bei Bedarf durchaus den deutschen Arbeiter mit seinem Interesse an einem durch Migration angeblich bedrohten Sozialstaat ins Feld.

In der DDR überlebte das Bürgertum ohnehin nur in Nischen als grollendes Bildungsbürgertum, in Sondermilieus wie dem Dresdner «Weißen Hirschen», dessen Sänger Uwe Tellkamp heute gegen die Ausgrenzung der Rechten kämpft. In ihrer Breite war die DDR eine staatlich abgesicherte Arbeitergesellschaft, widersprach also einem Kernkriterium neuzeitlicher Bürgerlichkeit, der wirtschaftlichen Autonomie.

Kurzum, «bürgerlich» ist soziologisch ein begrifflicher Joker, dessen Undeutlichkeit vielfältige, schwer nachprüfbare Verwendbarkeit begünstigt. Dass eine unberatene Moderatorin des MDR am Wahlabend die Vokabel aufgriff und «eine stabile Zweierkoalition, eine bürgerliche, mit der AfD» für «theoretisch möglich» unterstellte, passt zu dieser Schwammigkeit.

Aber es geht ja gar nicht um eine soziale Positionierung. Das Wort «bürgerlich» ist ein Klingelton, der auf einen Habitus zielt, an Umgangsformen erinnert, an die «bürgerliche Kultur». Über den deutschen Begriff der Bürgerlichkeit wurden ganze Bibliotheken verfasst, von denen einem Alexander Gauland Etliches vor Augen stehen dürfte. Die politisch-soziale Sprache in Deutschland fasste den Wirtschaftsbürger (Bourgeois) und den Staatsbürger (Citoyen) in einem Wort zusammen. Außerdem kreierte sie den Begriff des «Bildungsbürgers», der in anderen Sprachen gar nicht erscheint, wo man eher von akademischen Berufen spricht, und damit eine ganze Sphäre von Seelenkultur vernachlässigt.

Wer heute «Bürgerlichkeit» in Anspruch nimmt, bringt sich also nicht als «Bourgeois» in Stellung – dafür gibt es längst den «Mittelstand», den «Familienunternehmer», auch den «Facharbeiter». Es geht vielmehr um eine Erinnerung an «Werte», die vermutlich nie in Reinform verwirklicht wurden, die aber als «Wertehimmel» erstaunlich langlebig über dem bürgerlichen Dasein schwebten und von Kulturhistorikern längst liebevoll erkundet wurden. Dieser Wertekosmos reichte vom korrekten Auftreten, guten Manieren, ehelicher Treue, allgemeiner Verlässlichkeit bis zu wirtschaftlichen Tugenden wie Sparsamkeit, Kredittreue, dem Einhalten von Absprachen. Trotz der notorischen Staatsnähe des deutschen Bürgertums gilt auch hier die persönliche Selbständigkeit als Angelpunkt bürgerlicher Lebensführung, eine Daseinssicherheit, die sich in gelassenem, unaufgeregtem Verhalten zeigt.

Wenn das nicht nur stilistische Fassade sein soll – Tweedjacket, Perlenkette –, dann müsste schon eine elementare Affektkontrolle dazugehören, also Umgangsformen, die Teil der Person selbst geworden sind. Nun gibt es längst gründliche Untersuchungen zur Sprache führender AfD-Politiker und zu den Kommentaren auf Facebook-Seiten der Partei, die all das dementieren. Der Germanist Heinrich Detering, selbst maßvoll-bürgerlich wie nur einer, hat den Sprachgebrauch von Gauland und den Seinen als Redeweise von Gangstern identifiziert: Wenn einer türkisch-stämmigen Deutschen nach Kenntnisnahme «spezifisch deutscher Kultur» mit «Entsorgung» gedroht wird, dann gleichen, so Detering, die Vertreter der spezifisch deutschen Kultur «zum Verwechseln Bandenmitgliedern, die es ihren Opfern erst mal so richtig zeigen, sie dann erledigen und schließlich entsorgen».

Nach dem Mord an Walter Lübcke schaute sich die *NZZ*, linksgrüner Sympathien eher unverdächtig, Internetseiten der AfD an und stellte zum Sprachgebrauch dort fest: «Der Evangelische Kirchentag? Eine ‹schizophrene Irrsinnsveranstaltung›. Angela Merkel? Eine ins ‹linksgrüne Lager abgedriftete Kanzlerdarstellerin›. Die CDU-Chefin? ‹Meinungsdiktatorin AKK›. So geht das ohne Unterlass. Die Kommunikation der AfD erinnert an eine vollgeschmierte Klowand. Nichts daran ist bürgerlich.»

Dieser Dauerton der Maßlosigkeit ist allerdings nicht einfach eine permanente stilistische Entgleisung, der sich mit der Gaulandschen Formulierung vom «gärigen Haufen» beschönigen ließe. Er verweist auf einen unbürgerlichen Kern, nämlich die Verachtung des Individuums. Diese Verachtung zeigt sich am deutlichsten in der Zuverlässigkeit, mit der Politiker und Anhänger der AfD den Schrecken spektakulärer Verbrechen auf ihre Mühlen zu lenken versuchen.

Wann immer eine Untat begangen wird, an der ein Nicht-Deutscher, ein Migrant beteiligt zu sein scheint, wird nicht einmal ein paar Stunden abgewartet, um zu erfahren, was die Hintergründe und Umstände sein könnten – nein, sofort ist die Rede von «Merkels Gästen», «Messermännern», «Horden» und ähnlichem. Dass dabei immer wieder groteske Irrtümer unterlaufen – so beim Münchner Amoklauf –, ficht diese Leute nicht an. Sie behandeln Einzelne als Merkmalsträger und nehmen gesellschaftliche Gruppen für Einzelne in Haft. Sie denken in Kollektiven. Hier wird das völkische Denken zur vergifteten kleinen Münze, hier werden Affekte bewusst angeheizt, unerreichbar von allen sonstigen Erkenntnissen oder auch nur vom nächsten Ermittlungsfortschritt der Polizei. Das mag man allgemein als rassistisch und menschenfeindlich bezeichnen, es ist aber in einem präzisen Sinn auch unbürgerlich. Denn die bürgerliche Denk- und Lebensform ging, wie Panajotis Kondylis ausführlich gezeigt hat, vom prinzipiellen Vorrang des Individuums aus. Nur darum konnte die besondere deutsche Idee der Bildung eine so große Rolle für das Bürgertum spielen. Selbstverständlich hat das Ideal individueller Autonomie den größeren Hintergrund der Menschenrechte und der Idee der Menschenwürde. Es gehört darum zusammen mit Religions-, Wissenschafts- und Kunstfreiheit, die allesamt in der Programmatik der AfD stark angezweifelt werden, so wenn es um den Islam, um vorgeblichen «Genderwahn» oder um das Verlangen nach deutscher Kultur auf deutschen Bühnen geht.

Wer nach der Bürgerlichkeit der AfD fragt, gelangt also von ihrer habituellen Enthemmung sehr rasch auf Kernpunkte ihres Programms, die allem widersprechen, was zu den Errungenschaften und Idealen des neuzeitlichen Bürgertums, nicht zuletzt des deutschen, gehörte.

TRIUMPH DER FRECHHEIT

DIE GRENZEN DES ZIVILEN UNGEHORSAMS

23. 11. 2020

Am Sonntag twitterte die Berliner Polizei an demonstrierende Kritiker der Corona-Maßnahmen: «Auch wenn sich der Protest gegen die geltenden #covid19 Bestimmungen richtet, sind diese dennoch einzuhalten – unsere Kolleg. werden weiterhin darauf achten und die Einhaltung mit Nachdruck einfordern.» Nun war bisher der Nachdruck der Ordnungskräfte auf den «Querdenker»-Versammlungen in deutschen Städten überschaubar: Abgesehen von Rangeleien mit Einzelnen bestand die härteste Maßnahme in einer weichen Regendusche aus einem Wasserwerfer, am vergangenen Mittwoch nämlich im Berliner Regierungsviertel. Damit wurde auch Rücksicht auf Alte und Kinder genommen, die die «Querdenker» an die Außenseiten ihrer Versammlungen gestellt hatten, als menschliche Schutzschilde. Gewiss denkt jeder Polizeistratege an die Verletzungen, die 2010 von Wasserwerfern bei der Räumung des Stuttgarter Schlossgartens nach «Stuttgart 21»-Protesten verursacht wurden. Die Räumung überfüllter Plätze kann hässliche Bilder erzeugen.

Dass sehr viele «Querdenker» nicht daran denken, sich an Bestimmungen und Auflagen zu halten, ist nicht überraschend. Absichtsvoll falsch kalkulierte Teilnehmerzahlen führen zu drangvoller Enge, der dann umso wichtigere Mund-Nasen-Schutz wird massenhaft und triumphierend verweigert. Die dabei aufkommende Volksfeststimmung – Böller und Polonäse – nährt sich aus dem Glücksgefühl einer gelungenen Erpressung derer «da oben». Dabei müsste auch für die Corona-Demonstranten gelten, dass sie das Ziel ihrer Proteste nicht vorwegnehmen dürfen. Wer das Demonstrationsrecht in Anspruch nimmt, um in seiner Wohngegend gegen Tempo 30 und eine Fußgängerampel zu protestieren, erwirbt damit nicht das Recht, mit 80 Stundenkilometern die rote Ampel zu überfahren.

Er muss abwarten, ob sein Protest politischen Erfolg hat – oder eben nicht.

Nun würden einige der Corona-Demonstranten diesen Vergleich vermutlich ablehnen. Aus ihrer Sicht ist das ansteckende Virus gar nicht bedrohlich («ein Schnupfenvirus», «eine Art Grippe»), wenn es denn überhaupt existiere. Ihr Protest soll vorgeblich auch dazu dienen, der Mehrheit die Angst auszureden, so hört man es bei den freundlicheren der Teilnehmer. Andere bestreiten nur die Verhältnismäßigkeit oder die Nützlichkeit der ergriffenen Maßnahmen. Schließlich gibt es die Extremisten, die vom Widerstand gegen eine drohende Diktatur reden. Am Ende kommen die, die Gewalt gegen das System um ihrer selbst willen suchen.

Alle diese Protestfraktionen nehmen durch die Missachtung der Hygieneauflagen ein in der Geschichte der Bundesrepublik eingeübtes Gewohnheitsrecht in Anspruch, nämlich das Recht auf «zivilen Ungehorsam». Der Begriff kommt aus der amerikanischen Tradition, er spielte in der Bürgerrechtsbewegung der Sechzigerjahre eine prominente Rolle. Für Westdeutschland hat ihn Jürgen Habermas 1984 unmittelbar nach den Friedensdemonstrationen gegen den Nato-Doppelbeschluss in einem berühmten Aufsatz unter dem Titel «Recht und Gewalt – ein deutsches Trauma» systematisiert. Damals ging es um die Legitimität kalkulierter Regelverstöße wie Sitzblockaden vor Kasernen und Raketenstützpunkten. An sie erinnert bis heute ikonisch ein Bild der Fotografin Barbara Klemm, das einen Teil der bundesrepublikanischen Geistesprominenz bei einer solchen Blockade zeigt. Habermas verteidigte die begrenzte Herausforderung des staatlichen Gewaltmonopols mit einem hochfliegenden Gedanken: Eine Rechtsordnung bestehe aus mehr als Legalität, nicht nur aus dem Buchstaben des Gesetzes. Sie bedürfe darüber hinaus der Legitimität, die sie für die Bürger aus freien Stücken akzeptabel mache.

Kurz: Zwang allein hilft nicht. Im Protest, der sich aus politischem Veränderungswillen speist, erneuere sich die sittliche Grundlage der Rechtsordnung, so Habermas weiter. Ihre Prinzipien werden an veränderte Lebensverhältnisse und neue Bedürfnisse angepasst. Nicht nur der reguläre politische Prozess, auch der engagierte Regelbruch von Bürgern, die «unmittelbar in die Rolle des Souveräns eintreten», wird zum Motor für «überfällige Korrekturen oder Neuerungen». Für diese Möglichkeit fanden die Bürger der DDR schon fünf Jahre später die bis heute zündende Parole: «Wir sind das Volk!»

Wie zweideutig sie ist, hat sich seither allerdings immer wieder gezeigt. Sie kann zur Beute militanter Minderheiten werden, die sich populistisch selbst ermächtigen, nur weil sie auf einem bestimmten Platz die Sprechchormehrheit an sich gerissen haben. Eine Geschichte des Rufs «Wir sind das Volk!» seit 1989 würde eine verstörende Fülle von Anwendungen aus allen politischen Lagern von links bis ganz rechts zutage bringen. Der Selbsteintritt des «Volks» in die Rolle des Souveräns ist längst zur deutschen Schmierenkomödie verkommen.

Solcher Missbrauch lässt sich nun aus den feingesponnenen Überlegungen von Habermas gerade nicht ableiten. Er knüpfte die Legitimität eines zivilen – idealerweise auch zivilisierten – Ungehorsams an drei Bedingungen. Erstens müsse die Rechtsordnung im Ganzen, und damit auch das Gewaltmonopol des Staates, prinzipiell intakt bleiben; zweitens müsse der Regelverletzer für die rechtlichen Folgen seines Tuns einstehen – im Zweifelsfall muss er bereit sein, eine Sanktion hinzunehmen; drittens aber, und das ist die höchste Hürde, verlangt Habermas, dass der Regelbrecher, «was immer seine subjektiven Überzeugungen sind, seinen Ungehorsam aus anerkannten verfassungslegitimierenden Grundsätzen begründen kann». Der Protest soll also im Einklang mit den Prinzipien der Verfassung auch dann bleiben, wenn er einzelne positive Gesetze verletzt.

Damit ist der Widerstand gegen eine Diktatur oder gegen Versuche, sie zu errichten, ausdrücklich nicht gemeint. Davon konnte zu Beginn der Achtzigerjahre ja auch keine Rede sein. Trotzdem ist es nicht trivial, das heute zu erwähnen, eben weil die Extremisten unter den Corona-Protestlern immer wieder mit Diktaturvorwürfen kommen – bis zu jener unseligen «Jana aus Kassel», die sich am Wochenende als neue Sophie Scholl in Szene setzte.

Die drei Habermas-Kriterien passen allerdings auch sonst nicht auf die Regelbrüche der «Querdenker». Diese Leute bedeuten in einer hochansteckenden Pandemie eine beträchtliche Gefahr für andere Menschen und ihr Recht auf körperliche Unversehrtheit. Schon das delegitimiert die Regelverletzungen auch unter duldsamster bundesrepublikanischer Perspektive. Sie haben zudem Anteil an einer Unkultur der Pöbelei und Gewalttätigkeit, die nicht nur Polizeikräfte, sondern auch Feuerwehr und Rettungsdienste immer öfter trifft. Auch Journalisten werden, sofern sie sich erkennbar machen, regelmäßig Ziele von Beschimpfungen und physischer Gewalt. Dass dergleichen in weitem Umfang hingenommen wird, beschädigt massiv die Legitimität der Rechtsordnung.

Inzwischen führt die Deeskalationsstrategie der Polizei ins Faustrecht der Lauten, Hemmungslosen und Brutalen. Darüber wären kaum Worte zu verlieren, bliebe nicht die Wahrheitsfrage. Die Corona-Demonstranten bewegen sich in einer anderen Wirklichkeit, sofern sie nämlich glauben, dass ihre Regelverletzungen keinen Schaden anrichten. Wer Corona für eine Grippe hält, wird den Vorwurf, er bedrohe die körperliche Unversehrtheit anderer, kalt lächelnd oder begütigend («keine Panik») zurückweisen.

Wissenschaftliche, infektiologische Befunde werden aber weder durch Demonstrationen entschieden noch durch Aushandlungen im politischen Prozess festgelegt. Die Polizei müsste sich ohnehin an das halten, was auch sonst im zivilen Leben vom friedlichen Bürger verlangt wird. Auch gibt es längst eine hinreichende Empirie, die die Gefährlichkeit des Virus einzuschätzen erlaubt, nicht nur durch Studien und Labore, sondern schlicht durch die Sterblichkeitszahlen in vielen Ländern der Erde. In den USA belaufen sie sich inzwischen auf die Einwohnerzahl einer mittleren Großstadt. Aber selbst wenn die Lage nicht so eindeutig wäre, kann der Staat nur nach dem Prinzip der Vorsicht agieren: Er muss die mögliche Gefahr ernst nehmen, sie so bald und präzise wie möglich ergründen, im Einklang mit der besten verfügbaren Wissenschaft. Erst danach kann die immer neue Abwägung von Nutzen und Nebenfolgen der Schutzmaßnahmen einsetzen. Diese Abwägung ist dem politischen Streit selbstverständlich zugänglich, auch einem Konflikt der Interessen, den die Verfassung seit jeher in reguläre, gut eingeübte Bahnen lenkt.

Dazu zählen auch Kundgebungen. Denn diese lassen sich bei gutem Willen und bei entschlossener staatlicher Aufsicht ja auch hygienisch unbedenklich einrichten. Das noble und fragwürdige Instrument des zivilen Ungehorsams ist da vollkommen unnötig. Es gibt keinen guten Grund, hier das Gewaltmonopol des Staates zu relativieren. Daran könnten auch Gerichte denken, die wirklichkeitsfernen Zusagen von Demonstrationsleitern Glauben schenken.

Die gesetzestreuen Bürger dieses Landes haben ein Recht darauf, nicht fortlaufend von einer dreisten Minderheit verhöhnt zu werden.

ALLES UMSONST

KONSERVATIVISMUS ALS SPEKTAKEL

22. 10. 2022

Von Zeit zu Zeit sieht man den Alten gern, den Konservativen nämlich. Dann kommt aus liberalen, gar linken Milieus die Aufforderung zur Mithilfe, etwa beim Kampf gegen den Klimawandel: Ist Bewahrung von Heimat, Natur, Schöpfung nicht auch ein konservatives Anliegen? Ist Nachhaltigkeit nicht die Schuldenbremse des Naturhaushalts? Oder beim Kampf gegen den Rechtsradikalismus: Konservativismus soll den von Verlustängsten getriebenen Populismus abfangen, mäßigen und so Wut und Panik an den Rändern politikfähig machen. Wo es starke konservative Parteien gibt, so lautet eine Beobachtung, haben rechtsradikale Wutbürger und Systemfeinde weniger Zulauf.

Für solche Überlegungen gibt es gute Belege, auch wenn aktuelle Radikalismen nachweislich aus allen Richtungen gespeist werden, neuerdings auch aus einem libertär verengten staatsfeindlichen Liberalismus. Erhebliche Teile der Querdenkerszene, das zeigen die Untersuchungen von Carolin Amlinger und Oliver Nachtwey («Gekränkte Freiheit», Berlin 2022), kommen aus der liberalen Mitte der Gesellschaft.

Aber wie steht es mit den eigentlichen politischen Konservativen? Blickt man in der Welt herum, erscheinen sie inzwischen eher als Kräfte des Umsturzes als der Bewahrung. In Polen und Ungarn bauen sie den Staat zu illiberalen Mehrheitsdemokratien ohne traditionelle Machtbalancen um. In den Vereinigten Staaten arrangieren sie sich mit einem ehemaligen Präsidenten, der nicht davor zurückschreckte, geheiligte Verfassungsprozeduren in Gefahr zu bringen, indem er einen Mob zum Sturm aufs Parlament anstachelte.

Und in England, dem Mutterland des europäischen Konservativismus, haben die Tories Politik und Wirtschaft in die nun schon sechs Jahre während Dauerkrise des Brexit gestürzt. Liz Truss verspielte ihre Macht durch kindischen Leichtsinn in sechs Wochen. Von überall in Europa und aus vielen anderen Weltteilen lassen sich ähnliche Auswüchse eines radikalisierten, im Kern revolutionären Konservativismus beibringen. Deutschland ist dabei ein Sonderfall, weil es dort seit dem Ende der Weimarer Republik gar keine rein konservative Partei mehr gibt. Die Idee der christlichen Demokratie war immer nur teilkonservativ, sie erwies sich bei aller konfessionellen Grundierung als beweglich und fortschrittsoffen: Eine christdemokratische Volkspartei kann ein Haus mit vielen Wohnungen sein. Das galt auch für Italien, bevor sich dort seit den Neunzigerjahren auf den Trümmern der Democrazia Cristiana eine populistische Rechte etablierte. Nun ist bekanntlich jeder Konservativismus zeitabhängig und milieugebunden. Länder mit vielen historischen Brüchen wie Frankreich und Deutschland haben zwar zahlreiche konservative Doktrinäre, aber keine stabilen konservativen Parteien.

Ganz allgemein gesprochen, reagiert konservatives Denken und konservative Politik auf wechselnde Fortschrittslagen mit dem Impuls von Bewahrung und Verzögerung. Vor allem stabilisiert sich Konservativismus in traditionellen Milieus. Daher gibt es katholische, sozialdemokratische, sogar kommunistische Konservative, die sich an überkommene Lebens- und Vergesellschaftungsformen, Kirche, Verein, Partei, an ehrwürdige Überlieferungen, alte Ideale und geschichtliche Erinnerungen halten.

Am wenigsten pflegt solche Binnentraditionen derzeit die FDP, der politische Liberalismus – wer zitiert da noch Dolf Sternberger oder Ralf Dahrendorf? Vielleicht sind darum Teile der Liberalen aktuell so anfällig für querdenkerische Versuchungen, weil vom alten, auch bildungsbürgerlich-freisinnigen Honoratiorenliberalismus so wenig geblieben ist. Der Sinn für Vermittlungen und Entzweiungen der Moderne, den die Schule des Philosophen Joachim Ritter ins konservativ-liberale Denken einbrachte, ist im «libertären Autoritarismus» (Amlinger/Nachtwey) des «Ich will»-Liberalismus verlorengegangen. Gemeinwohlorientiertes «Willensbürgertum» (so nannte es Heinz Bude) ist heute eher bei den Grünen zu Hause.

Kann man in solchen beweglichen Gemengelagen überhaupt ein brauchbares Kriterium fürs Konservative entdecken? Vielleicht mit ein paar Unterscheidungen: Konservative denken historisch, in Pfadabhängigkeiten, sie ziehen das geschichtlich Gewordene den fernen, übrigens meist unerkennbaren Ursprüngen vor. Die Sehnsucht nach Rückkehr zu den reinen Quellen, zu den Anfängen, zu einer idealisierten Vergangenheit kann nämlich genauso revolutionär wie reaktionär sein. Auch die Jakobiner suchten die Unschuld der Anfänge. Wer die Zeit zurückdrehen will, handelt ähnlich umstürzlerisch wie der Revolutionär des Fortschritts. Ursprung und Zukunft haben eine vergleichbare Sprengkraft für das Bestehende, denn beide sind im Wortsinn utopisch.

Darum ist der Grundaffekt des Konservativen auch nicht der Zorn, sondern die Trauer. Die Trauer gilt dem unwiederbringlich Verlorenen, der Zorn dagegen hält schmerzhaften Wandel für ein Verbrechen. Der Unterschied lässt sich an einem konkreten Problem veranschaulichen: Konservativ ist der Impuls, Migration zu steuern, zu dosieren, verträglich zu machen, ohne die historische Erfahrung unentwegter Wanderungen zu leugnen; reaktionär-revolutionär wäre das Programm, seit Langem eingesessene Einwanderer wieder in ihre längst aufgegebenen «Ursprungsländer» zurückzuschicken, im Namen einer phantasmagorischen Idee von völkischer Reinheit. Im Kern geht es um den Gegensatz von geschichtlicher Nation und naturhaftem Volk.

Konservativ war es, um 1970 den Verlust der deutschen Ostgebiete ausdrücklich trauernd anzuerkennen, wie es damals Golo Mann im Kampf für Willy Brandts Ostpolitik vorschlug; reaktionär-revolutionär wäre die Idee gewesen, die gewaltigen Vertreibungen und Bevölkerungsverschiebungen der Zeit nach 1945 wieder rückgängig zu machen. Aufs Feld der Literatur übertragen: Walter Kempowski war ein genuiner Konservativer, nämlich ein Deutschnationaler voller historischer Trauer ums Verlorene. «Alles umsonst» hieß sein letzter Roman nicht ohne Grund.

Vielleicht kann man sogar die Ausdehnung der Zivilehe auf alle Geschlechterverbindungen einen Akt des Konservativismus nennen, weil hier eine traditionelle, auf den alten Wert lebenslanger Treue ausgelegte Lebensform buchstäblich «für alle» verrechtlicht und damit in eine neue Zeit transferiert wurde. Dies setzte übrigens eine ihrerseits gut eingewachsene Tradition voraus, die Trennung von Staat und Kirche.

Wo liegt in solchen Koordinaten und Unterscheidungen der Brexit? Seine Befürworter träumten von einem überkommenen England, dem Reich und Eiland in Shakespeares Silbersee, mit einem souveränen Parlament, das sich bis zur Magna Carta von 1215 zurückdatiert. Doch darf man bezweifeln, dass Edmund Burke, dessen «Betrachtungen zur Französischen Revolution» von 1791 die Grundschrift aller Konservativismen wurden, in unserer Zeit ein Anhänger des Brexit wäre. Denn dieser kappte abrupt die in zwei Generationen gewachsenen Verbindungen, Regeln und Routinen, die Großbritannien im Rahmen und zusammen mit der Europäischen Union aufgebaut hatte. Der Brexit war ein revolutionärer Akt im Namen einer idealisierten Vergangenheit. Er war ein Irrtum im Umgang mit historischer Zeit, weil er das Vorvergangene dem Vergangenen vorzog. Der Brexit hatte so von Anfang an einen ideologischen, unpraktischen, im Kern ahistorischen Zug, der ihn als eigentlich unkonservativ erscheinen lässt.

Die Szenen, die sich seither in den nur scheinbar uralten Kulissen von Westminster abspielen, zeigen, wofür Konservativismus gut sein könnte: als Politik der Vorsicht und eines historischen Bewusstseins, das Kontinuität nicht in den vergoldeten Formen eines «Gothic Revival» begreift, sondern als Leben, das in der Zeit unvermeidlich weitergeht, auch wenn es sich nicht um Fortschritt handelt.

Der Brexit war nur ein Konservativismus-Theater, das jetzt womöglich an sein Ende kommt in einer bitteren Ernüchterung.

AKTIVISMUS FÜR ANFÄNGER

POLITIK OHNE BERUF

25. 10. 2022

Spätestens mit den Lebensmittelattacken auf berühmte Gemälde ist der politische Aktivismus wieder bei seinen Ursprüngen angekommen, bei der Kunst der Avantgarde. Und das nicht, weil älteren Zeitgenossen dabei der Einsatz von Kartoffelsalat in frühen Inszenierungen von Frank Castorf an der Berliner Volksbühne einfällt. Nein, die Genealogie reicht deutlich weiter zurück, nämlich ziemlich genau ein Jahrhundert. Das hat soeben Knut Cordsen, Kulturredakteur beim Bayerischen Rundfunk, in einer als Langglosse getarnten Materialsammlung – Vorbilder wie Eckhard Henscheids «Dummdeutsch» sind unverkennbar – demonstriert («Die Weltverbesserer. Wie viel Aktivismus verträgt unsere Gesellschaft?», Berlin 2022).

Die Geburtsstunde des Aktivismus, als Gedanke und als Tat, schlug zum Ende des Ersten Weltkriegs. Am 1. März 1918 ließ Carl von Ossietzky verlauten: «Seit Jahresfrist (…) durchzuckt die deutsche Öffentlichkeit das Schlagwort Aktivismus.» Sehnsucht nach Taten drücke sich darin aus, Wille zu wirken, «Abkehr von intellektuellem Chinesentume» (wir entschuldigen uns ausdrücklich fürs kulturelle Stereotyp). 1919 fand schon ein «Gesamtdeutscher Aktivistenkongress» statt, in Berlin, wo sonst. Seither war kein Halten, und der Zitatenwildbach, den Cordsen entfesselt, findet bis heute kein Ende. Starring Kurt Hiller, Meister verschraubten verbalen Hochfliegens: «Je ‹geordneter› scheinbar die Zustände, desto anpackender, aufrüttelnder, peitschend wachsingender die Manifeste», wusste er.

Der Aktivismus zeigt sich hier als politischer Arm des literarischen Expressionismus, in Pathos und zugleich Verschwommenheit. Es ging um Weltbesserung an sich, aber vor allem um Bewegung, Schnelligkeit, «Sofortismus», um Rainald Goetz, einst Rasiermesser-Aktivist, zu zitieren. Konservative Zeitgenossen wie Thomas Mann erkannten diese Zwillings-

bruderschaft sofort: «Eine Kunstschule von heftig-aktivistischen Be-
dürfnissen, der Ruhe, der Betrachtung, dem epischen Behagen, der Sachlichkeit und Heiterkeit verächtlich abgeneigt, ganz auf das Rapide,
Vehement-Bewegte, Graß-Ausdrucksvolle gestellt, verlangt eines Tages,
dass der ‹Geistige› handle.» Graß – nicht krass! –, so Sprachkenner Cordsen, ist ein altes Wort für «schrecklich, Grauen erregend».

Ähnlich analysierte es 1934 Georg Lukács, der «Aktivismus» und «Expressionismus» synonym verwendete und «als Opposition von einem ver-
worrenen, anarchistisch-bohèmehaften Standpunkt aus» kritisierte, die
«natürlich politisch eine mehr oder weniger energische Tendenz gegen
rechts hat». Das ist vielleicht das wichtigste Ergebnis von Cordsens Par-
forceritt durch die Quellen, dass er den abstrakten Tatwillen in seiner
Offenheit für jederlei politischen Extremismus exponiert.

«Aktivisten» waren nicht nur im Kommunismus eine am Ende sogar
bürokratisch regulierte Massenerscheinung (vor allem als Lohndrücker
und Planüberfüller), sondern auch gern gesehen in der nationalsozialistischen Propaganda. Joseph Goebbels richtete schon 1933 eine «Zentralstelle
für geistigen Aktivismus» ein, wo dynamische junge Menschen daran
arbeiteten, die Gesellschaft neu «zu bestandpunkten». Einer von ihnen,
ein Horst Dreßler-Andreß, wechselte in gleicher Funktion in den Dienst
der DDR und wirkte im Arbeiter-und-Bauern-Staat als Kulturaktivist.
Und nein, das ist jetzt nicht die Hufeisen-Theorie, sondern der Nachweis
einer Strukturähnlichkeit: Es geht hier wie dort um die Abkürzung des
Wegs von der Idee zur Umsetzung, ums Antreiben der trägen Masse.

Denn der Aktivist ist immer Avantgardist, Vorangehender, insofern
Elite, lebend in selbstgewählter «Vonobenherabheit» (Hiller), strebend
nach «Herrschaft des geistigen Typus über den Pöbeltypus» (Hiller), voller
Verachtung für «Mobistisches» (Hiller). Und darum nicht unbedingt
Demokrat. Dieser in Einzelkampf und Avantgardegrüppchen bewährte
Elitismus zieht sich bis heute durch, auch in den Zügen von Heroismus
und Opferbereitschaft, wie sie bei Protesten gegen despotische Regime er-
fordert werden – man denke an die Frauen von Pussy Riot.

Die Geschichte des Aktivismus ist auch die Geschichte der Kritik daran, die ausgerechnet 1968/69 in berühmten Interventionen von linken
Theoretikern wie Theodor W. Adorno und Jürgen Habermas ihren Höhepunkt fand. Dieser diagnostizierte anlässlich einer Institutsbesetzung:
«Eine so gravierende Verwechslung von Symbol und Wirklichkeit erfüllt

im klinischen Bereich den Tatbestand der Wahnvorstellung.» Erst unter dem Eindruck der Anti-Pershing-Proteste von 1982 schwenkte Habermas um, in einer Theorie des zivilen Widerstands, der bei allen Regelverletzungen Legalität achtet, in dem er gesetzliche Sanktionen bereitwillig auf sich nimmt und den Zielen der Verfassung treu bleibt.

So erhellend Cordsens nach Sachgebieten geordnete Quellensammlung ist – er widmet sich vom Kunstaktivismus nach Art des «Zentrums für Politische Schönheit» bis zum Börsenaktivismus, Presseaktivismus, Wissenschaftsaktivismus allen Sparten –, so sehr verlangt sie nach einer übergreifenden historischen Diagnose. Ohne die Institutionen der modernen Öffentlichkeit kann kein Aktivismus bestehen, er lebt von der Resonanz, die bereit ist, Kartoffelbrei als Zeichen zu lesen. Die Endlosschleifen der sozialen Medien kamen erst jüngst hinzu, können aber auch dazu beitragen, dem Aktivismus den Avantgardestatus zu nehmen: Be your own Private Activist, könnte über jedem Twitteraccount stehen. Das Ganze nimmt dann doch jene «Mobistik» an, die Hiller so verabscheute.

Interessanter ist eine andere Konstellation. Der Aktivismus kam 1919 gleichzeitig zur Welt mit der bis heute treffendsten Analyse von «Politik als Beruf». In seinem berühmten Vortrag beschrieb der Soziologe Max Weber Politik als professionelle Veranstaltung in Parteien und Parlamenten, als bezahlten Beruf, mit Fachlichkeit und vor allem der Bereitschaft zur Langsamkeit, nämlich beim Bohren dicker Bretter – was die Kompromissfindung zwischen widerstrebenden Interessen betraf. Antiutopischer geht es nicht.

Und genau das: Parteipolitik, Kompromiss, Langsamkeit ist es, was der Aktivismus jeder Couleur seither bekämpft. «Man kann Partei sein, ohne ihrer eine zu sein. Der Fall des Geistes!» (Hiller) Damit reiht sich der Aktivismus in die Dichotomien der deutschen Zwanzigerjahre ein: Expressionismus versus Neue Sachlichkeit, Menschheitspathos versus Verhaltenslehren der Kälte, Aktivismus versus Politik als Beruf und leider auch Diktatur versus Republik. Die diktatorischen Systeme der Epoche, der Bolschewismus, der Faschismus, der Nationalsozialismus waren Regierungsformen der Mobilisierung, bei denen der Avantgardist zum Führer und zum Parteikader wurde. Die ästhetische Überbietungsdynamik floss ein in die Überwältigung durch Propaganda. Die politische Zweideutigkeit des Aktivismus – den es heute auch wieder bei den Neuen Rechten, der Identitären Bewegung gibt – gehört daher zum epochalen Grundriss.

Das aktivistische Zeitempfinden ist der Zeitdruck der Apokalypse. Redet man mit den Selbstanklebern und Suppenwerfern und verweist sie auf die demokratische Notwendigkeit, Verbündete zu gewinnen und Mehrheiten zu organisieren, hört man unweigerlich, dafür sei keine Zeit mehr. Demokratie als exemplarisch langsame Staatsform soll nicht genügen, wenn der Klimainfarkt unmittelbar bevorsteht. Und das ist auch die Crux dieser Bewegung: Sie könnte durch den Widerwillen, den sie bei einem großen Teil der Bevölkerung auslöst – Berufstätigen im Morgenverkehr, Menschen im Rettungswagen, besorgte Kunstfreunde –, ihre Anliegen sogar verlangsamen. Auch ist der postulierte Vorrang des Klimas vor der Demokratie natürlich eine Pandora-Büchse: Was, wenn eine andere Bewegung einen anderen Notstand ausruft, beispielsweise einen herbeifantasierten Migrationsnotstand? Dann wäre man auf widerstandsfähige demokratische und rechtsstaatliche Institutionen dringend angewiesen. Und überhaupt: Lässt sich eine Politik des Notstands, wenn sie einmal eingeleitet ist, auf ein Gebiet – das Klima – beschränken? Mit der Berufung auf einen Notstand begannen viele autoritäre Regime.

Es gehörte immer zur Geschichte, dass sich irgendwo ein paar Menschen hinsetzten oder hinstellten, um eine Forderung sichtbar zu machen. Groß sind einfache Gesten wie abgelegte Kopftücher oder ein häretisches Gebet in einer Staatskirche. Schon das wortlose Herumstehen auf einem Platz wie jüngst in Moskau entfaltet in einer zum Verstummen gebrachten Gesellschaft expressive Wucht. Manchmal ändern solche einfachen Gesten den Weltlauf, nämlich dann, wenn sie die Position der Hiller'schen Vonobenherabheit verlassen. Aber auch Massen sind zweideutig, zuweilen sind sie von Meuten nicht zu unterscheiden. Die Ambivalenz des Aktivismus ist nicht aus der Welt zu schaffen, auch in den nächsten hundert Jahren nicht.

MEHR SOFORTISMUS WAGEN

DIE STAATSFORM DER UNZUFRIEDENHEIT

16. 02. 2023

Ein neues Unbehagen an der Demokratie breitet sich aus. Doch diesmal kommt es nicht vom populistischen rechten Rand, sondern von den Aktivisten der Klimabewegung. Ihr kalkulierter ziviler Ungehorsam ist auch eine Anklage gegen die Langsamkeit, die Problemverschleppungen in einer allzu komplexen Staatsform. Dieser Aktivismus ist auch eine Aufforderung, solche Vermittlungen zu überspringen. Das muss man nicht verteufeln, aber man muss es einordnen in den ewigen Streit um die Demokratie.

Die Demokratie war immer die Staatsform der Unzufriedenheit. Historisch entstand sie oft aus dem Ungenügen an monarchischen, tyrannischen oder oligarchischen Vorgängern. Unzufriedenheit nährt und prämiert die Demokratie auch in ihrem Inneren, denn sie ist die Staatsform der öffentlichen Debatte. Vor der Wahl steht der Wahlkampf, vor dem Beschluss der Streit. Auch stellt sich das Problem, die Selbstregierung der vielen zu organisieren, je nach Umständen immer wieder neu. Demokratie muss sich im historischen Prozess regelmäßig erneuern und verändern.

So wird seit der Präsenzdemokratie auf der Agora Athens, wo wirtschaftlich freigestellte männliche Stadtbürger in persönlicher Anwesenheit einfache, aber fundamentale Fragen entschieden, bis zum modernen Parlamentarismus immer wieder Neues ausprobiert. Altes geht dabei aber nicht verloren. So schuf das Internet vorübergehend die Illusion, von der antiken Präsenzdemokratie ließe sich etwas wiederbeleben, diesmal mit den Millionen vernetzten Teilnehmern.

Unzufriedenheit nährt seit jeher der Zwiespalt von angeblich direktem Volkswillen und seiner institutionellen Kanalisierung in Wahlsystemen, Vertretungen und Regierungen. Denn der Wille ist nicht einheitlich, also braucht es Revisionsmöglichkeiten und den Schutz von Unterlegenen und Minderheiten. Denn sonst würde Demokratie wirklich zu einer der despotischen Staatsformen, unter die Kant sie einreihte. Aus solchen Bedenklichkeiten entstand die Idee der Gewaltenteilung, bei der vor allem die Justiz unabhängig zu stellen ist: Keine Rechtsprechung nach obrigkeitlicher Direktive, aber auch nicht durch Mehrheitsbeschluss, sondern nach methodischer Auslegung demokratisch zustande gekommener Gesetze.

Doch gerade diese fundamentale Errungenschaft steht immer wieder in Gefahr, wenn Demokratien in die Krise geraten. Die Vertreter eines angeblichen Volkswillens beschädigen im Namen der Demokratie eine ihrer wichtigsten Sicherungen, die unabhängige Justiz. Denn sie ist es ja, die im Streitfall etwa die Korrektheit von Wahlen oder die Einhaltung der Verfassung zu beurteilen hat. Die Justiz ist die Wächterin über das selbstgesetzte Regelwerk demokratischer Verfassungen.

Der populistische Angriff auf die Demokratie richtet sich gegen solche institutionellen Vermittlungen. Vor allem die in komplexen Verfassungen eingeübte Verhandlungsdemokratie ist den populistischen Akteuren zu undurchsichtig, zu kompromisslerisch, zu langsam. Lobbyeinflüsse, die Macht von Reichtum und organisierten Interessen, die Einschränkungen durch internationale Organisationen, Parteienklüngel, Koalitionen, Absprachen zwischen staatlichen Ebenen wie Bund und Ländern – all das macht die Idee einer Selbstregierung des Volks, so scheint es, fast unsichtbar.

Und so fehlten nicht die, die wie Karl Popper den Namen der Demokratie (griechisch: Volksherrschaft) überhaupt für irreführend hielten. Eigentlich gehe es um die regelmäßige Möglichkeit, Regierungen abzulösen, mit denen eine Mehrheit unzufrieden ist. Schon diese Möglichkeit habe, zusammen mit den Mechanismen der Gewaltenteilung, so die Überlegung, eine hinreichende mäßigende Wirkung auf die nur auf Zeit bestellten Regierungen: der Regierungschef als «leitender Angestellter» (Helmut Schmidt), ohne Kündigungsschutz. Besser solle man von «republikanischen» statt von «demokratischen» Verfassungen reden.

Doch ohne die Teilnahme der Bürger und seit dem 20. Jahrhundert auch Bürgerinnen, auf deren Basisentscheidungen das komplexe System beruht und auf die es immer wieder zurückkommen muss, geht es eben doch nicht. Zwar eröffnet der moderne Verfassungsstaat mit seinen Delegationsmöglichkeiten an Berufspolitiker auch die Freiheit von persönlicher politischer Befassung. Es ist erlaubt, unpolitisch zu sein. Nur gibt es viele Gründe dagegen, erstens weil laufende Beobachtung der Politik eine Voraussetzung der periodischen Evaluation in Wahlen ist, zweitens weil Berufspolitik die Tendenz hat, sich oligarchisch zu verfestigen. Und drittens braucht die Berufspolitik Nachwuchs. Sie kann sich aber nur im laufenden Betrieb erneuern und dabei neue Leute für die Tausenden Ämter vom Ortsvorsteher bis zum Bundespräsidenten gewinnen.

Diese Rekrutierung ist eine Hauptfunktion der politischen Parteien, die eben nicht nur den politischen Streit organisieren, der Wahlen überhaupt erst möglich macht, sondern dabei auch das Personal der Demokratie an ihre Praxis heranführen. Darum ist es auch kein marginales Krisensymptom, wenn Parteien und ihre Milieus austrocknen. Das zeigt sich nicht nur in den immer weniger vorhersehbaren Bewegungen von Wechselwählern, sondern auch in der Unlust am oft glanzlosen Engagement in Ortsverbänden, Fachausschüssen und Parteitagen. Parteiarbeit ist nicht mehr so attraktiv.

Mit dieser Unlust korrespondiert die oft beklagte Konsumentenhaltung, die von Politik das «Liefern» des Bestellten erwartet. Schon vor einem Jahrzehnt beschrieb der Staatsrechtler Christoph Möllers die verbreitete Neigung, sich lieber «zivilgesellschaftlich» für ein konkretes, gern moralisches Ziel zu engagieren, als in eine Partei zu gehen, als Krisensymptom. Parteien sind, weil ihre Programme breite Gebiete abdecken und aus komplexen Verhandlungen hervorgehen, für den einzelnen Bürger mit seinem moralischen Impuls oft unbefriedigend. Sie sind Gesellschaft mit ihren Widersprüchen im Ausschnitt – ein Milieu.

In zivilgesellschaftlichen Gruppen – der Bürgerinitiative, der Protestgruppe, der Umweltorganisation, der Pressure-Group für Minderheitenrechte – ist die Aussicht auf Übereinstimmung und soziale Homogenität deutlich größer. Auch hier kann man delegieren und sich gut dabei fühlen, durch Spenden, Petitionen und die Finanzierung professioneller Kampagnenführer. In kleinster Münze ist die tägliche Empörung in den sozialen Medien der Ersatz für politisches Engagement oder besser: die Illusion davon. Die dort gepflegte Verachtung für die Berufspolitik verschärft das Problem: Das Bewusstsein für die Komplexität von demokratischer – oder republikanischer – Politik schwindet, und zugleich verliert sich die Attraktivität, es selbst zu versuchen. Die Mittlerfunktion von Parteimilieus zwischen Berufspolitik und Bürgern verliert sich so immer weiter.

Dazu kommt als neues Problem die in den sozialen Medien beförderte Unsicherheit über die Wirklichkeit, über die eigentlich verhandelt wird. Herfried Münkler hat soeben in einer Abhandlung über die Zukunft der Demokratie (Brandstätter Verlag, Wien 2022), die eine knappe, aber umfassende Übersicht heutiger Demokratiefragen bietet, die beiden aktuellen Hauptprobleme identifiziert: einerseits den Verlust geteilter Wirklichkeit, andererseits die Selektivität sozialen Engagements zuungunsten der Teilnahme an Politik im Parteileben vor Ort.

Jedes für sich hält Münkler für ziemlich zerstörerisch, und beides zusammen umso mehr. Als Sofortmaßnahme empfiehlt er eine verpflichtende medienkritische Schulung für alle Bürger. Jeder, der am Staatsleben teilnimmt – wir alle also –, muss einmal konkret «geimpft» werden, um ein für alle Mal gewarnt zu sein vor falschen, zu einfachen, den eigenen Affekten zu eingängigen Informationen. Ein Mittel dagegen wäre auch das regelmäßige Gespräch in Volksparteien, in denen mehr als eine Richtung vertreten ist und dem einzelnen Mitglied eben nicht alles gefällt.

Dabei kommt Münkler auch auf die apokalyptisch gestimmten Forderungen der Klimabewegung zu sprechen. Hier herrscht ein «Sofortismus» (um die Wortbildung von Rainald Goetz zu verwenden), der sich mit der Langsamkeit von Verhandlungsdemokratien besonders schwertut. Wer sich mit angeklebten Aktivisten unterhält, wird vor allem das Argument des Zeitdrucks hören. Es geht alles viel zu langsam, während die Kipppunkte immer näher rücken. Es ist der Einspruch einer jungen, «letzten» Generation, die noch viel Lebenszeit vor sich hat, aber die Uhr im ökologischen System ablaufen sieht.

Apokalypse war immer gestundete Zeit, die Naherwartung. Der Schrei nach Aufmerksamkeit, den die Blockierer artikulieren und für den sie mit fast franziskanischer Geduld übelste Anfeindungen in Kauf nehmen, dieser Schrei ist eine Anklage gegen den Zeitverzug in institutionell verwickelten Verfassungsstaaten. Dieses Motiv ist nicht neu. Die Inkompatibilität von moderner Demokratie und Umweltkrise wurde schon vor einer Generation thematisiert, woran Münkler erinnert: bei Rudolf Bahro nämlich, in seiner Schrift «Logik der Rettung» (1987), die für ein Notstandsregime zur Rettung der Erde plädierte. Angesichts dieser Vorgeschichte, wirkt der Vorschlag aus der heutigen Klimabewegung, die demokratischen Verfahren mit Hilfe ausgeloster «Räte» zu ertüchtigen, geradezu moderat. Sie gehören zum immerwährenden Streit in der ewig unzufriedenen Staatsform Demokratie. Diese wird solche Impulse der Ungeduld aufgreifen müssen, in einer ihrer immerwährenden Anpassungen.

Was nichts daran ändert, dass wir, die Bürger, vielleicht wieder etwas öfter in jene Parteien gehen sollten, die uns so oft auf die Nerven gehen.

3
WAS
IST
FREIHEIT?

SPENDEN FÜR DEN WIRT

VOM ALTERN DES LIBERALISMUS

20. 01. 2010

Zum ersten Mal seit elf Jahren regiert in Deutschland wieder eine liberale Partei mit, und das Erste, was sie tut, ist die Einführung eines günstigeren Mehrwertsteuersatzes für ein spezielles Gewerbe, die Hotellerie. Der Widerspruch dieser Handlungsweise zu allen klassischen Motiven des liberalen Gesellschafts- und Staatsverständnisses ist so eklatant, dass Satirevermeidung fast unmöglich erscheint. Zu den kabarettreifen Nebenfolgen bei den Ausführungsbestimmungen der neuen Regelung – sie müssen feinsäuberlich zwischen dem Logis als dem Kerngeschäft des Hotelgewerbes und zahlreichen sonstigen Leistungen im Serviceraum eines modernen Hotels unterscheiden – kommt nun noch eine Großspende ans Tageslicht, die von einem Hotelkettenbesitzer an die Freie Demokratische Partei geleistet wurde.

Die Witze, die sich darüber mit Blick auf jüngste Thesen des Philosophen Peter Sloterdijk reißen ließen, der statt staatlichen Zwangssteuern lieber großzügige Spenden der Leistungsträger an die Allgemeinheit sähe, zerfallen einem allerdings wie modrige Pilze auf der Zunge. Der Sieg ist zu leicht. Vorerst bleibt ein selten genannter Vorteil von Steuern festzuhalten: Sie verpflichten nicht zur Dankbarkeit. Der Staat, der sie einnimmt, muss sich kein Sponsorenlogo auf Wappen und Fahne heften und geht auch sonst keine einzelnen Verpflichtungen ein. Er darf in erhabener Kälte seiner Räson folgen.

Solche strikte Trennung von Staat und Gesellschaft zählte einmal zu den Kernprinzipien liberalen Denkens. Dieses wollte in seinen Anfängen Ordnung schaffen im Gewirr zwischen Untertanen, Obrigkeiten, Ständen und Zünften. Die Gewerbefreiheit, mit der es noch vor der Parlamentarisierung des politischen Lebens begann, zielte einmal auf gleiche Bedingungen für alle Berufsgruppen und jeden Unternehmer. Dazu traten die Handelsfreiheit und die freie Verkäuflichkeit des Grundbesitzes. Letztere setzte voraus, dass an Grund und Boden keine richterlichen oder herrschaftlichen Befugnisse mehr hafteten. Die berühmten, von Wilhelm von Humboldt beschriebenen «Grenzen der Wirksamkeit des Staates» meinten nicht nur den Rückzug einer überbordenden paternalistischen Staatstätigkeit aus einer Gesellschaft von Freien und Tüchtigen, sondern ebenso klare definitorische Scheidungen: Es sollte keine Grauzonen mehr geben zwischen Staat und Gesellschaft, sondern eben rechtlich eindeutige «Grenzen».

Daran angesichts des heutigen Hoteliers- und Apotheker-Liberalismus zu erinnern, ist mehr als historische Nostalgie. Dass der Gastwirt und der Apotheker zusammen mit dem Kaufmann und den akademischen Berufen von Arzt, Anwalt und Pfarrer zum Typenrepertoire einer liberalen Gesellschaft gehören, lässt sich der gesamten bürgerlichen Literatur von Goethes «Herrmann und Dorothea» bis zu den Abgesängen Thomas Manns entnehmen – in England und Frankreich sieht es nicht anders aus. Das Widerlager zum allregierenden Staat sind Besitz und Bildung, also Sachwerte, Geld und Können, die den Bürger unabhängig von Zuwendungen machen sollen, aber auch den Freiraum zur Entfaltung solchen materiellen wie immateriellen Kapitals benötigen.

Der Freiheitsbegriff, der dahintersteht, ist vielfältig und tiefgestaffelt. Er hat nicht nur die rechtsstaatliche Freiheit von obrigkeitlicher Willkür zum Gegenstand. Er bedeutet auch mehr als die Möglichkeit zur Selbstregierung in einem konstitutionellen System der Gewaltenteilung, er meint in letzter Instanz etwas Charakterliches: den selbstbewussten, weil selbständigen Bürger, der stark und stolz sein kann, weil er nicht mehr den deformierenden Einflüssen obrigkeitlicher Fürsorge unterliegt. So ist er der Herr seines eigenen Schicksals wie früher allenfalls der Edelmann.

Denn, so hat es Wilhelm von Humboldt als Erster entwickelt – und bis zu Max Webers Bürokratiekritik und Paul Kirchhof sind ihm viele liberale Denker gefolgt: Der Staat verdirbt den Charakter der Bürger nicht nur durch politischen Druck – indem er sie als Untertanen knechtet –, sondern fast mehr noch durch seine Fürsorglichkeit, durch das tausendfältige Gespinst, mit dem er sich ins Leben und Treiben der Bevölkerung einnistet. Dabei hatten die frühliberalen Denker nicht nur den merkantilistischen Staat im Auge, der selbst unternehmerisch tätig wurde, Porzellan, Seide oder Waffen in eigener Regie herstellte, Import wie Export regulierte, am Verbrauch der Bürger mitverdiente, sondern auch eine nicht zuletzt christlich inspirierte Mildtätigkeit für die Armen. Das Schreckbild solcher überwiegend protestantischen Bürger waren fette geistliche Territorien, die ihr Geld neben teuren Kirchenbauten vor allem in einem Fürsorgewesen anlegten, das seine Adressaten erschlaffen ließ und ihnen das Licht der Vernunft vorenthielt. Ebenso focht der frühe Liberalismus gegen eine autochthone bürgerliche Planwirtschaft, die sich vor allem in den städtischen Zünften organisiert hatte und die nicht zuletzt mit Obergrenzen für die Produktion und mit künstlich verteuerten Preisen operierte. Dass diese Kanalisierung von Handwerk und Warenverkehr den Wohlstand behindere, war die Wahrnehmung eines neuen, aufgeklärten Bürgertums, das nicht einsehen wollte, warum alles gleich bleiben solle, einschließlich des Reichtums. Zu diesen zünftischen Unternehmern, die sich unliebsame Konkurrenz vom Leibe hielten, zählten nicht zuletzt die Gastwirte und Hoteliers.

Daran zu erinnern, heißt, das Problem jeder gegenwärtigen liberalen Politik und Doktrin schmerzhaft bewusst zu machen. Einerseits hat der Liberalismus sich totgesiegt, seine politischen Forderungen an den Staatsaufbau, die Grundrechte, die damit zwangsläufig verbunden sind, gehören zu den unbestrittenen Grundlagen der westlichen Staaten. Insofern kann der Liberalismus nur noch in einem eingeschränkten Sinn «Partei» sein, weil ihm jedenfalls in Europa und Nordamerika seine Gegner ausgegangen sind, nicht nur die alten aus dem Ständestaat, sondern auch die jüngeren aus den totalitären Bewegungen. Natürlich bleibt dem Liberalismus ein ewiges Wächteramt, denn die bürgerliche Freiheit ist nie unbedroht. Neuerdings wird sie weniger von sozialistischen oder kommunistischen Ideologien angefochten als vielmehr von religiösen Fundamentalismen, nicht zuletzt, weil sie den zur Abwehr gezwungenen Rechtsstaat mit einem freiheitsbedrohenden Sicherheitsdenken anzustecken drohen. Die jüngsten Frontlinien sind vor allem kulturell, sie betreffen die libertäre Lebensweise.

Auf der anderen, der Seite des Wirtschaftslebens, aber, sieht sich der Liberalismus wieder in einer Umwelt, die der an seinem Ursprung verblüffend ähnlich sieht, ja diese noch in den Schatten stellt. Der fürsorgende Staat ist längst zurückgekehrt, mit einer Übermacht und einer bürokratischen Allgegenwart, die sich nicht mehr zurückzudämmen lassen wird.

Die industrialisierte und technisierte Gesellschaft braucht beispielsweise eine Unzahl von Normen und Standards, die kaum anders als staatlich festgelegt und gesichert werden können. Sie ruht auf einem monumentalen Fundament von öffentlichen Infrastrukturen. Ein globales Marktgeschehen, das unweigerlich immer wieder über die Möglichkeiten individueller Tüchtigkeit hinausreicht, bedarf sozialstaatlicher Sicherungen. Eine Gesellschaft, die Individuen von Familien unabhängig machte, kommt ohne organisierte Altersvorsorge nicht aus. All das sind Selbstverständlichkeiten, die nennen muss, wer sich die grundsätzliche Vergeblichkeit der allermeisten staatsfeindlichen oder «neoliberalen» Zuckungen bewusst machen will. Der Liberalismus gleicht einem David, der es nicht mehr mit einem verwundbaren Goliath zu tun hat, sondern mit einem gummiartigen millionenarmigen Leviathan.

Das ist die Umgebung, in der heute liberale Parteien aller hehren Prinzipien und markigen Worte zum Trotz eben wieder zu Klientelparteien werden. Der Liberalismus hat die Grundlagen unserer Verfassung gelegt; die auf ihn folgende Arbeiterbewegung hat darüber den gewaltigen Aufbau des Sozialstaates errichtet, übrigens mit Hilfe alter Obrigkeiten, ja selbst katholischer Parteien, die im absolutistischen Sinne materielle Grundsicherheit besser fanden als Revolution.

In diesem Rahmen wuchs die Massenkonsumgesellschaft, die sozialen Frieden durch Wohlstand stützt und all dies staatlich reguliert. Mittendrin stehen immer noch etliche Hotels und Apotheken, und unter den Heeren der Arbeiter, der Angestellten und der technischen Intelligenz läuft immer noch das kleine, feine Personal aus «Herrmann und Dorothea» mit. Warum sollte es nicht auch seine Fürsprecher haben, wenn es doch auch Gewerkschaften und Unternehmerverbände gibt? Nur – «Liberalismus» muss man in dieser Umgebung doch etwas anders denken als vom Standpunkt einiger Hoteliers aus.

UNSERE ART ZU LEBEN

KAMPF DER WERTE, KAMPF DER KULTUREN?

17. 11. 2015

Ein Terroranschlag in Paris hat eine symbolische Bedeutung, die jeden Bürger der westlichen Welt ins Herz treffen muss. Es geht, wie sofort und zu Recht gesagt wurde, um «unsere Art zu leben». Es geht um ein welthistorisch ziemlich spätes, ziemlich einzigartiges Amalgam von Freiheit und Lebensfreude, Aufklärung und Hedonismus, um den Ort, wo Diderot seine «Encyclopédie» projektierte, während in den Salons Champagner zu Austern getrunken wurde, wo kurz danach eine der großen Menschenrechtserklärungen Gesetzeskraft erhielt und eine politisch-kulturelle Dynamik entfesselt wurde, die unsere Welt bis heute prägt. Die «Marseillaise», das «revolutionäre Tedeum» (Goethe), konnte so zur einzigen Nationalhymne werden, die universellen Charakter hat. Nichts bewegender, als sie in diesen Tagen überall in der Welt zu hören: eine Weltbürgerhymne.

Bei solchen Erinnerungen fehlt dann selten der Verweis auf «unsere Werte», für die es zu «kämpfen» gelte. Was es mit Werten auf sich hat, erleben wir täglich an jedem Flughafengate und demnächst bei allen Eingängen zu Fußballstadien: Wir müssen «Freiheit» mit «Sicherheit» verbinden, obwohl «Sicherheit» einzelne Freiheitsrechte zwangsläufig einschränken muss. Hier findet eine Wertabwägung statt. Werte sind immer relativ zueinander, es gibt höhere und geringere Werte.

Die Rede von den «Werten», das hat die philosophische Diskussion in Deutschland bis zur Mitte des 20. Jahrhunderts erbracht, ist ein Reflex auf den modernen Pluralismus, auf eine entgötterte Welt, in der Individuen oder Gesellschaften ihre Wertentscheidungen für sich treffen. An die Stelle des Naturrechts mit der Idee eines höchsten Guten treten variable Wertordnungen voller Abwägungen und damit Freiheiten. Nicht umsonst tritt die Rede von den Werten in «offenen Gesellschaften» auf, wie der Philo-

97

soph Karl Popper sie nannte, Gesellschaften, die nicht vorgeben zu wissen, was der Sinn der Geschichte oder der Zweck des Daseins ist. Solche Gesellschaften erlauben das Lebensexperiment, das «Streben nach Glück», aber auch politisch-soziales Herumprobieren, solange es ohne Zwang geschieht: Ende offen.

Die Rückseite dieses Werte-Pluralismus ist aber eine gar nicht so geheime Neigung zum Kriegerischen, zum «Kampf der Werte». Am Ende des Ersten Weltkriegs resümierte beispielsweise Max Weber resigniert: «Wie man es machen will, ‹wissenschaftlich› zu entscheiden zwischen dem Wert der französischen und deutschen Kultur, weiß ich nicht.» Das richtete sich nicht nur gegen die Weltkriegspolemiken nach Art von Thomas Manns «Betrachtungen eines Unpolitischen», sondern gegen materiale Wertlehren überhaupt. Diese setzen Werthierarchien fest, und da wäre man zum Beispiel schnell wieder in Paris, der Stadt, die nicht nur die moderne Libertinage hervorbrachte, sondern auch den modernen «Terror der Tugend» und den «Despotismus der Freiheit», mit Schiller gesagt: «Das Leben ist der Güter höchstes nicht.» Es gab für die Vorkämpfer von Freiheit und Gleichheit eine Zeit lang höhere Werte als ein paar lausige Menschenleben von Aristokraten und angeblichen Spionen.

Solche Wertsetzungen haben aber auch die Terroristen. Sie bestätigen ein ganz modernes Gesetz: Je entschiedener, zweifelsfreier die Wertsetzungen, desto gnadenloser die Praxis. Fundamentalismus, das lehrt jede religionssoziologische Betrachtung, ist Religion im Schatten des Nihilismus. Die fundamentalistische Religion hat jede Daseinssicherheit in Tradition, Sitte, Kultur verloren, Islamismus ist, wie Navid Kermani feststellte, Islam ohne islamische Kultur. Insofern hat er teil am modernen Werterelativismus, den er mit einer radikalen Wertsetzung beantwortet, der absoluten, nicht hinterfragbaren Treue zu einem nur unzweideutig zu verstehendem Gesetz.

Die Rede von «Werten» ist also tendenziell «polemogen», um es mit Niklas Luhmann zu sagen, kriegserzeugend: Ich habe meine Werte, du hast die deinen. Im Zweifelsfall siegen die höhere Überzeugtheit und Entschlossenheit, die größere Skrupellosigkeit. Wenn jetzt beispielsweise der Springer-Chef Mathias Döpfner eine «Radikalisierung der gesellschaftlichen Mitte» fordert, dann verlangt er doch wohl von uns allen (der «Mitte») einen solchen Kampf in der Arena der Werte. «Kulturkampf» heißt das, nicht nur bei Döpfner, seit den Neunzigerjahren. Dass der «Clash of Civilisations» (wie der Politologe Samuel Huntington den Konflikt nannte) und die englisch-amerikanischen «values» eine etwas andere Begriffsfärbung haben, ändert an solcher Polemogenität wenig: Es geht um Kampfgeist und Entschlossenheit.

Ist «Aufklärung» ein «Wert», für den wir kämpfen sollten? Das mag man redensartlich so sagen, aber genauer wäre doch: Aufklärung ist ein Prinzip (Gebrauch des eigenen Verstandes, öffentlicher Vernunftgebrauch, Anzweifeln von Autoritäten), im Zweifelsfall eines, mit dem man auch «Werte» überprüft. Dann aber müsste man sagen: Einer der Werte, für die wir kämpfen, ist auch der Werterelativismus, also das Eingeständnis, das Ziel der Geschichte nicht zu kennen, und die Erlaubnis, sein eigenes Leben jeweils eigenen Werten zu unterwerfen. Da kann der eine dann die Lust wählen («Hedonismus»), der andere die Selbstbeherrschung («Askese»), die meisten einen Mix aus beidem.

Die Rede von «Werten», die den logischen Schatten von Pluralismus und Relativismus verleugnet, den sie voraussetzt, läuft Gefahr, in einen Glaubenskrieg zu münden. Glaubenskriege haben, wie man nicht nur aus der europäischen Geschichte weiß, eine Tendenz zur Unbeendbarkeit; sie bluten eher aus, als dass sie zu Friedensschlüssen führen. Die Vorstellung, mit Terroristen Frieden zu schließen, ist auch abwegig. Aber darum dürfen wir ihnen auch nicht ähnlich werden. Deshalb ist auch die wiederkehrende Rede vom «Krieg», wo es eigentlich um Verbrechensbekämpfung geht, so unglücklich. Kriegseinsätze gegen Terroristen sind nötig und legitim, solange es eine funktionierende internationale Rechtsordnung und eine wirksame Weltpolizei nicht gibt. Aber es wäre fatal, den «Islamischen Staat» als «Kriegspartei» anzuerkennen.

All diese begrifflichen Unterscheidungen wären ziemlich egal, hätten sie nicht Auswirkungen auf das Zusammenleben innerhalb der pluralistischen Gesellschaft.

Hier zeigt die Rede von den «Werten» ihr potenzielles Gift. Die Reflexhaftigkeit, mit der jetzt das freundliche Gesicht der Willkommenskultur, der beste Beweis der freiheitlichen Selbstsicherheit dieser Gesellschaft, infrage gestellt wird, hat etwas Ermüdendes.

Wir haben guten Grund, den zu uns fliehenden Menschen zu erklären, dass hier der säkulare Rechtsstaat gilt, dass Frauen und Männer bei uns gleiche Rechte haben und dass Homosexualität eine anerkannte Lebensform ist. Aber dabei handelt es sich um Rechtsgrundsätze und

Regelwerke, die nicht der philosophischen Überhöhung als «Werte» bedürfen. Wir können, ja müssen von den hier einwandernden Muslimen strikte Befolgung unserer Gesetze verlangen, aber nicht, dass sie ihrem Glauben abschwören, selbst wenn dieser nicht libertär-hedonistisch ist. Das nämlich wäre gegen unsere Werte. Diese überzeugen allein und am besten durch ihre Lebenstauglichkeit, als unsere äußerst attraktive Art zu leben. Der Rest ist Sicherheitspolitik.

DAS MANTRA DER MITTE

DAS FALSCHE BILD VOM HUFEISEN

12. 02. 2020

Das Hufeisen ist in der politischen Metaphorik eines der Sprachbilder, die das Denken mit einem Schein von Anschaulichkeit festlegen und in die Irre führen können. Die annähernd ellipsenförmige Krümmung eines Hufeisens mit seiner offenen Schmalseite suggeriert dabei eine Nähe der politischen Extreme von links und rechts, die beide maximal und gleichförmig von der geschlossenen Schmalseite entfernt seien. Dort soll die politische «Mitte» liegen.

Dieses Bild setzt die kontinentaleuropäische Parlamentsgeografie voraus, wie sie sich seit der Nationalversammlung in der Französischen Revolution ausgebildet hat. Im Gegensatz zur rechteckigen Schuhschachtelform mit dem direkten Gegenüber von Regierungs- und Oppositionsparteien im britischen Parlament tagen europäische (und amerikanische) Parlamente seit 1789 in halbrunden oder kreisförmigen Arenen. Von Rednerpult und Präsidium aus gesehen ergibt sich daraus das Links-Rechts-Schema, das seither mit den unterschiedlichsten Inhalten zwischen Fortschritt oder Bewegung und Bewahrung oder Konservatismus belegt wurde. Bevor es Parteien der Mitte gab, war diese nur eine geometrische Bestimmung. Das Hufeisen setzt eine schon artikulierte Parteienformation voraus. Die Kreisform suggeriert dabei eine Welt von Übergängen, die das schroffe britische System nicht kennt.

Das präzise Bild vom Hufeisen wurde allerdings wohl erst in der Weimarer Republik geprägt. Dort haben es der französische Autor Jean-Pierre Faye in seiner Studie zu den «totalitären Sprachen» («Langages totalitaires») von 1972 und der deutsche Politologe Uwe Backes in seiner Dissertation über den «Politischen Extremismus im Verfassungsstaat» (1989) gefunden. Backes konnte einen interessanten Beleg aus dem Jahr 1932 beibringen, im

Umkreis der «Schwarzen Front» des NSDAP-Linksabweichlers Otto Stra-
ßer, wo man das «bürgerliche», aus der Französischen Revolution stammende Links-Rechts-Schema im Sinn einer Querfront überwinden wollte.
«Stellt man sich die deutschen Parteien und Strömungen in Gestalt eines
Hufeisens vor, an dessen Biegung das Zentrum und an dessen Endpunkten
jeweils die KPD und die NSDAP lagern, so liegt der Raum der ‹Schwarzen
Front› zwischen den beiden Polen des Kommunismus und des Nationalsozialismus. Die Gegensätze von ‹Links› und ‹Rechts› heben sich auf, indem
sie eine Art Synthese eingehen unter einmütiger Ausscheidung des ‹Bürgerlichen›. Die Lage zwischen beiden Polen gibt den Spannungscharakter der
Schwarzen Front am besten wieder.»

So fassten es die Autoren Adolf Ehrt und Julius Schweickert in einer
Schrift mit dem Titel «Entfesselung der Unterwelt. Ein Querschnitt
durch die Bolschewisierung Deutschlands» zusammen. Von dort gelangte
das Bild in Armin Mohlers Darstellung der «Konservativen Revolution»,
der bis heute maßgeblichen Gründungsschrift einer nachnationalsozialis-
tischen deutschen Rechten.

Das «Hufeisen» war auf der Rechten also zunächst positiv besetzt und
gegen den politischen Liberalismus mit seinem pluralen Parteienspektrum
gemünzt: «Synthese» statt Parteienstreit und Links-Rechts-Konkurrenz.
Erst in der Extremismus-Theorie der späten Siebziger- und Achtzigerjahre
des 20. Jahrhunderts wurde das Hufeisenbild zu einem Schlagwort einer
Mitte, die sich über die Äquidistanz, den gleichen Abstand von den Extre-
men definieren wollte.

Die Rede vom «Extremismus» wiederum entstand im Umkreis des
bundesdeutschen Verfassungsschutzes, der damit politische Strömungen
zusammenfasste, die gegen die pluralistische Grundordnung mit Rechtsstaat und Gewaltenteilung gerichtet waren – «Extremismus» ersetzte dabei
jenen «Radikalismus», der unter anderem im berüchtigten «Radikalen-
erlass» bekämpft werden sollte: keine Radikalen oder Extremisten im
Staatsdienst! «Radikal» durfte man wohl denken und meinen, das erlaubt
die liberale Verfassung; die Grenze liegt beim extremistischen Agitieren
und Handeln, das sich gegen diese Verfassung richtet.

Der Oberbegriff des Extremismus fasste linke und rechte Varianten
unter dem Kriterium der Verfassungsfeindlichkeit zusammen – in den Er-
scheinungen jener Zeit: «Rote-Armee-Fraktion» und «Wehrsportgruppe
Hoffmann».

Auch dieser Extremismusbegriff hat einen ideengeschichtlichen Hintergrund, in der Theorie vom Totalitarismus, die spätestens seit dem Beginn des Kalten Kriegs rechte und linke Versionen von Diktaturen mit totalem, auch terroristischem Durchgriff auf die Gesellschaften typologisch vergleicht und systematisiert. Diese Vergleiche arbeiten nicht Unterschiede heraus, sondern Ähnlichkeiten und Analogien. Der Beobachterstandpunkt ist dabei jener «Cold War Liberalism», der die «Freie Welt» gleichermaßen von Faschismus oder Nationalsozialismus abgrenzt wie vom Sowjetkommunismus.

Es geht also um Selbstbeschreibungen in einem System konkurrierender Begriffe und Sprachbilder. Um dieses Mobile zu komplettieren, muss auch der «Extremismus der Mitte» genannt werden, ein Begriff, der ebenfalls schon in der späten Weimarer Republik aufkam. Damit wurden jene bürgerlichen und kleinbürgerlichen Schichten bezeichnet, die sich, vor die Wahl zwischen links und rechts gestellt, für den Rechtsextremismus – also Faschismus und Nationalsozialismus – und gegen Kommunismus und Weltrevolution, also den «Bolschewismus», entschieden. Eine gemäßigte Mitte, die sich die Sache des liberalen Verfassungsstaats zu eigen machte, hatte da einen schweren Stand. Das Ende der Weimarer Republik lässt sich auch als Folge einer Panikreaktion einer solchen Mitte beschreiben.

Das Mantra von der «Mitte» ist also weniger unschuldig, als heute immer getan wird. Ohnehin ist es derzeit schwer, jemanden zu finden, der sich nicht irgendwie zur Mitte bekennt; das tut ganz entschieden auch immer wieder die AfD. Eine solche Mitte mit ihren Implikationen von gesundem Menschenverstand und Konsens kann leicht zum Statthalter einer antipluralistischen Vorstellung von «Volk» werden, in der abweichende Meinungen als illegitim ausgegrenzt werden – das gilt selbstverständlich in alle Richtungen. Die Mitte zeigt dabei eine starke Ähnlichkeit mit dem «Bürgerlichen», das auch dazu dienen soll, vor allem die Unterschiede von konservativ und rechtsradikal verschwimmen zu lassen. Ein verbaler Joker also. Seine Geschichte hat Herfried Münkler in einem äußerst lesenswerten Buch dargestellt («Maß und Mitte. Der Kampf um die richtige Ordnung», Berlin 2010).

Derzeit drohen Hufeisenbild und Mitte-Begrifflichkeit zu veritablen Scheuklappen zu werden, die eine präzise Beschreibung politischer Optionen verhindern. Der FDP-Mann in Thüringen, der sich von der AfD mitwählen ließ, verkündete danach, er wolle ohne die Extreme regieren und

103

meinte damit neben der AfD die Linkspartei. Damit wiederholte Thomas Kemmerich die Devise der Bundes-CDU, die zur monatelangen Blockade in Thüringen das ihre beigetragen hatte. Denn beide «Extreme» verfügen im Thüringer Landtag zusammen über 51 von 90 Sitzen.

Das Erfurter Desaster und die Führungskrise der CDU zeigen nun die Implosion dieser Bildwelt. Im Übrigen haben sich die deutschen Vertreter der Extremismus-Theorie, die Politologen Uwe Backes und Eckhard Jesse, immer wieder gegen die mechanische Gleichsetzung der Antipoden gewehrt. Uwe Backes verweist darauf, dass diese Bildwelten nur analytischen Wert haben. Sie können eine konkrete Beschreibung nicht ersetzen oder determinieren.

Auch war von Anfang an klar, dass der Mitte nicht automatisch eine höhere Dignität zukommt. In einem 1820, vor genau 200 Jahren, entstandenen Spruch über die «National-Versammlung» (er meinte Frankreich nach 1789) dichtete Goethe: «Auf der recht- und linken Seite, / Auf dem Berg und in der Mitten / Sitzen, stehen sie zum Streite, / All einander ungelitten.» Der «Berg», die «Montagne», wo die linksradikalen Jakobiner saßen, galt ihm also nicht schlimmer als die Mitte. Die Frage seither und heute lautet: Wo sitzen die Kräfte, die den zivilisierten Streit überhaupt unmöglich machen wollen?

MÜSSEN WIR WÄHLEN?

PANDEMISCHE KOSTENRECHNUNGEN

26. 03. 2020

Das große Herunterfahren des sozialen und wirtschaftlichen Lebens wird einmal als eine der großen Gemeinschaftserfahrungen dieser Gesellschaft erinnert werden. Ihre Mitglieder sollen voneinander Abstand halten. Die räumliche Distanzierung betrifft alle, daher überspielt sie andere Distanzen und Differenzen. Social Distancing? Vielleicht gerade nicht.

Es geht um eine gemeinsame Aufgabe: Kurzfristig soll das Gesundheitssystem vor dem Kollaps bewahrt werden, um denen, die doch erkranken, eine optimale Versorgung zu sichern. Antreibend wirkt vor allem das italienische Beispiel, wo dies nicht gelang und die Ärzte tragische Entscheidungen treffen müssen. Italien lebt gleichwohl einen ungewohnten Gemeinsinn vor, durch Symbole: Nationalhymnen und Opernmelodien von Balkonen verbinden die Isolierten. Im Moment der Not zeigt sich der Gefühlsformalismus des Nationalen als Singgemeinschaft, als Gefangenenchor. Tutto andrà bene: «Alles wird gut.»

Und rasend verbreitet sich ein virologisches Grundwissen: Bei Infekten gleichen Sozialverbände großen Kollektivkörpern. Wer sich selbst schützt, schützt auch die Allgemeinheit, weil er Ansteckungsketten unterbricht und die Krankenhäuser nicht wegen Partyspaß belastet. Wir schützen unsere eigene Gesundheit und damit das soziale Gewebe insgesamt. Vielleicht hat das künftig auch Auswirkungen auf die Impfquote bei der herkömmlichen Influenza, die zuletzt bei bedauerlichen 35 Prozent lag.

Denn der oft gehörte Satz «Ich brauche keine Impfung, ich habe starke Abwehrkräfte», beweist nicht nur einen Hang zur Selbsttäuschung, er ist zugleich unsozial. Denn je weniger Menschen gegen die Grippe geimpft sind, desto leichter können auch gefährliche Varianten die Schwächeren treffen. Über die alljährlich vielen Grippetoten wurde meist nur am Rande berichtet. Jetzt sind auch sie ein Thema geworden. Pandemiologisch ist der Mensch nämlich kein Individuum. Der Affekt gegen «Vorschriften» und «Verbote» greift zu kurz. Entscheidend ist in jedem Moment die Kooperation der vielen.

Der staatlich vorgeschriebene, aber nur von allen gemeinsam realisierbare Shutdown beschert dieser Gesellschaft also nicht nur eine Kollektiverfahrung und mehr als nur ein Gemeinschaftsgefühl. Er ist ein Moment der Kooperation, bei dem der Beitrag jedes Einzelnen erhalten bleibt. Wir übernehmen für eine gewisse Zeit eine ungewöhnliche Umgangsform. Wie fein, fast vornehm wirken manche Schlangen vor Supermarktkassen, in denen auf einmal nicht mehr gedrängelt wird! Höfliches Ausweichen im Treppenhaus. Im S-Bahn-Abteil: lockere Sitzordnung.

Virenträger und infektanfällig ist man unabhängig vom sozialen Status. Dass die Frau an der Kasse, sonst gern übersehen oder mit Ungeduld behandelt, unbedingt gebraucht wird, führt vielerorts zu neuer Wertschätzung. Sie ist auf die Rücksicht der betuchten Kundin ebenso angewiesen wie diese aufs Weiterlaufen des Ladens.

Dieser momentane Zugewinn an Zartheit auf der gesellschaftlichen Oberfläche ist gewiss auch gefördert durch die Entschleunigung, die eine weithin stillgelegte Wirtschaft zwangsläufig mit sich bringt. Aber sie kann nicht darüber hinwegtäuschen, dass die Lasten sehr ungleich verspürt werden. Sie treffen den Medienschaffenden im Home-Office anders als die Einzelhändlerin mit geschlossenem Laden. Die Schließung der Schulen berührt Rentner gar nicht, junge Familien kann sie an die Belastungsgrenze treiben.

Die psychischen Auswirkungen von Quarantänen und Ausgehregulierungen sind ganz unterschiedlich. Die vielen Hinweise auf Kulturerlebnisse in den eigenen vier Wänden, die derzeit durch die Öffentlichkeit gehen, wirken zuweilen wie Pfeifen in der Dunkelheit. Fast komisch sind Work-out-Anleitungen, da es solche längst tausendfach bei Youtube gibt. Je weiter und sonniger das Frühjahr fortschreitet, umso öfter könnte sich ein alter Vers bewahrheiten: «Nichts ist schwerer zu ertragen als eine lange Reihe von schönen Tagen.»

Vor allem aber schlagen sich die wirtschaftlichen Folgen ganz unterschiedlich nieder. Für Hunderttausende wird das Zurückgeworfensein auf die eigenen vier Wände von Existenzängsten begleitet. Durch die Branchen der Dienstleistungen droht eine Spur der Verwüstung zu gehen. Friseure, Gastronomen, Physiotherapeuten, spezialisierte Geschäfte müssen sich fragen, ob es für sie überhaupt ein «Hinterher» gibt.

Dieses «Hinterher» ist das schwarze Loch bei allen Überlegungen, für die jetzt so viel Zeit ist. Wie lange wird der Ausnahmezustand dauern? Wie wird sich der Rückweg in die Normalität gestalten? Wird das Virus dann eingehegt sein, hat man eine Therapie oder Impfung, oder muss man mit neuen Ausbrüchen rechnen? Längst gibt es Kosten-Nutzen-Rechnungen, die fragen, wofür man sich den tiefsten ökonomischen Sturz in Friedenszeiten auferlegt.

Bei solchen Überlegungen verknäueln sich medizinische, politische und moralphilosophische Fragen. Kann es so etwas wie «Herdenimmunität», also Resistenzbildung nach massenhafter Durchinfizierung, geben? Oder begünstigen Masseninfektionen nicht eher Mutationen, die womöglich viel gefährlicher sind? Kann man «Risikogruppen» separieren, bis ein wirksames Mittel gefunden ist? Wären also, so die dahinterliegende Frage, die immer gigantischeren Kosten des Ausweichens vor dem Virus nicht alsbald zu minimieren? Ließen sich Lasten nach Belastbarkeit umverteilen?

Ruheständler brauchen doch weniger Mobilität als Berufstätige oder junge Eltern, man könnte sie vorübergehend auf ein zurückgezogenes Leben verpflichten.

Was im Moment der akuten Knappheit – es gibt beispielsweise dreißig schwere Lungenentzündungen, aber nur zehn Beatmungsgeräte – für Ärzte eine unerträgliche Abwägung ist, das könnte gesamtgesellschaftlich zu komplexen biopolitischen Maßnahmen werden. Der technokratische Begriff lautet «Umkehrisolation»: Man steckt die stärker Gefährdeten in Quarantäne und lässt die Gesunden oder Immunisierten wieder arbeiten.

Dabei muss allerdings mit Wahrscheinlichkeiten operiert werden, die, wenn man den Medizinern glauben darf, im Einzelnen unberechenbar sind. Es gibt schwere Covid-19-Verläufe auch bei Spitzensportlern. Die Hauptrisikogruppe der Älteren ist in Deutschland, je nachdem, wo man den Schnitt setzt (bei 65 oder 67 Jahren), 16 oder 18 Millionen groß. Dazu kommen zahllose Gruppen Gefährdeter wie Asthmapatienten, Rollstuhlfahrer, Immunsupprimierte, chemotherapeutisch Geschädigte. Insgesamt kommt man leicht auf ein Viertel der Bevölkerung. Und das in einem Moment, in dem es außer einem individuell unterschiedlich reagierenden Immunsystem und allgemeinen Hygienevorschriften nichts gibt.

Gewiss, die Zahl der schweren Verläufe ist vergleichsweise gering, noch geringer die der Todesfälle. Doch wer will es individuell darauf ankommen lassen? Stark kann man sich fühlen, bis sich die Lunge verklebt und eine der schrecklichsten Todesarten droht, die es überhaupt gibt: das langsame Ersticken, das sich wie ein Ertrinken bei vollem Bewusstsein anfühlt. Die Deutsche Gesellschaft für Palliativmedizin warnt vor einer «Häufung von Sterbefällen mit den Leitsymptomen Luftnot und Angst». Gleichzeitig spricht sie von der «sinnvollen Verteilung von medizinischen Ressourcen».

Wären die jetzigen gemeinschaftlichen Maßnahmen nicht eingeleitet worden, dann hätten sich absehbar Panikwellen durch die Gesellschaft verbreitet. Auch dann wären große Teile der Wirtschaft zusammengebrochen. Auch wenn es sich nur um einige Hunderttausende in einer Bevölkerung von 80 Millionen Menschen handelt: Es scheint unvorstellbar, dass eine Gesellschaft es aushalten könnte, über längere Zeit einem solchen Sterben ohne massive Gegenwehr zuzuschauen. Vielleicht werden schon bald andere Länder Beispiele dafür geben, denen man vom reichen Deutschland aus entsetzt zuschauen kann.

Es stehen also schwierige Abwägungen bevor, bei denen politische, wirtschaftliche und medizinische Expertise zusammenwirken müssen. So viel scheint gewiss: Auch wenn gut bedachte und behutsame Lockerungen verantwortbar erscheinen, der Wandel der Umgangsformen sollte Bestand haben. Die kaum bewusste, fröhlich händeschüttelnde Rücksichtslosigkeit in Fragen der Ansteckung sollte sich endlich verbieten.

MUT, SICH DES EIGENEN GESCHMACKS ZU BEDIENEN*

LIBERALISMUS ALS LIFESTYLE

22. 04. 2020

Eins der vielen schönen Zitate in Ulf Poschardts Traktat «Mündig» stammt von Peter Sloterdijk. Freiheit sei, so der Philosoph, «nur ein anderes Wort für Vornehmheit, das heißt für die Gesinnung, die sich unter allen Umständen am Besseren, am Schwierigeren orientiert, eben weil sie frei genug ist für das weniger Wahrscheinliche, das weniger Vulgäre, das weniger Allzumenschliche». Ein großes Wort! Und eins, das mit dem Befund der Begriffsgeschichte übereinstimmt, die den Liberalismus aus der *Liberalitas* der Fürsten, einer allseitigen Großzügigkeit hervorgehen lässt, eingeschlossen die Gelassenheit bei Widerspruch und Opposition.

Liberalismus wird sonst meist von den Freiheitsrechten her konstruiert, Abwehrrechten einerseits (die Freiheit von etwas), positiven Rechten andererseits (die Freiheit zu etwas, zur Selbstverwirklichung, zur Politik). Das antagonistische Philosophinnenpaar Judith Shklar und Hannah Arendt steht für zugespitzte, tiefgründig durchdachte Versionen dieser sich gar nicht ausschließenden Freiheitsbegriffe. Für Shklar ist die grundlegende Freiheit, auf der alles andere beruht, die Freiheit von Furcht, gesichert in der Herrschaft des Rechts; für Arendt beginnt Freiheit erst mit den Möglichkeiten, die die Freiheit, frei zu sein, bietet, nämlich mit dem Selbstausdruck des Menschen als sozialem und politischem Wesen. Das ist die alte Freiheit des Polisbürgers.

---

* Ulf Poschardt: Mündig. Verlag Klett-Cotta, Stuttgart 2020.

Das Ideal der Mündigkeit, das der *Welt*-Chefredakteur Ulf Poschardt nun in die Runde wirft, hat mit beiden Versionen zu tun, setzt aber beim Individuum an, Max Weber hätte gesagt: beim Menschentyp. Kants Postulat der Vernunftautonomie (als Vermögen und Mut, sich seines Verstandes ohne Leitung eines anderen zu bedienen), Adornos Verlangen nach Ich-Stärke, die es dem Einzelnen erlaubt, sich den Kollektiven zu entziehen und «nicht mitzumachen», bleiben beständige Referenz. So weit, so naheliegend.

Poschardt, der glitzernde Hallodri, will natürlich mehr. Seine Vorstellung von Mündigkeit feiert das gefährliche Leben (eine Referenz zu D'Annunzio wäre angezeigt gewesen), das Radikale, Subjektive, Rauschhafte, die Unerschrockenheit, den Unternehmergeist der ursprünglichen Akkumulation, aber auch die Selbstexperimente mit jesuitischer Strenge. Altbackene Begriffe wie «unangepasst» und «aufmüpfig» wirken dagegen wie Spießervarianten: Mündigkeit im Billigmarkt, ähnlich jenem «Privatgebrauch der Vernunft», dem kleinteiligen Widerstand in den Apparaten, den Kant ausdrücklich vom öffentlichen Gebrauch der Intellektuellen abhob und für unstatthaft erklärte.

Auch Poschardt kann sich auf die Genealogie des Bürgerlichen berufen, das höfischen Stil kopierte, aber aus ständischen und zünftigen Zwängen ausbrach, das die geistige und wirtschaftliche Selbständigkeit erstrebte, um heute in die nun allerdings doch recht kleinteilige Gesellschaft der Singularitäten zu münden.

Mündigkeit als Style, als Geste, als emotionale Vertiefung, als positiver Stress? Why not! «Drift» lautet Poschardts zweites Lieblingswort, es meint Schwung, Flow und eigene Bahn, eine Melodie des Daseins. Habe Mut, dich deines eigenen Geschmacks zu bedienen! Wage es, unbedenklich zu sein. Nun ist Poschardt viel zu schlau, um daraus eine kleinliche Doktrin zu machen. Zum mündigen Mut gehört es auch, sich einfach mal unangestrengt das Konventionelle zu erlauben.

Kurzum, auch hier geht's um Feinheiten und Distinktionen, die Sache hat eine lebensweltliche Ausfaltung, die in ein Vademecum für den gehobenen Mündigkeitsgebrauch führt. Poschardts Buch ist in seinen besten Teilen ein ausdifferenzierter Stichwortgeber und Stilratgeber für alle möglichen Adressaten, die kapitelweise angesprochen werden: Intellektuelle, Konsumenten, Unternehmer, Liberale, Linke, Mann und Frau (schade, dass der Konservative fehlt).

Sie alle haben Befreiungs- und Vitalisierungschancen, und wenn der Spirit einmal geweckt ist, dann kann man dieses gut designte Buch auch wie eine Installation benutzen oder als Losungsbuch mit vielen ästhetischen Exkursen, das einen mit dem liberalen Morgensegen stärkt. Klar, das hat auch politische, antipopulistische Implikationen, die Poschardt herzhaft thematisiert.

Wie der erweiterte Mündigkeitsbegriff funktioniert, zeigt vielleicht am schönsten der Abschnitt zum mündigen Konsumenten. Wer dabei in erster Linie an die Abwägungen am Supermarktregal («isch des bio?») denkt, irrt. Nachhaltigkeit, weiß Poschardt, zeigt sich nicht im fair getradeten Büßerkleid mit Sackoptik, sondern im Hermès-Accessoire, das vererbt werden kann. Man darf auf engstem Raum wohnen, oft geht es ja nicht anders, dafür soll das Arrangement des Interieurs «konzeptstorig» sein. Doch droht hier schon Gefahr: «Penibel gestaltet die Creative Class – all die Türsteher, Designer, Clowns, Dramaturgen, ProfessorInnen und Journalisten – ihr kleines Reich als inoffizielle Botschaft der Boutique ihrer Wahl. Die Mid-Century-Moderne, ob in dänischer oder amerikanischer Ausprägung, ist das neue Biedermeier.» Verzwergung droht. «Die Wohnung inhaftiert ihre Bewohner: Gefängniszellen für ein besseres Leben.»

Mündigkeit bleibt also anstrengend, als unentwegte Bemühung, «radikal Einzelner» zu sein. Gut, dass man es auch mal lassen kann, Vornehmheit soll ja einst etwas mit Unaufdringlichkeit zu tun gehabt haben. Dass solche gut geduschte Steppenwolfhaftigkeit auch materielle Voraussetzungen hat, etwa die elementaren Sicherungsleistungen des Sozialstaats, ist so geschenkt wie es unthematisiert bleibt. Wenn die kreative Klasse in der Krise keine Putzjobs übernehmen muss, sondern Soloselbständigenhilfe in Anspruch nehmen kann, dann verdankt sie das kollektivistischeren Formen der Freiheitssicherung.

Zur Vornehmheit aber, dem schönen Motiv Sloterdijks, wäre noch dies zu sagen: Vornehm ist es auch, seine Rechte nicht bis zum letzten auszuspielen, nicht jedes Verbot als Zumutung zu begreifen, nicht auf jeder Autobahn ohne Tempolimit ins Gaspedal zu treten. Dass der politische Liberalismus in Deutschland sich zuletzt nicht einmal mehr als Lobbymacht gezeigt hat, sondern als Auspuff- und Schnitzelliberalismus, der sich gar nichts sagen lassen will, das ist, was Ulf Poschardt bestimmt nicht sein will: vulgär.

ABSTAND SCHAFFEN

MASKEN UND DIE GRENZEN DER GEMEINSCHAFT

25. 04. 2020

Bevor wir uns eine künstlich gefertigte Maske aufsetzen oder einen Mund- und Nasenschutz überstreifen, tragen wir schon eine andere, sehr viel weniger sichtbare Maske. Denn unser Inneres liegt nicht offen zutage, dafür ist es zu unfest, zu weich und fließend und unbestimmt. Der Mensch ist zwar ein Naturwesen, aber eins, dessen Verhalten weniger festgelegt ist als das aller anderen Lebewesen. Wir müssen uns in irgendeiner Form artikulieren, eine Art Schnittstelle zwischen innen und außen herstellen. Selbst die Seelen von Liebenden, Familienangehörigen und Freunden fließen nicht unmittelbar ineinander. Wir zeigen ein Gesicht, gewiss oft ein unwillkürliches, von spontanen Impulsen oder frühen Prägungen bestimmtes, aber ebenso oft auch ein absichtsvoll modelliertes Gesicht.

Je weiter die Kreise sind, in die wir uns hineinbewegen, umso rollenhafter, umso mehr von Mustern, Umgangsformen, Konventionen, Erwartungen geformt zeigen wir uns. Der Denker, der diesem unvermeidlichen Mechanismus am originellsten nachgespürt hat, war Helmuth Plessner, und zwar in seiner Schrift mit dem bezeichnenden Titel «Grenzen der Gemeinschaft», die 1924 publiziert wurde, mitten hinein in eine utopisch erregte Epoche.

Plessner wandte sich gegen damals aktuelle Ideale von Gemeinschaft unter völkischen oder geschichtsphilosophischen Vorzeichen. «Gemeinschaft», die unmittelbare Verbundenheit, war als Widerspiel von «Gesellschaft» gedacht, dem Aggregat von Gruppen und Individuen, von Klassen und Berufen, von Stadt und Land und wie die Differenzierungen alle lauten. Das Angebot von «Gemeinschaft» war Zusammenhalt ohne Diskussion, ohne Konflikt, ja ohne Politik.

112

Plessners kühle Antwort galt der Freiheit des Einzelnen und der Offenheit menschlicher Möglichkeiten. Dass das Zusammenleben von Verschiedenen nur in geformtem Verhalten, mit Miene, Geste, Takt, Diplomatie, aber auch mit Spiel, Humor und Ironie möglich ist, wollte Plessner seinen Zeitgenossen nicht als Defizit, sondern als Chance schmackhaft machen. Es ist die Chance der Zivilisation.

Plessner sprach von einem «Recht auf Maske», die unser verletzliches Inneres schützt, uns vor Entblößung und Lächerlichkeit bewahrt. Gesellschaft ist als Rollenspiel auch ein Tanz, ein Maskenball. Konventionen stützen, aber als Konventionen erlauben sie auch bedeutungsvolle Abweichungen – man kann mehr zum Ausdruck bringen in einer Welt von Umgangsformen als ohne sie.

Die stofflichen Masken, die wir jetzt für eine Zeit lang tragen sollen, wirken wie eine Allegorie auf Plessners Gedanken. Denn wir tragen sie als Einzelne, aber für einen gemeinschaftlichen Zweck. Sie schaffen Abstand, aber sie sollen Geselligkeit bewahren. Maskentragend verschmelzen wir nicht zu einer Gemeinschaft, dafür kooperieren wir. Kooperation: Das ist die Brücke zwischen Individuum und Gesellschaft. Kooperation kann etwas sehr Befriedigendes sein.

GEWITTER IN ZEITLUPE

KATASTROPHEN OHNE PLÖTZLICHKEIT

26. 10. 2020

Im März, die Pandemie hatte gerade erst begonnen, nannte der Virologe Christian Drosten sie eine «Naturkatastrophe in Zeitlupe». Vielleicht begreifen wir erst jetzt, ein halbes Jahr später, was das wirklich bedeutet.

Naturkatastrophen werden oft mit Plötzlichkeit in Verbindung gebracht: Vulkanausbrüche, Erdbeben, Flutwellen sind solche Katastrophen. Innerhalb von Minuten oder halben Stunden legen sie ganze Städte in Trümmer oder verheeren weite Landstriche. Überfallartig wirkten auch die Seuchenzüge der vormodernen Geschichte, die sich am jeweiligen Ort innerhalb von Wochen vollzogen. An der Pest von 1348 starb man nach wenigen Tagen. Gemessen an damaligen Verkehrsbedingungen durchzog sie Europa in rasender Geschwindigkeit.

Das änderte sich im Lauf der Zeit, denn die Gesellschaften sammelten Erfahrungen, sie entwickelten Informationsnetze und Medien. Die heutigen Schutz- und Quarantänemaßnahmen wurden großteils schon in der Frühen Neuzeit erprobt, für die immer wiederkehrenden Pestwellen, später auch für die Cholera und dann, jedenfalls in den USA, für die Spanische Grippe von 1918–1920. Die Verbreitung der Infekte konnte so kontrolliert und verlangsamt werden, bis moderne Medizin immer öfter ihren Stopp ermöglichte. Bei Sars, Mers und Ebola haben Infektionsschutzmaßnahmen ihre Wirksamkeit bis heute bewiesen. Das galt auch für HIV und Aids, gegen das es bis 1996 kaum etwas anderes gab als Safer Sex und Kondome. Hier war eine konstante Verhaltensregulierung besonders wichtig, denn jahrelange Inkubationszeiten machen das HI-Virus besonders tückisch.

Die Erfahrungen des Jahres 2020 sind also nicht völlig neu. Der Grad der globalen Vernetzung auf allen Gebieten – Verkehr, Kommunikation, aber auch Wissenschaft und Forschung – hat aber eine gesteigerte, präzedenzlose Dichte angenommen. Innerhalb weniger Wochen konnte sich das neue Virus auf dem gesamten Erdball ausbreiten. Zugleich begann ein wissenschaftlicher Wettlauf von ebenfalls beispielloser Geschwindigkeit. Im Wochenrhythmus konnten neue Erkenntnisse über das Virus gewonnen werden, die zu ebenso rascher Anpassung von Schutzmaßnahmen und Verhaltensregeln führten. Wenn die Entwicklung eines Impfstoffs in den nächsten Monaten gelingt, würde auch das einen Geschwindigkeitsrekord bedeuten.

Warum dann also «Zeitlupe»? Nicht nur, weil es sich nicht um eine geologische, sondern um eine biologisch-medizinische Naturkatastrophe handelt, nicht um Rumms, sondern um Ansteckung; sondern vor allem weil sich die Weltgesellschaft im überwiegenden Teil für die Abbremsung der Virusverbreitung entschieden hat. Und selbst wenn sie fürs Laufenlassen optiert hätte, um möglichst rasch «Herdenimmunität» zu erreichen, wäre die sogenannte Durchseuchung aller Erdteile ein Prozess von vielen Monaten.

Die nach dem Zeitmaß der Natur vielleicht raschen, für menschliche Gesellschaften aber verzehrend langwierigen Prozesse werden nun von einer buchstäblich im Minutentakt arbeitenden Berichterstattung begleitet. Die Zeitlupenhaftigkeit der gegenwärtigen Situation hat zwei Seiten: Ein naturhaftes Geschehen samt seiner Ausbremsung und dazu eine Live-Ticker-Kommunikation, die es unablässig in eine Kette von Einzelschritten zerlegt. Langsamkeit und Ungeduld, zähe Verläufe und Hektik überlagern sich. Und das ist sehr anstrengend.

Ein Erdbeben wie das in Lissabon von 1755 mag innerhalb von Minuten Zehntausende töten und entsprechende Schockwellen in die ganze Welt senden, doch nach dem Schock beginnt auch sofort das Aufräumen, die Wiederherstellung. Plötzlichkeit und Schrecken können in Tatkraft umgewandelt werden. Jetzt dagegen leben ganze Gesellschaften in einem Marasmus von Sorge und Vorsicht, von immer neu angepassten Maßnahmen und Schutzvorkehrungen. Die Kurven steigen und fallen und steigen erneut. Wir müssen warten, Geduld haben und hoffen.

Die Entkoppelung von Katastrophe und Plötzlichkeit eröffnet Zeit für endlose Diskussionen, die längst in eine große Gereiztheit mündeten. Die Prozesshaftigkeit des Geschehens betrifft auch eine Forschung, die sich im Licht der Öffentlichkeit entwickelt, mit der Öffentlichkeit spricht

115

und ihr praktische Empfehlungen gibt. Prognosen, Modellrechnungen, Zweifel, Widersprüche füllen die Wartezeit. Da wissenschaftliche Erkenntnisse immer wieder Anpassungen im Verhalten nahelegen, entsteht eine Art Bürgerpflicht zur laufenden Information. Es komme auf jeden Einzelnen an, verkündet die Politik, also muss auch jeder Einzelne in jedem Moment neu verstehen, was er nun tun soll.

Die Arbeitsteilung zwischen Politik, Wissenschaft und Gesellschaft löst sich graduell auf. Daher werden wissenschaftliche Kontroversen, wie es sie im Prozess der Forschung immer gibt, als politische Meinungsverschiedenheiten rezipiert. Subjektive Standpunkte und Interessen – Jugendliche, Künstler, Gastronomen oder Alte, Vorerkrankte, Ängstliche – können in mal mehr, mal weniger seriösen wissenschaftlichen Angeboten das ihnen jeweils passend erscheinende wählen. Das wissenschaftlich daherkommende Spektrum reicht bis zur Leugnung: Gibt es die Katastrophe überhaupt? Wohl dem, der Quellen scheiden und bewerten kann! Denn auch wenn wir so daherreden: Fast niemand ist Virologe.

Es gibt eine andere, noch langsamere Naturkatastrophe, die uns nun schon eine halbe Generation lang beschäftigt, den Klimawandel. Langsam ist sie allerdings auch nur im Zeitmaß von menschlicher Lebenszeit und Gesellschaft, nicht in erdgeschichtlichen Dimensionen. In ihnen verlaufen die Klimaveränderungen sogar blitzartig. Erdgeschichtlich sind Kälte- und Wärmeperioden eine Sache eher von Jahrtausenden als Jahrhunderten, die aktuellen Veränderungen aber vollziehen sich in Jahrzehnten. Der Klimawandel, der uns als Naturkatastrophe erreicht, ist in Wirklichkeit eine Zivilisationskatastrophe, denn er trägt das Zeitmaß der menschlichen Geschichte in die Erdgeschichte.

Das ändert nichts daran, dass er gemessen an der Lebenszeit von uns Zeitgenossen eine zähe Angelegenheit ist. Auch hier zeigt sich das kommunikative Spiel zwischen Wissenschaft, Öffentlichkeit und Politik, das die Corona-Krise kondensiert vorführt. Auch hier wird Forschung politisiert und scharf bestritten.

Der Begriff des «Corona-Leugners» ist eine Analogiebildung zum «Klimaleugner». «Klimaleugner» bezweifeln, dass der Klimawandel eine Zivilisationsfolge, also menschengemacht ist. Noch stärker als bei Covid-19 hat sich hier eine alternative Wissenschaft breitgemacht, die die vielen kostspieligen Maßnahmen für zwecklos erklärt und allenfalls palliativ vorgehen möchte. Wie bei der Pandemie verläuft auch beim Klimawandel die begleitende Forschung prozessförmig; sie wandelt sich mit dem Phänomen. Der politisch motivierte Zweifel findet reichlich Anhaltspunkte in wissenschaftlichen Ungewissheiten.

Vierzig Jahre musste das Volk Israel angeblich von Ägypten durch die Wüste ziehen, bevor es das Gelobte Land erreichte. Wer eine klassische Studie in Ungeduld sucht, lese das biblische Buch Exodus. Unsere scheinbar neuen Erfahrungen mit der Natur wiederholen historische Erfahrungen. Spätestens seit der Sattelzeit um 1800 wurden sie unvermeidlich. Diese kann als Umstellung des Geschichtsverständnisses von Handlungen und Ereignissen auf Prozesse und Strukturen verstanden werden. Mit der aufkommenden Industrialisierung wird buchstäblich alles in der Lebenswelt erkennbar historisch, sichtbarem und beschleunigtem Wandel unterworfen – nicht zuletzt die Natur.

Eine der berühmtesten Formulierungen dafür hat Goethe in «Wilhelm Meisters Wanderjahren» gefunden, und nicht umsonst enthält sie eine Wettermetapher: «Das überhandnehmende Maschinenwesen quält und ängstigt mich», heißt es da aus dem Mund einer Weberin, die sich vor den neuen Fabriken fürchtet, «es wälzt sich heran wie ein Gewitter, langsam, langsam; aber es hat seine Richtung genommen, es wird kommen und treffen.»

«Langsam, langsam, es wird kommen und treffen.» Das ist auch ein Motto für große Teile des realistischen Romans seit dem 19. Jahrhundert. Immer wieder beschreibt er das zerstörerische Vordringen von Eisenbahnen, Fabriken und Großstädten in die romantische Landschaft. Auch das war eine Katastrophe in Zeitlupe, man lese nur Wilhelm Raabes Umweltroman «Pfisters Mühle». Können solche Beispiele im aktuellen Unmut helfen? Zeit und Lebenszeit sind relativ, Lesezeit auch. Abstand könnte helfen.

NIMM DAS, FDP

BÜRGERSEIN IST EINE POLITISCHE ROLLE

18. 03. 2021

Auf einmal scheinen Ampelkoalitionen, also sozialliberale Konstellationen, denkbar zu sein. Die Situation ist auch danach. Die monatelangen Lockdowns haben den elementaren bürgerlichen Freiheiten – Mobilität, Versammlungsfreiheit, Gewerbefreiheit – neuen Glanz verliehen. Unfreiheit wurde eine ungewohnt konkrete Erfahrung. Das alte liberale Nörgelthema Bürokratie zeigte seine vitale Wichtigkeit. Die Pandemie hat als Stunde der Exekutive neben unbestreitbaren Leistungen auch die nervenzehrende Langsamkeit und Schwerfälligkeit aller staatlichen Ebenen erbarmungslos ans Licht gebracht. Das hat Menschenleben und Wirtschaftskraft gekostet. Kürzlich hat die Kanzlerin die Reihe der «harten Monate», die jetzt noch kommen, auf «April, Mai, Juni» verlängert.

Wenn Freiheit etwas mit Fantasie, Ideenreichtum, Initiative zu tun hat, dann waren die vergangenen zwölf Monate ein trauriger Ausfall. Datenerhebung, Teststrategien, Impfen jenseits riesiger Zentren – alles, was sich seit Monaten hätte einleiten lassen, gelingt bis heute nicht. Der Staat soll weniger, dafür einfacher und besser arbeiten, diese urliberale Forderung hat eine drängende Aktualität. Kommt jetzt also die Stunde des politischen Liberalismus?

Daraus kann eine konkrete politische Chance werden, vor allem wenn die sogenannte Durchimpfung der Bevölkerung nicht bald Hochgeschwindigkeit aufnimmt. Denn einen Zustand, in dem die eine Hälfte der Gesellschaft schon feiert, einkauft, in die Museen und Kinos läuft oder herumreist, während die andere weiter monatelang eine «harte Zeit» (Jens Spahn) absitzt und auf Impftermine wartet, mag man sich in RKI, Kanzleramt oder Gesundheitsministerium vorstellen können, sehr wahrscheinlich ist er nicht. Schnelligkeit bedeutet hier nicht nur Freiheit, sondern auch Gerechtigkeit. Die Ungeduld ist jetzt schon explosiv.

Allerdings hat die Gesundheitskrise auch die Falle, die der triviale Affekt vieler Liberaler gegen «Verbote» bedeutet, neu veranschaulicht. Denn in der Pandemie sind die einzelnen als Glieder von Ansteckungsketten nicht nur Individuen: Sie sind Teil einer «Herde», an deren Immunität alle interessiert sein müssen. Solidarität und Selbstschutz fallen bei Infektionskrankheiten zusammen. Handel und Wandel brauchen die Gesundheit der vielen. Die vulgäre Freiheit von Verboten als Schnitzel- und Auspuffliberalismus ist in der Krise um keinen Deut attraktiver geworden. Meine Freiheit ist deine Freiheit: Das gilt nicht nur im Verfassungsrecht, sondern überall, wo Menschen auf Hörweite, Sichtweite und Aerosolflugweite zusammenkommen. Es war schon immer bedrückend, wie wenig rücksichtsvolle Umgangsformen bei einem bestimmten Alltagsliberalismus der vergangenen Jahre zählten. Die Demonstrationen der «Querdenker» zeigten zuletzt seine Fratze.

Doch die aktuelle parteipolitische Umgebung könnte einem – hoffentlich vernünftigen und höflichen – Liberalismus zuarbeiten. Die linken Parteien verzetteln sich an der Bruchlinie zwischen Sozial- und Identitätspolitik, den tausendfachen Beteuerungen zum Trotz, dies seien keine Gegensätze. Dabei gibt es einen entscheidenden Unterschied: Kulturelle Auseinandersetzungen gleichen Religionskriegen, sie haben eine Tendenz zur Unabschließbarkeit und verführen zu Eskalationen. Materielle Konflikte dagegen kann man mit Kompromissen befrieden.

Die individualisierten Lebensformen einer Gesellschaft der Singularitäten und Gruppenidentitäten, in der man Kurator des eigenen Lebens wird oder sich in seiner Betroffenheitsblase einrichtet, kann man auch als späte Nachfolge einer problematischen bürgerlichen Innerlichkeit lesen. Intersektionale Selbstformung erinnert in ihrer oft herrischen Expressivität an jene rousseauistische Empfindsamkeit, die als wahres Gefühl den vorrevolutionären Obrigkeitsstaat delegitimierte, um dann die Herrschaft der Tugend anzustreben. Der historische Liberalismus war auch eine Antwort auf die totalitären Tendenzen nach den Umwälzungen; er unterschied seit Benjamin Constant zwischen dem Privatmenschen und dem politischen Bürger und er verteidigte die konkrete Freiheit im Hier und Jetzt gegen die Machbarkeit der Geschichte. Warum sollte er diese Funktion nicht immer wieder ausfüllen?

Die Antwort auf den Separatismus der «Identitäten» von Herkunft, Geschlecht, sexueller Orientierung oder Hautfarbe braucht kein altneues Gemeinschaftsgefühl – Nation oder Klasse – zu sein. Viel attraktiver wäre es, die Rolle des politischen Bürgers neu zu beleben. Und zwar als Rolle, die nicht identisch ist mit der Person. Der politische Bürger ist nicht nur ein Erbe der antiken Polis, er ist auch die millionenfache Ausfaltung der Figur des Königs, die bekanntlich zwei Körper hatte: den empirischen, sterblichen Leib und die unsterbliche Amtsfunktion als Darstellung des Staates.

Eine solche Auffassung der zwei Körper der Bürgerinnen und Bürger würde den Freiraum für alle Besonderheiten und jede Vielfalt lassen, ohne den politischen Charakter der Bürgerrolle zu schwächen. Der Bürger muss schon lange nicht mehr männlich, heterosexuell, ortsansässig, fromm und wohlhabend oder selbständig sein. Er und sie sollen Frauen, Migranten, Andersgläubige, Liebende und Geschlechtswesen in jeder Spielart sein können und dabei auch das Amt des politischen Bürgers so beleben, dass über alles verhandelt werden kann. Denn als Bürgerinnen und Bürger arbeiten wir an etwas Gemeinsamem, das die unmittelbare persönliche Betroffenheit übersteigt.

Diese Souveränität hat auch materielle Voraussetzungen. Ohne elementare soziale Sicherung und ohne Bildung kann niemand frei zum Bürgersein werden. Sozialstaat und Bildungswesen haben für die politische Sphäre eine ähnliche Bedeutung wie ein gut geordneter Markt für die Ökonomie. Sozialpolitik ist demokratische Ordnungspolitik. Die Pandemie machte hier dramatische Schwächen sichtbar, vor allem im Bildungswesen.

Darum sollte der Liberalismus mit seinem traditionellen Affekt gegen Steuern auch bedacht umgehen. Gewiss, Steuern sind begründungspflichtig, ihre Verwendung muss in jedem Moment kontrollierbar sein. Budgetrecht ist Königsrecht ist also auch Bürgerrecht. Die Grenzen der Belastung können nicht beliebig verschoben werden. Sozialdebatten, die vor allem «Reiche» und «Arme» konfrontieren, übersehen das regelmäßig: Die meisten Beschäftigten in diesem Land erarbeiten ein Drittel und mehr ihres Einkommens für Vorsorge und die Allgemeinheit. Sie reich oder nur wohlhabend zu nennen, wäre krass übertrieben, aber arm sind sie auch nicht. Wenn jetzt riesige Schuldenberge weitergewälzt werden, brauchen sie eine Stimme. Und doch kann der politische Bürger auch ein freudiger Steuerzahler sein, dem das Gebarme um Brutto und Netto peinlich ist.

Bei aller Diversität: Der Anspruch des politischen Souveräns kann nur republikanisch gedacht werden. Er verwirklicht sich in der Kooperation an einer gemeinsamen öffentlichen Sache. Die Bürgerkönigin mag lesbisch sein und Person of Color, als Ministerin hat sie eine Rolle für alle anderen. Die Kommunikation politischer Bürger kann nur über den Vernunftgebrauch gelingen, selbst wenn Gefühle und Verletzlichkeiten der Urteilsbildung durch Empathie aufhelfen. Wer aber nur anklagt, gar Scham und Ekel vor dem anderen bekundet, wird seine Mitbürger ermüden. Der verbreitete expressive Moralismus ist unpolitisch und stumpft ab. Ein politisches Rollenbewusstsein, das die Grenzen der Gemeinschaft achtet, sollte Höflichkeit sichern und der Affektkontrolle dienen.

Das historische Bürgertum stützte sich, wenn es privatistisch blieb, auf Besitz und Bildung. Das gab ihm einen Anstrich von Selbstsucht und unpolitischem Dünkel. Nach dem Ausglühen der Bildung blieb oft die heute verbreitete Verfallsform eines Ellenbogenliberalismus, dem alles erlaubt zu sein scheint, was nicht verboten ist. Dazu gehört ein rücksichtsloser Umgang mit Gemeingütern, deren Verschleiß als Umweltzerstörung bis heute nicht vollständig in die unternehmerischen Rechnungen einging. Überhaupt gilt: Der schlechte Liberale ist auch ein schlechter Nachbar.

Dabei hätte ein modernisierter bürgerlicher Wertehimmel Anknüpfungspunkte für das Menschheitsthema der Nachhaltigkeit. Diese ist ohnehin die Erfindung der gegen den Adel bürgerlich rationalisierten Forstwirtschaft: Im Kern sagte sie, man solle nicht über seine Verhältnisse leben. Dass dies bei annähernder Verteilungsgerechtigkeit besser gelingt, leuchtet unmittelbar ein.

Die Gesellschaft der moralisch überhöhten Singularitäten, Identitäten und Empfindlichkeiten provoziert aber auch illusionäre Gerechtigkeitsforderungen und verführt zur Kräfteverschwendung in falschen, nur symbolisch relevanten Konflikten oder, schlimmer, in Planungsutopien. Liberalismus ist auch die Bereitschaft, mit dem Vorläufigen zu leben, und gerade darum immer wieder etwas Neues zu versuchen. Der Neustart nach der Krankheit sollte ein Moment der Befreiung werden.

HEISST «FREIHEIT» NUR NOCH «ICH WILL»?

VOM TROTZKÖPFCHEN-LIBERALISMUS

15. 11. 2021

Die wohlbekannten Ansteckungszyklen des Coronavirus werden dafür sorgen, dass die jetzt schon unhaltbare Situation in den Krankenhäusern noch einige Wochen weiter eskaliert. Das seit spätestens Anfang September von allen sachkundigen Virologen vorausgesagte Desaster tritt mit mathematischer Präzision ein. Am 2. September gab Christian Drosten dem Deutschlandfunk ein beunruhigtes Interview, in dem er erklärte, «dass im Herbst wieder gesamtgesellschaftliche Kontaktbeschränkungen nötig werden». Die Hospitalisierungsrate bei der dominanten Delta-Variante sei zu hoch – die Impfquote sei entsprechend zu niedrig und müsse unbedingt gesteigert werden.

Passiert ist nichts, außer dass über Christian Drosten von den netzaktiven Impfgegnern und Corona-Kleinrednern die gewohnte Hohn- und Hasswelle ausgegossen wurde. Das Interview findet sich bis heute in der Mediathek des Deutschlandfunks, man sollte es immer griffbereit haben, wenn Politiker jetzt davon sprechen, dass «die Lage sich verändert» habe (Marco Buschmann, FDP) oder dass die Entwicklung nicht vorauszusehen gewesen sei, wie der bayerische Gesundheitsminister Klaus Holetschek (CSU) gerade erklärte. Nein, Herr Buschmann, die Lage hat sich nicht verändert. Sie war seit dem Sommer klar, und die jetzige Eskalation, geehrter Herr Holetschek, wurde seit vielen Wochen vorhergesagt.

Der Tanker der deutschen Gesetz- und Maßnahmengebung könnte im schlimmsten Fall jetzt noch Wochen brauchen, um sich auf die bekannte, von der Politik nur monatelang verleugnete Lage umsteuernd einzustellen. Und wieder könnte zu wenig passieren. Und wieder werden wir schale Begründungen dafür hören.

Dass diese sich widersprechen, fällt dabei kaum noch auf. Die erste Begründung fürs Nichtstun lautet, die «Spaltung der Gesellschaft» solle nicht vertieft werden. Zu dieser ominösen Spaltung hat Jan Feddersen in der *taz am Wochenende* das Nötige gesagt: Die Gesellschaft war noch nie eine Einheit, sie hat keinen kollektiven Willen, es wird immer Dissens und Interessengegensätze geben. Zum Ausgleich der widerstreitenden Interessen und zur Entscheidung der Konflikte sind dann eigentlich demokratische Öffentlichkeit und Politik da.

Aktuell wird die Spaltung der Gesellschaft aber lautstark vor allem von einer militanten Minderheit betrieben. Sie versucht mit Falschinformationen, Selbstmitleid, Narzissmus, apokalyptischen Ängsten und Gewaltdrohungen eine Mehrheit einzuschüchtern, die Tag für Tag durch Befolgung der Hygieneregeln ein Plebiszit darüber abgibt, was sie will und ersehnt: das Ende der Pandemie. Diese Mehrheit muss sich als intolerant, obrigkeitshörig und gedankenlos beschimpfen lassen. Die gerade wieder vom FDP-Politiker Wolfgang Kubicki verbreitete Behauptung, die Impfgegner würden «in eine Ecke gestellt», verzerrt die Streitlage auf das Erstaunlichste. Von Diskussionen über richtige und falsche Maßnahmen zur Pandemiebekämpfung kann man nicht mehr sprechen.

Das Argumentieren mit der «Spaltung der Gesellschaft» behandelt die Minderheit der Realitätsverleugner wie eine Bestie, die man nicht reizen darf, weil sie sich sonst von der Kette reißen könnte. Diese Mitbürger haben jetzt Besseres verdient, nämlich eine rationale Ansprache, aber auch klare Hinweise auf die Grenzen der Freiheit in einer Gesellschaft, die während einer ansteckenden Krankheit zwangsläufig auf Kooperation angewiesen ist. Wollte man weiter den Militanten oder auch nur Ignoranten das Feld überlassen, dann bekämen von nun an laute Minderheiten ein faktisches Vetorecht.

Im Übrigen muss man festhalten, dass keine der großen Richtungsentscheidungen in der Geschichte der Bundesrepublik ohne den meist erbitterten Widerstand einer beträchtlichen Minderheit zustande kam. Die Wiederbewaffnung, die Notstandsgesetze, die Ostverträge, alleine der Nato-Doppelbeschluss wurden unter dem Tosen von Massendemonstrationen beschlossen. Dabei ging es in den Augen der Gegner immer um höchste Güter, den Frieden, die Demokratie, die Drohung atomarer Vernichtung. Es gab Menschenketten und Demonstrationen von vielen Hunderttausenden, aber am Ende blieb die Politik bei dem, was sie beschlossen hatte.

Das andere, in gewisser Weise entgegengesetzte Argument führt die persönliche Freiheit des Individuums ins Feld. Sie wurde schon zu Beginn von den Maskenverweigerern in Anspruch genommen. Wer sich schützen wolle und müsse, solle das halt tun, aber sie wollten nicht mittun. In der Diskussion über Impfpflichten taucht es dramatisiert als «Recht auf körperliche Unversehrtheit» auf. Dabei wird die körperliche Unversehrtheit vor allem durch Ansteckungen und schwere Krankheitsverläufe in Gefahr gebracht. Statistisch ist die Abwägung eindeutig: Das Risiko schwerer Corona-Verläufe ist deutlich höher als das unerwünschter Nebenwirkungen beim Impfen. Für bestimmte Bevölkerungsgruppen ist es sogar tödlich.

Trotzdem ist der Verweis auf die individuelle Freiheit ernster zu nehmen als die erpresserische Drohung mit der «Spaltung der Gesellschaft». Beim Impfen überschneiden sich, wie der Staatsrechtler Christoph Möllers soeben im *Philosophie-Magazin* darstellte, eine persönliche und eine gesellschaftliche Dimension: «Diejenigen, die sagen, es gehe um einen intimen Eingriff, haben recht. Und diejenigen, die sagen, es gehe um den Schutz von anderen, haben ebenfalls recht. Deshalb ist die Diskussion so aufgewühlt.»

Allerdings sind wir Menschen als ansteckbare und daher potenziell auch ansteckende Wesen eben keine reinen Individuen. «Der Begriff des Individuums ergibt nur Sinn», so Möllers weiter, «wenn er sich auf eine Gemeinschaft bezieht.» Man muss dieses Problem gar nicht unbedingt begrifflich oder subjekttheoretisch beschreiben. Das neuzeitliche Individuum hat materielle Voraussetzungen, die historisch jung und ungewöhnlich sind: Beispielsweise gehört die Geldwirtschaft dazu, die es erst seit dem späten Mittelalter Einzelnen ermöglichte, als Junggesellen oder Witwen allein in Stadthäusern zu leben und sich über den Markt zu versorgen. Die Gestalt des «Hagestolzes» oder selbstdenkenden Sonderlings etwa gehört genauso in die Geschichte des modernen Individualismus mit seiner «Entdeckung des Menschen» (Jacob Burckhardt) wie der geniale und wahnsinnige Künstler oder der rücksichtslose Tyrann seit der Renaissance.

Ohne öffentliche Ordnung in Recht und Staat wäre kein Individuum mehr als ein paar Tage überlebensfähig. Wenn Chaos auf den Straßen herrscht, müssen sich die Einzelnen in den Schutz Stärkerer, in der Regel von Clans und Familienverbänden, flüchten. Nur in befriedeten, gewaltarmen, täglich kleinteilig kooperierenden Gesellschaften kann Individualismus zu einer Massenerscheinung werden. Die wichtigste jüngere Voraussetzung schließlich sind die kollektiven Sicherungssysteme, also der Sozialstaat. Ohne Kranken- und Rentenkassen, ohne Arbeitslosengeld wären die Einzelnen ihren Familien so gnadenlos ausgeliefert wie im 19. Jahrhundert noch jene unverheirateten Frauen und «alten Jungfern», die als «Tanten» am Rande alter Weihnachts- und Hochzeitsfotografien figurieren. Auch sie konnten sich erst durch Berufsfreiheit und Sozialstaat befreien.

Warum an diese Trivialitäten erinnern? Weil die Pandemie unbarmherzig das geistige Debakel des gegenwärtigen Liberalismus offenlegt: «Freiheit» ist hier auf die Schrumpfform des «Ich will» oder «Ich will nicht» reduziert, es ist der abgemagerte Schatten von «Selbstverwirklichung». Vor ein paar Tagen twitterte ein junger Liberaler, er habe eigentlich vorgehabt, sich ein drittes Mal impfen zu lassen, doch seit so viel Druck aufgebaut werde, müsse er sich das noch einmal überlegen.

Kindischer Trotz als «Freiheit» – so tief sind Teile selbst des politischen Liberalismus in Deutschland gesunken. In Ostdeutschland wird solcher Trotz von den absichtsvoll verlängerten Erfahrungen mit einer vom autoritären Kollektiv auferlegten Solidarität in der DDR befeuert. Es ist ein Freiheitsbegriff, der nur in Abwehr besteht und nichts Positives mehr will. Der Ausgleich zwischen dem Einzelnen und der Gesellschaft, der in Kooperation besteht, ist ihm fremd.

Der Weg der Pandemiebekämpfung muss zwischen dem falschen Einmütigkeitsversprechen, das gesellschaftliche Konflikte verleugnet, und einem ebenso falschen Radikalindividualismus gefunden werden. Das ist die anspruchsvolle Aufgabe des politischen Liberalismus.

Es ist vor allem Aufgabe und Funktion der FDP, diesen Weg zu finden. Sonst kann die Pandemie mit steigenden Sterbeziffern zu ihrem Endspiel werden.

4

VOM
EINWANDERN

DER ISLAM IM STIMMBRUCH

AUS DEM IRRGARTEN DER ANALOGIEN

31. 05. 2007

Zurückgeblieben sei die islamische Welt, so hört man immer wieder. Im Vergleich zwischen ihr und dem Westen ist dabei oft von der Gleichzeitigkeit des Ungleichzeitigen die Rede. Zurückbleiben kann man bei einem Wettrennen, aber auch bei der körperlichen oder seelischen Entwicklung. Ein zurückgebliebenes Kind lernt zu spät sprechen oder kommt verzögert in die Pubertät. So ein schwächliches Wesen wird auch bei sportlichen Wettkämpfen zurückbleiben. Und ungleichzeitig verhalten sich ungleich alte Brüder: Der eine ist schon erwachsen, der andere kommt gerade in den Stimmbruch. Beide aber sitzen am Familientisch und repräsentieren zwei unterschiedliche Entwicklungsphasen. Man kann jedoch sicher sein, dass der Stimmbrüchige bald ebenfalls erwachsen wird, und dass die Differenz zum älteren Bruder sich erst einmal auswächst.

Wie ist dieses Bildfeld im Vergleich der Zivilisationen zu verstehen? Der Kulturtheoretiker, der feststellt, dass es im Bereich des Islam keine Reformation und keine Aufklärung gegeben habe, versetzt diese Beobachtung gern mit einem «noch nicht». Damit ist subtil postuliert, diese Ereignisse stünden noch bevor, würden also eintreten wie Stimmbruch oder Pubertät. Der Islam lebt, so die Unterstellung, in vieler Hinsicht noch im Mittelalter, vorreformatorisch, voraufklärerisch. Also ist er noch nicht reif für die moderne Demokratie.

Zusätzlich verwickelt wird die Behauptung der Ungleichzeitigkeit auch dadurch, dass in die angeblich noch mittelalterlichen Kulturen längst modernste Technik eingedrungen ist. Wir stehen vor dem verwirrenden Tatbestand, dass ein religiös noch mittelalterliches Land wie der Iran waffentechnisch allerneueste Atomtechnik erstrebt. Mullahs mit Plutonium, das ist so, als könnte man rückwirkend Papst Innozenz III.

mit Mittelstreckenraketen ausstatten, um Konstantinopel zu bombardieren. Ungleichzeitigkeit ist ein kulturvergleichender und zugleich ein kulturintern differenzierender Begriff, der zurückweist auf ein evolutionäres Ablaufmuster. Dieses Entwicklungsmuster ist dem westlichen Weg in die Moderne abgeschaut: vom Glauben zur Vernunft, von der Religion zur Aufklärung, vom Staatskirchentum zum Laizismus, vom Familienverband zum Individuum, von der Subsistenz zum Markt, von der Schöpfung zur technisch beherrschten Umwelt und wie die Kriterien alle heißen. Auch im Westen gibt es noch beträchtliche Ungleichzeitigkeiten: Großstädter begeben sich gern auf Zeitreise zu alpenländischen Viehhirten oder weiter weg in irgendwelche Steinzeiten.

Nun muss aber schon einfache Überlegung sagen, dass sich Zivilisationen oder Religionen nicht entwickeln wie Lebewesen. Auch Völker und Staaten tun das nicht. Die zivilisatorisch jungen Germanen beerbten am Ende der Antike eine alte Kultur, das griechisch-römische Heidentum und das jüdisch fundierte Christentum. Das europäische Mittelalter, angeblich eine Frühzeit, ist ein merkwürdiges Kompositum aus Alt und Neu oder, wenn man so will, aus Jung und Alt: ein greises Kind oder ein lebfrischer Alter mit beiden Bildern haben findige Historiker diese Epoche charakterisiert. Johan Huizinga sprach sogar, recht poetisch, vom Herbst des Mittelalters, was dann wohl als welke Frühzeit verstanden werden müsste. Und das bezog sich auf die Welt nördlich der Alpen, während in Italien gleichzeitig bereits der tirilierende Frühling ausgebrochen war, genannt Renaissance.

All diese ebenso suggestiven wie fragwürdigen Vorstellungen werden seit langem auch viel abstrakter und terminologisch aufwendiger vorgetragen. Modernisierungstheorie lautet das Wissenschaftsfeld, das aber seine Kriterien und Muster nach wie vor vom westlich-europäischen Entwicklungsgang abgezogen hat. Nur mit einem derartigen Kriterium kann sinnvoll etwa von einem nationalen Sonderweg gesprochen werden. Denn natürlich gleicht keine Nationalgeschichte der anderen, insofern kann es nur Sonderwege geben. Doch wenn man eine Norm unterstellt, dann darf man sogar von einer Mehrheit von Sonderwegen sprechen und sich mit einem einzigen Regelfall begnügen. Großbritannien und Frankreich sind dann die Normalfälle, Deutschland, Italien, Spanien oder Polen und Schweden dagegen haben Sonderwege zurückgelegt. Die Mutter aller

Modernisierungstheorien ist Max Webers Modell vom okzidentalen Rationalismus, der religiös fundiert die Entzauberung der Welt und die kapitalistische Arbeitsethik hervorgebracht habe. Max Weber allerdings begriff gerade diesen westlichen Weg als Sonderfall.

Aus all diesen Überlegungen, Bildern und Vorstellungen ist im allgemeinen Redestrom ein kaum befragtes Bündel von Postulaten geworden, das eine kämpferische westliche Publizistik der islamischen Welt entgegenhält. Die Türkei sei nicht europatauglich, weil ohne Reformation. Aber wie sähe es mit Japan aus, wenn es im geographischen Raum Europas läge? Dort im fernen Osten herrschen Verfassungsstaat und Marktwirtschaft, und mutmaßlich wäre es leichter, die Stockholm-Kriterien in Japan zu realisieren als in Rumänien. Dabei ist Japan nicht einmal monotheistisch geprägt, und den Sprung in die Moderne hat es im 19. Jahrhundert innerhalb von nur zwei Generationen bewältigt. Das ist, um im Bild zu bleiben, als würde ein Achtjähriger in zwei Jahren erwachsen, oder als sei Europa vom Spätmittelalter direkt ins industrielle Zeitalter gehüpft.

Kurzum: Die Denkmuster passen nicht, und zwar schon deshalb, weil sich die Kulturräume mit Macht wechselseitig infiltrieren und dies seit jeher getan haben. Warum also nicht frischweg loslegen, ein mittelalterliches Regime wegbomben, dann schnell Wahlen abhalten, eine Verfassung samt modernem Gesetzbuch einführen und somit die Moderne ohne Entwicklungsumweg herbeiführen? Das Scheitern dieses Versuches im Irak ist es, das der organologischen Vorstellung von langfristigen kulturellen Entwicklungsrhythmen neuen Auftrieb gegeben hat. Der zurückgebliebene Moslem erscheint auf einmal wie der Exot auf der Zeitschiene: Will er überhaupt Menschenrechte? Foltert er nicht ganz gern und ohnehin schon immer?

Die Rede von Zurückgebliebenheit und Ungleichzeitigkeit führt regelmäßig in einen Irrgarten der Vorstellungen, Wünsche und Ressentiments, vor allem aber weg von konkreten Analysen. Darin gleicht sie dem historischen Analogiedenken, das zuletzt glaubte, ein Regimewechsel im Irak reiche, um dort die Demokratie zu etablieren, nur weil dies in Westdeutschland nach 1945 und in Osteuropa nach 1989 leidlich gelang. Die Wahrheit dürfte ziemlich genau in der Mitte liegen: Demokratie, Menschenrechte, säkularer Staat und Individualismus haben tatsächlich langfristige Voraussetzungen, vor allem haben sie auch im Westen lange gebraucht, um sich durchzusetzen; noch im 19. Jahrhundert bekämpfte die katholische Kirche den liberalen Staat mit allen ihren Mitteln und Bannflüchen.

Aber für die Demokratie in der islamischen Welt sollten wir trotzdem nicht allein auf eine naturwüchsig irgendwann kommende Aufklärung warten. Gerade wer gut universalistisch davon überzeugt ist, dass der westliche bürgerliche Rechtsstaat mit seiner Chance auf weitgehende Gewalt- und Angstfreiheit sowie individuelle Selbstverwirklichung der Menschennatur am besten entspricht, wird vor allem auf konkrete materielle Voraussetzungen achten mehr als auf nebulöse kulturelle Dispositionen.

Nichts zum Beispiel fördert die Emanzipation der Einzelnen, darunter auch der Frauen, so entschieden wie ein Sozialstaat. Und die Demokratie sollte man grundsätzlich vom Rechtsstaat aus aufbauen. Ohne Rechtssicherheit, staatliches Gewaltmonopol oder Vertragsfreiheit nützen die schönsten sonntäglichen Wahlen nichts. Überhaupt werden Wahlen für die Entwicklung demokratischer Strukturen gern überschätzt, man denke an den Irak, an Afghanistan oder den Kongo. Regelmäßige Urnengänge haben überwiegend legitimatorische Funktion. Sie nähren im Idealfall auch ein Parteiensystem, das der Gesellschaft die schwierige Aufgabe der Ausbildung von Berufspolitikern abnimmt. Und wie soll Demokratie in einem Land funktionieren, das kein zusammenhängendes Straßennetz hat?

Dass die Menschen aller Rassen, Religionen und Kulturen lieber ohne Terror und Gewalt leben würden, das darf man getrost unterstellen. Dass Christentum und Demokratie nicht zusammenpassen, davon war 1850 halb Europa überzeugt. Der Glaube, Islam und Demokratie schlössen sich aus, steht auf keinen besseren Füßen.

SCHAFFT VIEL MEHR ÖZDEMIRS!

EIN AUFSTIEG: TÜRKEN IN DEUTSCHLAND

19. 11. 2008

Bemerkenswert am Aufstieg Cem Özdemirs zur Parteispitze der Grünen ist nicht zuletzt, dass er ganz ohne institutionelle Förderung gelang. Denn auch seine Partei verfügt nicht über jene Vereine und Bildungseinrichtungen, mit denen einst die Sozialdemokratie den Aufstieg ihrer meist ungeschulten Leute in die Berufspolitik ermöglichte. Özdemir, ein Sohn türkischer Einwanderer, also das, was man Migranten der «zweiten Generation» nennt, hat seine Karriere auf sich gestellt, in den Bahnen des normalen Ausbildungswesens der Bundesrepublik, vorantreiben müssen; dass die Vorbehalte gegenüber einem wie ihm bei den Grünen geringer waren als in anderen Parteien, mag man dabei gern glauben.

Immerhin werden seit zehn Jahren immer mehr deutsch-türkische Biographien sichtbar, die sich mit Özdemirs Aufstieg vergleichen lassen. Geboren seit den sechziger Jahren haben es nicht nur Politiker, sondern auch Schriftsteller, Filmregisseure, Schauspieler und Anwälte, nicht zuletzt Frauen, in die vorderen Ränge der deutschen Gesellschaft geschafft. Feridun Zaimoglu, Fatih Akin, die Frauenrechtlerin Seyran Ates oder der hochtalentierte Hamburger SPD-Stadtverordnete Bülent Ciftlik stehen für einen Aufstiegswillen, der sich von widrigen äußeren Umständen nicht aufhalten ließ.

Das ist ermutigend für beide Seiten, denn zwei Seiten braucht man, solange ein Karrieresprung wie der Özdemirs so auffällt. Vielleicht ist bald der Moment erreicht, in dem ein Büchner-Preisträger mit türkischem Namen kein Erstaunen hervorruft, ebenso wenig wie die vielen Booker-Preisträger indischer Herkunft auffallen. Immerhin hat die Deutsche Akademie 2007 bereits mit Emine Sevgi Özdamar eine türkische Deutsche zum ordentlichen Mitglied gemacht.

Wer über das Phänomen nachdenkt und historische Vergleiche zieht, muss sich allerdings fragen, warum es nach einem halben Jahrhundert der türkischen Einwanderung erst so wenige sind. Fast zweieinhalb Millionen Bürger türkischer Herkunft leben mittlerweile in Deutschland. Die Hugenotten, die Preußen nach 1685 grundlegend verwandelten, schätzt man auf etwa 20 000. Das ist, selbst wenn man die geringere Gesamtbevölkerung in Rechnung stellt, ein viel niedrigerer Anteil. Auch die Hugenotten integrierten sich nicht mühelos, vielmehr behielten sie ihre französische Sprache bei, sie lebten in Kolonien, sie hatten eigene Geistliche, Schulen und Gotteshäuser. Allerdings brachten sie eine überlegene Industriekultur mit, jenes Manufaktursystem, das damals den wirtschaftlichen Fortschritt bedeutete. Von der Teppich- und Tapetenproduktion bis zum Buchdruck gab es kaum Wirtschaftszweige, die sie nicht voranbrachten. Daneben rückten sie sogleich auf Spitzenpositionen in Staat und Armee.

Die Türken kamen als ungelernte Industriearbeiter, die eine vorübergehende Lücke schließen sollten. Die Schulung dafür wurde von den Industriebetrieben übernommen, alles Übrige überließ man dem Zufall. Es ist eine Trivialität, aber sie muss gelegentlich wiederholt werden: Was heute als mangelnde Integration von Türken wahrgenommen wird, ist viel mehr die Folge dieser wirtschaftsgeschichtlichen Konstellation als Resultat mangelnden Eingliederungswillens. Auf der anderen, der deutschen Seite stand eine Gleichgültigkeit, die unproduktiv und undurchdringlich war. Irgendwann nämlich hörte der Arbeitskräftemangel auf, und die Türken und alle anderen Gastarbeiter waren immer noch da. Es ist vor diesem Hintergrund eher erstaunlich, wie viel selbsttragende Strukturen sie dann doch schaffen konnten.

Überwunden wurde das fruchtlose Nebeneinander durch schmerzhafte Erfahrungen: türkenfeindliche Gewalt in den neunziger Jahren, die «Leitkultur»-Debatte, die Wahrnehmung von Ghetto-Bildungen mit viel Kriminalität an Orten wie Neukölln oder Wilhelmsburg. Und mächtige Motoren einer gezielten Integrationspolitik waren auch der 11. September und die demographische Panik der Deutschen: Bald würde es in vielen Stadtbezirken mehr Kinder aus Einwandererfamilien als von Deutschen geben!

Historisch gesehen, bedeutet Einwanderung, wenn sie gelingt, die Chance zum Aufstieg, zur Verbesserung von Lebensumständen, die allen in der Gesellschaft zugute kommt. Der eiserne Wille, dass die Kinder es einmal besser haben sollen, ist der stärkste Motor, den Wohlstand überhaupt haben kann. Zähigkeit, Fleiß, Disziplin wie sie in den erfolgreichen Biographien der Deutschtürken sichtbar werden, könnten ein Allheilmittel vieler unserer Gebrechen sein, wenn sie zu Massenphänomenen würden.

Was für eine Explosion von Begabung, wirtschaftlichem Erfolg und kultureller Produktivität brachten die deutschen Juden trotz schwerster Anfeindungen, seit sie 1871 endlich ihre rechtliche Gleichstellung erreicht hatten! Dabei war ihr Gesamtanteil an der Bevölkerung – 1933 in Deutschland kaum mehr als eine halbe Million – verschwindend gering. Die jüdischen Höchstleistungen wuchsen auf dem Boden einer jahrhundertealten Schriftgelehrsamkeit, die sich mit der Dynamik der modernen Wirtschaft und Kultur aufs fruchtbarste verbinden konnte. Auch der weitere Aufstieg der Türken kann nur über Ausbildung und Kultur gelingen – im Interesse von allen, die hier leben.

MINARETT UND HAKENKREUZ

VON DEN GRENZEN DER TOLERANZ

14.12.2009

Die Schweizer Bürger, die dafür gestimmt haben, den Bau von Minaretten durch eine Verfassungsbestimmung zu untersagen, haben Empörung und Spott erfahren müssen. Aber nicht ausschließlich; sie haben auch ein paar aufgeklärte Verteidiger gefunden, mit anderen Argumenten als mit fremdenfeindlichen Vorbehalten oder einem diffusen Heimatschutz. Diese Verteidiger des Westens und seiner Lebensformen verdienen Gehör, weil ihre Überlegungen an die Grundlagen der Toleranz rühren, die Europa nach Jahrhunderten religiöser Kriege in einem mühsamen Prozess entwickelt hat.

Anne Applebaum, die bedeutende amerikanische Historikerin, der wir ein bahnbrechendes Buch über den sowjetischen Gulag verdanken, bestreitet in einem Artikel für die *Washington Post* vom 8. Dezember nicht einmal, dass das Schweizer Referendum gegenüber «hunderttausenden gewöhnlicher, gut integrierter Muslime» «grotesk unfair» erscheinen könne, aber sie schließt doch: «Ich habe keinen Zweifel, dass die Schweizer dafür stimmten, eben weil sie kaum islamischen Extremismus bei sich haben – und weil sie gar keinen wollen.» Eine bemerkenswerte Gedankenfigur: Eigentlich seid ihr insgesamt ganz gut integriert, aber damit ihr – oder ein paar von euch – nicht doch auf dumme Gedanken kommt, schränken wir schon einmal eure Religionsfreiheit ein.

So kehrt das wieder, was aus der Zeit des linksradikalen Terrorismus in Europa als Sympathisantenhetze in übler Erinnerung ist: Sie drohte in den siebziger Jahren den Rechtsstaat ernsthaft zu beschädigen, übrigens ganz im Sinne seiner verblendeten Feinde.

Ganz ähnlich, nur viel ausgebreiteter argumentiert die Frauenrechtlerin Ayaan Hirsi Ali (im *Christian Science Monitor* vom 5. Dezember). Für sie sind Minarett, Stern und Halbmond Symbole einer totalitären politischen Bewegung, wie das Hakenkreuz oder Hammer und Sichel. Es gehe beim Islam nicht einfach um einen Glauben über Geburt und Tod, Sterben und Jenseits, sondern um einen umfassenden Lebensentwurf mit politischen Ansprüchen, also eigentlich um den Islamismus, um Jihad, Ehrenmorde, Genitalverstümmelung und Zwangsehen. Dagegen verteidigte Hirsi Ali zufolge in der Schweiz eine sonst eher links angesiedelte Klasse von Arbeitern und kleinen Leuten ihren freiheitlichen Lebensstil – im Kontrast zu den kosmopolitischen, auf Dialog setzenden Machthabern in Diplomatie, Wirtschaft und Medien.

Auf dieser Linie hatte schon Henryk M. Broder am 30. November, unmittelbar nach dem Schweizer Votum, auf der Internetseite «Die Achse des Guten» argumentiert. Man solle von nun an, so Broder, Geschäfte nur noch nach dem Tit-for-Tat-Prinzip machen. «Wenn es in Bonn eine König-Fahd-Akademie geben kann, die nicht der Schulaufsicht untersteht, muss es in Riad oder Jedda eine Evangelische, eine Katholische oder eine Akademie für Theorie und Praxis des Atheismus geben können. Wenn iranische Frauen in Vollverschleierung durch München flanieren können, müssen europäische Frauen in der Kleidung ihrer Wahl durch Teheran oder Isfahan gehen dürfen, ohne von den notgeilen Greifern der Sittenpolizei belästigt zu werden.»

Wenn nach diesem Prinzip geheiligte westliche Verfassungsprinzipien – niedergelegt zum Beispiel im «Ersten Zusatz zur Verfassung der Vereinigten Staaten», der staatliche Gesetzgebung zu religiösen Fragen ausdrücklich untersagt – geopfert werden, dann sind wir tatsächlich wieder in der Welt vor 1648 angelangt, als die Konfessionen einander in Kollektivhaftung nahmen und die einen für die anderen unterdrückten, verjagten oder abschlachteten. Diese Welt liegt viel weniger weit zurück, als mancher säkulare Bürger des Westens heute glaubt. Bis 1870 zum Beispiel konnte im Gebiet des Kirchenstaats keine einzige evangelische Kirche errichtet werden (geduldet wurde nur die nicht-öffentliche Ausübung des evangelischen Glaubens). Hinderte das den preußischen König, seinen neuen katholischen Untertanen nach 1740 wenige Schritte vom Berliner Schloss eine prächtige Kathedrale zu errichten? Selbstverständlich nicht.

Nun war der Katholizismus im 18. Jahrhundert schon relativ zahm, allerdings nicht so zahm, dass von katholischen Obrigkeiten nicht doch die eine oder andere Hexe verbrannt worden wäre. Und eine katholische

Macht wie Österreich verbot noch unter Maria Theresia ganz offiziell das Erlernen der englischen Sprache, der vielen aufklärerischen Schriften wegen, die in ihr verfasst waren. Selbstverständlich blieb der Katholizismus immer ein Glaube mit starken Anforderungen an die ganze Lebensführung seiner Anhänger, bis in politische Grundvorstellungen hinein. Dagegen glaubte sich das soeben geeinte Bismarck-Reich 1871 mit jenem «Kanzelparagraphen» wehren zu müssen, der politische Stellungnahmen von Priestern in allen Formen untersagte und im Kaiserreich vor allem gegen polnische und rheinländische Geistliche eingesetzt wurde, später im Dritten Reich aber eine Waffe gegen regimefeindliche Priester war. Er fiel in der Bundesrepublik erst 1953.

Die Idee der religiösen Toleranz entwickelte sich seit dem 17. Jahrhundert in Europa nicht unter den heutigen weltanschaulich erschlafften Bedingungen, sondern musste dazu dienen, konkurrierende Wahrheitsansprüche mit durchaus ganzheitlichen Zügen (um das Wort «totalitär» zu vermeiden) nicht etwa auszugleichen, sondern nebeneinander bestehen zu lassen. Die feindlichen Gefühle, die der Islam heute auch jenseits seiner extremistischen Ausprägungen weckt, dürften auch damit zu tun haben, dass er uns an eine Gestalt unserer eigenen Vergangenheit erinnert, als in Europa noch genauso fest geglaubt und danach gelebt wurde wie vielfach von den heutigen Muslimen.

Das bringt in die Verhältnisse der Toleranz eine Asymmetrie, die man mit einem begrifflichen Trick überspielt, wenn man Islam und Islamismus gleichsetzt und den Islam einfach zur dritten totalitären Welle nach Kommunismus und Nationalsozialismus erklärt. Die europäische Toleranz wurde zunächst nicht für Aufklärung und aufgeklärte Menschen erstritten, sondern als Modus des Zusammenlebens zwischen Katholiken und Protestanten, später auch Juden. Erst in einem zweiten Schritt entwickelten sich aus der religiösen Toleranz jene weitergehenden Freiheiten des öffentlichen Vernunftgebrauchs, die zur Grundlage der modernen Verfassungsstaaten wurden. Unsere demokratischen Freiheiten stammen unmittelbar von der Religionsfreiheit ab, darum bedeutet deren selbst marginale Einschränkung, wie Navid Kermani zurecht feststellte, einen Tabubruch.

Denn es geht beim Schweizer Referendum ja nicht darum, dass nicht jede einzelne Ortschaft in den Alpen das Recht haben soll, mit ihrer islamischen Gemeinschaft über einen historisch und landschaftlich angepassten Moscheebau zu verhandeln und dabei auch fest zu bleiben; es geht ums Minarettverbot als Verfassungsartikel eines modernen, säkularen Staates. Das Ausmaß der Religionsfreiheit bei uns aber von den Zuständen in Riad abhängig zu machen, ist bestenfalls ein Witz.

Die Grenzen der Toleranz sind in den westlichen Rechtsstaaten seit langem festgelegt. Sie endet da, wo ihre Möglichkeit bedroht wird, bei Zwang und Gewalt in jeder Form, also selbstverständlich auch bei politisch totalitären Bestrebungen. Dabei müssen Religionsgemeinschaften in ihrem Inneren auch bei uns nicht demokratisch verfasst sein (die katholische Kirche ist es bis heute nicht), solange es die Möglichkeit zum Austritt gibt. Diese allerdings muss vom Rechtsstaat unbedingt garantiert werden. Dasselbe gilt selbstverständlich von all den die Frauen unterdrückenden und verletzenden Geboten, gegen die Hirsi Ali zurecht kämpft. Und natürlich darf eine westliche Staatengemeinschaft wie die Europäische Union von jedem islamischen Land, das ihr beitreten will, die vollumfängliche Umsetzung ihrer aufgeklärten europäisch-amerikanischen Verfassungsgrundsätze verlangen.

Wer aber argumentiert wie Applebaum, Broder und Hirsi Ali passt sich einer fundamentalistischen Logik an, die «der Westen» (um den wieder modischen Ausdruck aufzugreifen) nach leidvollen Erfahrungen vor historisch erst erstaunlich kurzer Zeit hinter sich gelassen hat. Dass der 11. September 2001, überhaupt der islamistische Terror, uns im eigenen Haus die Gefahr solcher Rückfälle beschert hat, gehört zu seinen vielen traurigen Folgen. Die richtige Antwort wäre ein Verfassungsstolz, der offenbar vor allem dann gilt, wenn es um die Toleranz gegen uns selbst geht. «Wir werden sie kleinkriegen durch unsere Toleranz», sagte ein kluger Zeitgenosse kurz nach dem 11. September. Sonst, so muss man anfügen, kriegen sie uns klein durch ihre Intoleranz.

KOMMEN UND GEHEN

DEUTSCHE MIGRATIONSGESCHICHTEN

04. 12. 2014

Historiker wissen schon lange, was die Gesellschaft hierzulande seit zwei Jahrzehnten mühsam lernt: Deutschland ist ein Einwanderungsland. Schon zwischen 1950 und 2000 hatte die Bundesrepublik, relativ zu ihrer Bevölkerungsgröße, eine höhere Zuwanderungsrate als die Vereinigten Staaten, also die höchste der Welt.

Das betraf nicht nur die Umsiedlerströme, die immer noch aus Osteuropa, bis zum Mauerbau 1961 aber vor allem aus der DDR, den Westen des Landes erreichten, sondern auch die im staatsrechtlichen Ausland (als solches galt die DDR nicht) geborenen Einwohner: Ihr relativer Anteil war schon im Jahre 1990 höher als in den USA. Und das war noch vor der Ankunft jener Hunderttausenden Asylsuchenden, die seit 1993 vor dem jugoslawischen Krieg ins wiedervereinigte Deutschland flohen und nur vorübergehend hier blieben.

Dass das Kommen und Gehen der sogenannten «Gastarbeiter» seit den Fünfzigerjahren sich lange Zeit fast unbemerkt von der Mehrheitsgesellschaft vollzog, kann angesichts der Zahlen nur verwundern. 14 Millionen solcher Arbeiter kamen zwischen 1955 und 1973 in die Bundesrepublik, 12 Millionen verließen sie auch wieder. Dass es 1973 schon 600 000 in Deutschland dauerhaft ansässige Türken gab, deren Zahl bis 1990 auf 1,7 Millionen und bis 2005 auf drei Millionen anwuchs, wirkt demgegenüber fast überschaubar – auch, wenn man andere Zahlen heranzieht, zum Beispiel die der sogenannten Spätaussiedler, also Deutschstämmiger aus Osteuropa, deren Gesamtzahl seit 1950 bis 1996 2,6 Millionen erreichte. Aber was ist das schon im Vergleich zu den acht Millionen Vertriebenen und den drei Millionen DDR-Flüchtlingen, die seit 1945 im Gebiet der alten Bundesrepublik eingegliedert werden mussten!

Demografie ist eine Zahlenwissenschaft, doch wer versucht, sich die Einzelschicksale hinter den Ziffern vorzustellen – Millionen Heimatverluste und Neuanfänge –, der kann sich in solchen Tabellen leicht festlesen. Wer die Geschichte im Kopf hat, der wird sich auch von den aktuellen Zahlen nicht allzu sehr beeindrucken lassen. Deutschland hat schon größere demografische Bewegungen gemeistert als die heute anstehenden. Dabei wäre es in der historischen Langzeitbetrachtung unrichtig, Deutschland vor der zweiten Hälfte des 20. Jahrhunderts als Einwanderungsland zu bezeichnen – es war die längste Zeit ein Auswanderungsland. Über Jahrhunderte gaben die deutschsprachigen Gebiete Mitteleuropas mehr Menschen ab, als sie aufnahmen.

Die Geschichte Ostmitteleuropas wird geradezu von einer Klammer über acht Jahrhunderte eingefasst. Zu Beginn, im Hochmittelalter seit dem 12. Jahrhundert, steht eine etwa zweihundert Jahre währende Expansion deutscher Siedler nach Osten, über Elbe, Saale und Oder und über die sudetendeutschen Gebirge, weiter südlich die Donau abwärts bis Rumänien. Dieser in einer nationalistischen Geschichtsschreibung oft beschworene «Zug nach Osten» war freilich nur das letzte Kapitel eines Hin und Her von Völkerwanderungen zwischen Slawen und Germanen, das schon ein halbes Jahrtausend früher begonnen hatte.

Die Durchdringung des späteren Ostdeutschland war auch kein einliniger Vorgang: Wer in Brandenburg oder Sachsen-Anhalt Dorfgeschichten studiert, trifft ebenso oft auf slawische wie auf deutsche Ursprünge: Da gibt es Bitterfeld, das «bessere Feld», das unternehmungslustige Flamen suchten (nach denen der «Fläming» benannt ist), neben Ortsnamen wie «Seelow» oder «Zossen» und tausend anderen, die slawisch sind. Hat ein Ort «Tempel» im Namen (Tempelhof, Neuentempel), dann darf man meist mit einem polnisch-christlichen Ursprung rechnen – Piastenherzöge riefen Ritter aus dem Heiligen Land herbei.

Es waren auch nicht Unmassen von Wanderern, die den Osten deutsch machten, sondern eher wenige, aber besonders tüchtige Leute mit besseren Pflügen, einer fortgeschrittenen Agrartechnik, Händler und Handwerker mit einem modernen Stadtrecht, die bald viele Nachkommen hatten und in neuen Rodungen neben alten Siedlungen expandierten, mit deren Bewohnern sie sich vermischten. Ihre späten Nachfahren mussten seit 1944 innerhalb weniger Jahre die preußischen, schlesischen, böhmischen oder rumänischen Heimatgebiete zu Millionen verlassen.

Diese traumatische Erfahrung einer Entrechtung aufgrund der Volkszuge-
hörigkeit und infolge kollektiver, nicht individueller Schuld mag eine
wenig beachtete, tief sitzende Ursache für ein vormodernes Gemein-
schafts- und Bürgerverständnis in der deutschen Nachkriegsgesellschaft
sein.

Die jahrhundertelangen Verschiebungen auf der ethnischen Land-
karte Mitteleuropas sind auch heute noch von Interesse, weil sie das Bild
der späteren Deutschen vom Wandern und Siedeln überhaupt geprägt
haben. Deutschland und deutsche Staaten waren nie Kolonialmächte, die
ihre Einwohner mit Schiffen an ferne Küsten brachten, um dort Außen-
posten zu gründen, wie es die atlantischen Länder Europas, Portugal, Spanien, Frankreich, Holland und England taten. Im Geschichtsatlas sieht
Deutschland aus wie ein pulsierender, zwischen West und Ost wabernder
Koloss. Der Zusammenhang dieser Landmassen war nicht staatlich-admi-
nistrativ, sondern kommerziell, sprachlich und kulturell. Später wurde er
völkisch definiert und mit dem ursprünglich westeuropäischen Modell des
Nationalstaats amalgamiert – mit zerstörerischen Folgen.

Als sich das Deutsche Reich 1913 endlich ein gemeinsames Staatsbürgerrecht gab – vorher war man Bayer, Preuße oder Hessen-Darmstädter
gewesen –, entschied man sich, beeinflusst auch von einem biologistischen
Zeitgeist, fürs Prinzip der Blutsverwandtschaft (ius sanguinis) anstelle des
Territorialrechts (ius soli): Deutscher war man durch Abstammung, nicht
durch Geburt an einem Ort. Das reflektierte immer noch die ausgefrans-
ten Ränder des Corpus Germanicum in Europa, das ja erst seit 1990 unbe-
strittene Grenzen hat. Erst im Jahre 2000 wurde das Staatsbürgerrecht
revidiert und für in Deutschland Geborene unabhängig von ihrer Abstammung geöffnet.

Die andere Seite des weitgehend fehlenden staatlichen Kolonialismus
(die Anläufe seit der Bismarck-Zeit blieben marginal) zeigt sich in dem
Umstand, dass die enormen deutschen Auswanderungsströme des 19. Jahrhunderts vorwiegend nach Nordamerika am Ende nicht zuletzt sprachlich
folgenlos versickerten. Allein in den 30 Jahren zwischen 1864 und 1893
wanderten zwei Millionen Deutsche nach Amerika aus – und dies war nur
der Höhepunkt einer Auswanderungswelle, die schon unmittelbar nach
den napoleonischen Kriegen begonnen hatte und die seit 1820 allein aus
dem deutschen Südwesten bis 1869 fast drei Millionen Menschen fortzog.
Goethes «Wanderjahre» waren ein Zeitbuch.

Deutschland kennt also auch nicht, was die großen Kolonialmächte des Westen erfuhren: eine massive Rück- und Zuwanderung aus vormaligen, meist überseeischen Kolonien. Die Nordafrikaner, die in Frankreich die Vorstädte bevölkern, oder die Pakistaner und Inder, die in England ganze Straßenzüge beherrschen, waren nie in erster Linie «Gastarbeiter», sondern Staatsbürger aus den Kolonien. Das hat wahrlich nicht alle Probleme erleichtert, aber doch die Wahrnehmung geöffnet: Dass ein dunkelhäutiger Mensch mit einem fremden Akzent Franzose, Holländer oder Brite sein kann, ist selbstverständlicher als im deutschen Parallelfall. Staatsbürgerschaft ist in solchen Verhältnissen säkularer und universalistischer, kulturell weniger aufgeladen und partikularistisch als in der früheren deutschen Tradition.

Deutschland bedurfte der Bereinigung seiner osteuropäischen Nationalitätenprobleme, vor allem aber der Europäisierung aller seiner Außenbezüge, um von seinem ethnisch grundierten Abstammungsrecht endlich Abschied zu nehmen. Die ältere deutsche Geschichtserinnerung kennt dagegen nur ein auffallendes positives Beispiel einer fremden Einwanderung: die Ansiedlung der etwa 40 000 Hugenotten, die nach 1685 aus religiösen Gründen Frankreich verließen und zur Hälfte im bevölkerungshungrigen, auf die überlegene Kultur des Westens erpichten Preußen willkommen geheißen wurden – jedenfalls von den Herrschern, wenn auch nicht immer in der Bevölkerung. Um 1700 war ein Fünftel der Bevölkerung Berlins hugenottischen Ursprungs, meist immer noch französischsprachig.

Leider hat dieses Beispiel nicht Schule gemacht, als nach 1870 vermehrt Juden aus Russland nach Deutschland strömten und vor allem die Berliner jüdische Bevölkerung bald vervielfachten. Gegen sie erhob 1879 der Historiker Heinrich von Treitschke seine Stimme mit Tönen, die denen Thilo Sarrazins gegen die Türken 140 Jahre später erstaunlich ähneln. Die beiden Einwanderungswellen, die jüdische des späten 19. Jahrhunderts und die islamische der heutigen Zeit, haben fast nichts gemein. Doch die Reaktion darauf, die Panik vor einer «Mischcultur» (Treitschke) und das Ignorieren von Möglichkeiten und Notwendigkeiten wirkt bedrückend gleichartig.

Dabei gab es gar kein jüdisches Zuwandererproblem: Die 90 000 «Ostjuden», die es 1914 angeblich im Deutschen Reich gegeben haben soll, standen weit hinter den allein 250 000 Italienern und Slowenen, die schon vor dem Ersten Weltkrieg im deutschen Tiefbau und in der Ziegelproduktion arbeiteten, ganz zu schweigen von mehreren Hunderttausend Polen in der ostelbischen Agrarwirtschaft und der oberschlesischen Montanindustrie. Aber die Deutschen schafften es in der ersten Hälfte des 20. Jahrhunderts nicht einmal, gut ausgebildete und wohlhabende Juden als Ihresgleichen anzuerkennen.

KONSERVATIVE TUGENDEN

EINE NOTWENDIGE KLÄRUNG

31. 01. 2015

Am Mittwoch twitterte der Philosoph Norbert Bolz einen Aphorismus: «Dass der Islam ein Teil Deutschlands sei, ist entweder eine Banalität (es gibt Muslime in Deutschland) oder eine Kapitulationserklärung.» Da würde man gern erwidern: «Allgemeine Begriffe und großer Dünkel sind immer auf dem Weg, entsetzliches Unglück anzurichten.» Das ist von Goethe, und es passt zum Elend der Frage, ob nun «der Islam» oder «nur» die Muslime zu Deutschland gehören. Der CSU-Politiker Peter Gauweiler kannte die Sentenz von Bolz wohl noch nicht, als er in einem *Zeit*-Gespräch mit dem AfD-Politiker Alexander Gauland sagte: «Der Islam gehört so viel und so oft zu Deutschland, wie es Menschen dieser Religion bei uns gibt, die zu Deutschland gehören wollen und sich dabei alle Mühe geben.»

An dieser Bruchlinie scheiden sich zwei Spielarten des konservativen Denkens. Der klassische Konservative, der ein zustimmendes Verhältnis zur Religion hat, schaut auf die einzelnen Menschen und ist bereit, Zuwanderer nicht nur als Arbeiter und Steuerzahler zu begrüßen, sondern auch als Glaubende und Betende. Proteste gegen die Islamisierung des Abendlandes? Gauweiler: «So kann unser Herr Jesus die Sache mit dem Abendland nicht gemeint haben.»

Der doktrinäre Konservative redet wie Bolz oder wie Gauland, für die «Kultur», «Identität», «Deutschland» zu kriegerischen Begriffen werden, die von konkreten Umständen absehen. Bemerkenswerterweise sind sich die abstrakten, identitären Konservativen in ihrem kulturkämpferischen Impetus einig mit laizistischen Liberalen wie Monika Maron und Henryk M. Broder, die schon unruhig werden, wenn sie das Gerücht hören, dass in Kreuzberg Weihnachtsmärkte zu «Wintermärkten» umbenannt würden,

145

angeblich aus Rücksicht auf die Muslime. Der Streit um diese Falschmeldung war das Einzige, das aus dem umstrittenen Dialog von SPD-Chef Gabriel und den Pegida-Leuten an die Öffentlichkeit drang. Der SPD-Vorsitzende wettete ein Bier darauf, dass es nicht stimme: «Ich trinke ein großes Bier, da seien Sie sicher.»

Abendländer und ungläubige Altliberale sind sich darin einig, dass die Anwesenheit von Muslimen nur akzeptabel ist, wenn sie kein Jota in Deutschland verändert, und sei es ein Brauchtums-Jota wie Kreuzberger Weihnachtsmärkte. Man möchte diesen Intellektuellen Robert Gernhardts wundervollen Essay über die «Taverne Wachtelstubb» empfehlen, der in den Achtzigerjahren die Kulturgeschichte der mittelmeerisch-deutschen Symbiose ins Bild brachte, oder Martin Mosebachs Roman «Die Türkin» aus dem Jahr 1999, der auch vom muslimischen Leben in Deutschland handelt.

Aber der Katholik Mosebach ist eben ein frommer Mensch, der eine große Nähe zu seinem muslimischen Kollegen Navid Kermani empfindet. Die freundschaftliche Verbindung dieser beiden Autoren könnte in einem künftigen Rückblick den Moment bezeichnen, von dem aus sich die Anwesenheit des Islam auch in der deutschen Hochkultur datieren lässt. Kermani hat soeben eine Aufsatzsammlung vorgelegt, die zu zwei Dritteln von klassischer deutscher Literatur handelt und dabei doch nie die Perspektive des muslimischen Autors verleugnet («Zwischen Koran und Kafka. West-östliche Erkundungen», München 2014). Da geht es um Lessing, Goethe, Kleist, sogar Wagner, und auch um Martin Mosebach. Wer sie liest, wird dem identitären Gerede nichts mehr abgewinnen können: Die kulturelle Identität ist der falsche Kampfplatz für die realen Probleme der Integration.

Es war einmal eine konservative Tugend, mit Verschiedenheiten leben zu können und zu wissen, dass Integration eine Aufgabe für Ungleiche ist.

DEUTSCHLAND, STUNDE NULL

MARTIN AMIS BLICKT AUF UNSER LAND

02. 01. 2016

Es passiert nicht oft, dass es die Stadt München in den *New Yorker* schafft, das Intelligenzblatt der amerikanischen Ostküste. Und wenn, dann muss vom Oktoberfest die Rede sein und gleich Thomas Wolfe zitiert werden, dessen Bericht über das wilde, orgiastische Bierfest von 1928 unvergessen bleibt. So geschah es in diesem Dezember, als der englische Schriftsteller Martin Amis eine Story mit dem schlichten Titel «Oktober» (mit k) im *New Yorker* publizierte, illustriert mit beschwingten Lederhosen- und Dirndlbeinen. Und doch war alles anders als sonst.

Im Hintergrund der Trachtenfüße erkennt man eine mit Kopftuch bedeckte Frau, die ein Kind im Arm hält. Denn während des Oktoberfests 2015 liefen ja die Flüchtlingsströme von der Balkanroute weiter vorbei an München, teilweise weiter durch München. Und Martin Amis hat diesen historischen Moment in einem ebenso beeindruckenden wie ratlosen Text festgehalten – für die ganze Welt, wie man feststellen muss, wenn man an den Ruhm des Autors und den Rang seines Publikationsorts denkt.

Amis beschreibt sich darin als Autor auf Lesereise, der auch durch München kommt. Er sitzt im Hotel, behütet von Agenten und Übersetzern. Daher kann er sich ganz der Betrachtung überlassen, über das nachsinnen, was sich vor den Fenstern der Hotellobby abspielt. Ähnlich der Schichtentechnik im Landwirtschaftsfest von Flauberts «Madame Bovary» lässt er die Stimmen und Töne der gleichzeitig ablaufenden Vorgänge durcheinanderspielen: Vorne Klavierklang und Telefonierstimmen des Hotels, darüber ein Nachrichtensender auf dem Bildschirm. Draußen der Strom der aufgebrezelten Trachtenträger, die zum Fest eilen, dazwischen und dahinter die Flüchtlinge mit ihrem Gemisch aus arabischer Frauenmode und internationaler Jugendkluft.

Eine weitere Bedeutungsschicht ist eingetragen, weil der beobachtende Autor sich die Zeit mit der Lektüre von Vera Nabokovs Briefen an ihren Mann Vladimir vertreibt – zwei weltberühmte Flüchtlinge, aus ihrer Heimat verjagt von den Bolschewisten, aus ihrem Exil weitergejagt von den Nazis: Vera Nabokov ist Jüdin, ein Bruder von Vladimir Nabokov kommt in einem deutschen KZ zu Tode. Vera und Vladimir retten sich an jenes atlantische Ufer, an dem der *New Yorker* und die meisten seiner Leser zu Hause sind. Amis, der all das mit naturalistischer Treue ineinanderklingen lässt, lässig klimpernd auf dem Klavier der Eindrücke, die er zu Akkorden bündelt – er kennt auch Goethe und zitiert dessen berühmten Satz über die Deutschen aus dem Jahr 1813, den englische Leser am leichtesten in Thomas Manns übersetzten Reden finden können. Es ist Goethes entnervtes Wort vom deutschen Volk, das «so achtbar im einzelnen und so miserabel im ganzen» sei.

Der von dem Emigranten Thomas Mann ins Englische transportierte Goethe-Satz grundiert die Geschichte von Amis mit einer letzten historischen Tiefenschicht: Diese reicht nun durch zwei ganze Jahrhunderte, während draußen sich das Gewühl des Augenblicks vollzieht, der ungeheure Moment der Gegenwart. Beeindruckend ist dieser Text aber vor allem, weil er ein klares Urteil verweigert – Amis verkündet keine Meinung. Ist das, was er sieht, Irrsinn? Ist es ein Moment ergreifender Menschlichkeit, wie die Nabokov-Parallele zu verstehen geben könnte? Sind die im Einzelnen so achtbaren Deutschen wieder einmal kollektiv verrückt geworden? Der Text beantwortet die Frage nicht.

Mit Mühe schafft es der Schriftsteller durch den von Menschenmassen paralysierten Verkehr zum Flughafen und dann weiter nach New York. Dort angekommen, befällt ihn das Gefühl tiefer Erleichterung – auch er hat ein rettendes Ufer erreicht, einen anderen Kontinent, der nicht von Fliehenden überrannt werden kann. «Oktober» muss gleich danach geschrieben worden sein.

Erst in vielen Jahren wird man wissen, ob das, was 2015 begann – und was zu beginnen wohl noch lange nicht aufhören wird –, gut oder böse endet. Was man jetzt schon weiß, ist, dass kaum ein anderer Beobachter Deutschlands sich 2015 zu einer so heroischen Suspension des Urteils aufraffen konnte. Wenn jetzt viele hierzulande sagen, besorgniserregend sei weniger die Flüchtlingskrise als die Spaltung der Gesellschaft darüber, dann darf man erwidern: Unseren Nachbarn geht es in Bezug auf Deutschland nicht anders. Selten war die Amplitude, der Ausschlag der Urteile so groß wie in diesem Moment.

Das Jahr begann mit der gefeierten Ausstellung «Germany – Memories of a Nation» im Britischen Museum. Als Neil MacGregor, ihr Macher, im Mai den Gundolf-Preis der Deutschen Akademie für Sprache und Dichtung entgegennahm, berichtete er von dem gewaltigen Erfolg. Er zeigte sich nicht nur in Zehntausenden Besuchern, sondern auch in den Hunderttausenden, die die begleitende Radioserie der BBC anhörten und herunterluden. Bewegt hätten ihm in England beheimatete Deutsche geschrieben, zum ersten Mal in ihrem Leben werde positiv über die Geschichte ihres Herkunftslands berichtet. Damals, im Frühjahr, noch vor dem großen Ansturm, erklärte MacGregor, die eigentliche Entdeckung für die Engländer sei die Geschichte der Vertreibungen aus dem Osten gewesen, der – so wörtlich – «größten Menschenverschiebung der Weltgeschichte».

Zu sehen war im Britischen Museum auch ein «Käfer» von Volkswagen (Baujahr 1953), mit seiner ambivalenten Bedeutung als Produkt von Hitlers Volksstaat, aber auch als Symbol des Wirtschaftswunders und der deutschen Ingenieurskunst. Diese Symbolkraft für modernes Design und «german engineering» erklärt auch die Wirkung der jüngsten Betrugsaffären von VW in der angelsächsischen Welt. Sie reicht über die Wirtschaftsteile der Zeitungen weit hinaus. Das korrupte Deutschland, das ist spätestens jetzt mit dem VW-Skandal (und mit den Manipulationen und Geldwäschen der Deutschen Bank, den Machenschaften im Fußball) eine etablierte Tatsache.

Behaglich wird sie auch im Süden Europas registriert, wo noch im ersten Halbjahr 2015 die deutsche Härte in der Euro-Krise Wutwellen auslöste, die um den Globus gingen. Sie wirkten nach im jüngsten Auftritt des Vorsitzenden der spanischen Podemos-Partei, Pablo Iglesias, der nach seinem Wahlsieg erklärte: Spanien sei eine souveräne Demokratie und gehöre nicht zur «Peripherie Deutschlands» – ein Credo, das kaum variiert zwischen Italien, Griechenland und dem französischen Front National ertönt.

Das «lateinische Europa», das sich in der Euro-Krise vom angeblich protestantischen Ethos der deutschen Austerität so bedrängt fühlte, reagiert auf die Flüchtlingskrise kühl. In Italien verlassen die im Freien übernachtenden Fremden die Plätze und Bahnhöfe, das freut den Bürger.

149

Dass in Berlin geradezu italienische Verwaltungszustände herrschen, erscheint weniger wichtig als die unheimlich effizient vernetzte deutsche Helferszene, zu der es im Süden kaum Parallelen gibt – schickt man italienischen Freunden Links zur Übersichtsseite der Bedarfslisten aller Berliner Notunterkünfte, erntet man ungläubiges Staunen.

Britische Freunde dagegen neigen durchaus dazu, die neue «german fraternity» als bedauerlichen Anfall von verwirrender Naivität (baffling naiveté) zu verstehen – so höflich formuliert man es, wenn man meint: Ihr seid verrückt geworden. Die Gegenrede, es spreche wenig dafür, Angela Merkel sei über Nacht naiv geworden, enthüllt den ganzen Abgrund der Meinungen. Realpolitisch, so lässt sich eine durchaus verbreitete britische Diagnose zusammenfassen, wäre es klüger gewesen, den griechischen Steuersündern etwas mehr entgegenzukommen und die syrischen Flüchtlinge etwas mehr auf Abstand zu halten – um der Raison Europas willen. Es sind unerquickliche Gespräche, die wieder tief zurück in Stereotype auf beiden Seiten führen.

Wäre es wirklich möglich und für Deutschland klug gewesen, im Herbst 2015 auf dem Balkan einen Rückstau von 700 000 Flüchtlingen zuzulassen, mit all den humanitären Katastrophen, die sich damit verbunden hätten? Diese Frage hat soeben Herfried Münkler in einem Interview gestellt. Zum Jahresende hat Roger Cohen, der legendäre, überaus kritische Deutschland-Experte der *New York Times* einen geradezu hymnischen Leitartikel über unser Land verfasst: «Germany, Refugee Nation». Mit bitterem Seitenblick auf Amerikas Ängste und seine fehlende Bereitschaft, Verantwortung für ein miterzeugtes Chaos zu übernehmen, prophezeit Cohen: «Im Ergebnis wird Deutschland in der nächsten Generation ein stärkeres, vitaleres, dynamischeres Land werden.» Ein Wunsch, den wir gern mitnehmen.

WILDE GEWALT

VOM EWIGEN THEATER DER GRAUSAMKEIT

19. 06. 2018

Es war eine Meldung, die unter so vielem anderen Verstörenden vielleicht nicht sofort jeden erreicht hat: Die amerikanischen Behörden lassen an der mexikanischen Grenze Kinder von ihren Eltern trennen, wenn diese illegal die Grenze überschritten haben. Nach Angaben der amerikanischen Behörden wurden zwischen Mitte April und Ende Mai nach einer verschärften Direktive rund 2000 Kinder von ihren Familien getrennt. Der Menschenrechtskommissar der Vereinten Nationen Seid Ra'ad al-Hussein forderte die Trump-Regierung am Montag auf, die «skrupellose» Praxis zu beenden.

Man kann vermuten, dass das Entsetzen, das diese Nachricht auslöst, der wichtigste Zweck der Maßnahme ist. Der administrative Eingriff in die symbiotische Verbindung zwischen Kindern und ihren Eltern, vor allem den Müttern, ist nicht nur grausam, er mobilisiert ein Maximum an Ängsten. Neben öffentlicher Folterung ist kaum etwas Schrecklicheres vorstellbar.

Wir treten, so erscheint es, in ein neues Zeitalter öffentlicher Grausamkeit ein. Groß war das Entsetzen über die Enthauptungsvideos islamistischer Terroristen. Nun zeigen sich auch westliche Staaten von Fall zu Fall hartleibig. Die Grausamkeit soll hier einen unmittelbaren Zweck erfüllen, die Abschreckung. Denn die Vorstellung, man müsse ein Kind, das gerade gestillt wird, wegen Grenzverletzung bestrafen, werden wohl auch die amerikanischen Behörden nicht hegen.

Wieder einmal wirken ein paar Jahrhunderte wie ausgelöscht. Offenbar kann man alles zurückdrehen. Denn Grausamkeit und Öffentlichkeit, das gehörte in der Geschichte der Staaten seit jeher zusammen. Diese existierten jahrhundertelang geradezu als «öffentliche Gewalt». Hinrichtungen, das waren ja immer große Schauspiele. Es war für die Menschen im Mittelalter und der frühen Neuzeit schwer möglich, so ein Schauspiel nicht wenigstens einmal im Leben zu sehen, auf Stadtplätzen und an Dorfrändern, mal als Enthauptungen durch Axt oder Schwert, mal als Hängung oder Verbrennung. In ausgesuchten Fällen wurde gevierteilt oder gerädert. Auch öffentliches Verschmachten in aufgehängten Käfigen war möglich. Diesen finalen Bestrafungen gingen in der Regel langwierige Folterungen in den Kerkern voraus, Befragungen, die «Beweise» für die Notwendigkeit öffentlicher Grausamkeiten liefern mussten.

Danach ließ man die Opfer oft wochenlang an den Galgen hängen, gern an befahrenen Straßen oder an Flussufern. Kaum verwundert berichteten britische Reisende davon in der Barockzeit am schönen Mittelrhein. In Goethes Jugend durfte man an der Frankfurter Hauptwache Straftäter «trillern»: Diese saßen in einem drehbaren Käfig, den müßige Bürger so lange anschubsen konnten, bis der Delinquent sich übergeben musste. Eine im einstigen Grausamkeitskontext fast gutartige Mitmachfolter, die erst allmählich aus der Mode kam. Galgen standen noch am Stadtrand von Weimar bereit, als dort schon die «Iphigenie» gedichtet wurde.

Wer ein Auge dafür hat, wird in unseren Altmeistersammlungen zahllose solcher Szenen entdecken, eher bei den Holländern als bei den Italienern (diese konzentrierten sich auf die scheußlichen Martyrien der Heiligen). Könnten wir in die Vergangenheit reisen, die Allgegenwart solcher Szenen würde uns wohl am meisten befremden.

Allerdings würden unsere Vorfahren, würden sie bei uns vorbeischauen, sich wohl ebenso über das Tötungsaufkommen in der abendlichen Fernsehunterhaltung wundern. Weniger überrascht wären sie wohl von Korrespondentenberichten aus Kriegsgebieten, vor allem nicht von der Gewalt gegen Frauen und andere Zivilisten. Und das ist nur die europäische Geschichte der Gewalt, der sich die anderer Weltgegenden anschließen könnten.

Zu den kostbarsten, womöglich unwahrscheinlichsten zivilisatorischen Fortschritten der letzten 250 Jahre zählte die Zurückdrängung von öffentlicher, obrigkeitlich sanktionierter Gewalt vor allem in Europa. Zwei große historische Prozesse mussten dafür zusammenkommen. Erstens eine neue Empfindsamkeit, ein Horror vor der Grausamkeit. Sie war unter anderem eine Folge der Exzesse im Dreißigjährigen Krieg und anderen religiösen Konflikten, die Hexenverfolgungen eingeschlossen. Zweitens die Durchsetzung von Staatsgewalt bis in die unteren Ebenen der Gesellschaft. Ein flächendeckendes Polizei- und Gefängniswesen, eine professionalisierte Strafrechtspflege, damit einhergehende Debatten über den Zweck von Strafen und den Nutzen der Folter machten diese Zurückdrängung staatlicher Grausamkeit möglich. Das dabei entstehende Gewaltmonopol des modernen Staates beruht auf der Drohung, allerdings einer glaubwürdigen.

Der moderne Militärstaat pazifizierte die Gesellschaft, indem er Gewalt in Kasernen vorrätig hielt, ohne sie allzu oft einsetzen zu müssen. Das galt übrigens auch in zwischenstaatlichen Konflikten. Eine große, gut gerüstete Armee schützte in einem instabilen Staatensystem im Zweifelsfall besser als alle Verträge. Allerdings bedeutete eine solche Armee eine permanente Versuchung, sie einzusetzen. So war die zweite Form der Abschreckung ein flexibles Bündnissystem, in dem kein Einzelner für Aggressionen belohnt wurde. Aber das war vor allem eine Idee, keine Wirklichkeit.

Denn natürlich konnten auch die Mittel der Einhegung wilder Gewalt zu solchen methodischer Gewalt werden, in Militärdiktaturen und den Lagersystemen totalitärer Staaten. Der Rückfall fand im Herzen jener Institutionen statt, die Gewalt hatten eindämmen sollen. Dabei spielen solche Systeme mit einer Mischung aus Öffentlichkeit und Geheimnis. Selbst bei heimlichen Verbrechen kann doch immer so viel herausdringen, dass die Angst allgemein wird. Und in den kolonialen Hinterhöfen der zivilisierten Staaten regierte brutale physische Gewalt weiter ungehemmt. Die vornehme Empfindsamkeit war immer insular.

Stabil funktioniert hat Abschreckung unter Großmächten ein einziges Mal, im Kalten Krieg zwischen den beiden Blöcken. Spätestens seit der Kuba-Krise von 1962 ging die Welt auf Katzenpfoten, um die atomaren Minen nicht zu sprengen. Aber auch in dieser Zeit zeigte sich der Weltkonflikt in einem Gürtel von Stellvertreterkriegen auf anderen Kontinenten.

Die sogenannte Migrationskrise bringt nun eine altneue, schmutzige Form der Abschreckung zurück, die auf Anschaulichkeit beim Publikum der vernetzten Kommunikation abzielt. Außenpolitik nimmt die Form archaischer Kriminalitätsbekämpfung an. Geschichten wie die von den entrissenen Kindern sollen sich viral verbreiten. Denselben Zweck hatte das Drama um das Rettungsschiff *Aquarius*, mit dem sich der neue italienische

Innenminister Matteo Salvini allerdings mindestens ebenso an seine heimische Klientel wandte wie an auswanderungswillige Afrikaner.

Die Transporttoten, die Erstickten und Ertrunkenen, die schmutzigen Lager, die schneidenden Zäune und jetzt die entrissenen Kinder, all das, was seit vielen Jahren an den Rändern der westlichen Welt alltäglich geworden ist, erregt von Fall zu Fall ein vorübergehendes Entsetzen. Im schlimmsten Fall entwöhnt es uns von einem historisch fragilen Grausamkeitstabu. Das Bewusstsein, dass die Grausamkeit eine permanente Möglichkeit darstellt, kann nur zu rationaler Politik führen. Das sinnlose Sterben an den Rändern unserer Welt ist eine Aufforderung, Migration zu ordnen, anstatt einen Krieg mit Bildern zu führen, bei dem wir selber verlieren.

DAS VOLK UND SEINE GRENZEN

DIE DOLCHSTOSSLEGENDE UNSERER TAGE

08. 05. 2019

Am 6. Mai 1919 wurden der deutschen Delegation in Versailles die zuvor von den Siegern des Ersten Weltkriegs ausgehandelten Bedingungen des Friedens überreicht. Sie waren überaus hart, doch was die deutsche Öffentlichkeit nicht weniger verstörte als Reparationen und Gebietsabtretungen, war eine rechtliche Bestimmung des Vertragswerks: Deutschland sollte seine Schuld am Krieg anerkennen. Nichts stand einer ehrlichen Aussöhnung zwischen Siegern und Besiegten so im Weg wie dieser aus völkerrechtlichen Gründen – es ging um die Zurechnung auch ziviler Schäden des Krieges – eingefügte Paragraf. Er verletzte und empörte die Deutschen, die sich als Rechtsnation verstanden. Die Aufarbeitung ihrer politischen Fehler vor dem Krieg, ja selbst ihrer nicht zu leugnenden Verbrechen im Krieg wurde durch diesen pauschalen Schuldvorwurf torpediert.

Auf den Tag genau hundert Jahre später wurde am Montagabend in Berlin im Deutschen Theater das Buch «Die Zauberlehrlinge» (erschienen bei Klett-Cotta) von Stephan Detjen und Maximilian Steinbeis – beide sind Juristen und Journalisten – vorgestellt. Es behandelt den «Mythos vom Rechtsbruch» in der deutschen Flüchtlingspolitik seit 2015, und zwar, wie Detjen festhielt, nicht in Form eines Rechtsgutachtens, sondern einer Diskursgeschichte. Wie kam der «Mythos» auf, wie verbreitete sich vor allem sein schärfstes Schlagwort, die Behauptung von der «Herrschaft des Unrechts», welche Folgen hat es bis heute?

Denn längst streiten sich die Leute vor allem in den sozialen Medien nicht nur über die Vorgänge von 2015, sondern genauso erbittert über die Spaltung, die der Unrechtsvorwurf in die Gesellschaft getragen hat. Es geht dabei nicht mehr um eine konkrete politische Entscheidung, sondern um die Frage, ob eine Partei die Grundlagen des Rechtsstaats in Frage

155

gestellt habe – ein ungeheuerlicher Vorwurf, der manchen schon an einen anderen Mythos am Ende des Ersten Weltkriegs erinnert hat, die Dolchstoßlegende, den Versuch, die Schuld an der Niederlage bei den revolutionären Arbeitern vom Herbst 1918 zu suchen.

Der Rechtsbruchvorwurf hat bis heute das Potenzial, eine nüchterne Betrachtung dessen, was 2015 geschah, seiner Voraussetzungen und Folgen, zu behindern. Der Redebedarf ist also immens, und darum war es gut, dass auf dem Podium ein dezidiert konservativer, der Regierung Merkel eher distanziert gegenüberstehender Vertreter der CDU saß, der junge, scharfsinnige und scharfzüngige Bundestagsabgeordnete Philipp Amthor. Dass er neben den beiden Autoren und der Völkerrechtlerin und Fluchtrechtsexpertin Dana Schmalz auf dem von Maike Albath souverän dirigierten Podium in der Minderheit war, focht Amthor nicht an. Er machte seine Sache ausgezeichnet.

Das war umso bemerkenswerter, weil in der eigentlichen Rechtsfrage kaum Dissens bestand: Es gab keinen Rechtsbruch – «materiell falsch» nannte Amthor, der ebenfalls Jurist ist, diese Behauptung – schon gar keine «Herrschaft des Unrechts», also eine prinzipielle Aufhebung des Rechtsstaats. Dabei sind die Fragen im Detail verwickelt, deutsches und europäisches Asylrecht überlagern sich, und die Situationen, in denen nach dem Recht gefragt wird, sind unterschiedlich. So war die Nichtschließung der Grenze im September 2015 durch das in den Dublin-Regelungen vorgesehene «Selbsteintrittsrecht» gedeckt, das die Bundesrepublik ermächtigte, in einer Notlage Flüchtling aus benachbarten Ländern aufzunehmen. Abweisungen, das Thema, bei dem 2018 der Rechtsbruchvorwurf noch einmal reaktiviert wurde, sind ohne Prüfung unzulässig.

«Dublin» und seine Regeln, so erklärte Maximilian Steinbeis, ist nicht – wie in Deutschland meist verstanden – eine reine Drittstaatenregelung, sondern verleiht den Flüchtlingen auch subjektive Rechte, damit sie nicht in einem Orbit von Nichtzuständigkeit verloren gehen. Was bis heute auf dem Balkan geschieht, sei, so Steinbeis, «permanenter Rechtsbruch», während Deutschland im Herbst 2015 die Dublin-Regeln gerettet habe. «Und das soll ein ‹Rechtsbruch› gewesen sein!»

Die Sachfragen dazu sind filigran und schwer vermittelbar, aber die rechtliche Lage wurde von der Regierung auch nie unmissverständlich erklärt. Der interessantere Teil der Debatte im Deutschen Theater betraf daher auch das Grundproblem des Verhältnisses von Recht und Politik.

Amthors Mantra an dem Abend war, dass es zwar keinen Rechtsbruch gab, es aber sehr wohl alternative Handlungsmöglichkeiten gegeben hätte und, wie Frankreich zeige, bis heute gebe. Leider wurde nicht klar, wie diese genau ausgesehen hätten – für die ersten Septembertage von 2015 erkannte sogar Amthor eine Zwangslage an, alles weitere hätte die Entwicklung von unterschiedlichen Szenarien erfordert.

Es sei falsch, solche politischen Fragen ans Verfassungsrecht outzusourcen, so Amthor. Auch da gab es keinen Dissens mit den beiden Autoren, die in ihrem Buch die spezielle Kultur eines deutschen Staatsrechts darstellen, für das «Volk» und «Grenzen» dem konkreten Recht vorgelagerte Wesenseinheiten sind, die den «Staat» erst konstituieren. Auch diese spezielle Staatsrechtskultur erklärt, nicht zuletzt als Kontrollfantasie bei realen Ohnmachtserfahrungen, die Erbitterung, die der Unrechtsvorwurf auslösen konnte.

Es war Horst Seehofer, der im Februar 2016 vor dem politischen Aschermittwoch den von dem Staatsrechtler Ulrich Vosgerau geprägten Begriff von der «Herrschaft des Unrechts» in die politische Runde warf und seither nicht mehr zurücknahm. Allerdings zog er sich bei Nachfragen immer auf den «Kontrollverlust» im Herbst 2015 zurück. Hätte diese traumatische Erfahrung durch Rechtstreue vermieden werden können? Diese Frage dürfte den emotionalen Kern der Unrechtsthese darstellen. Auf Kontrollverlust antwortete dann eine rechtliche Kontrollfantasie. Amthor wehrte sich tapfer gegen allzu deutliche Seehofer-Kritik: Die Fokussierung auf Seehofer sei ebenso verfehlt wie der Merkel-Hass.

Rechtlich wurde der Konflikt nie ausgetragen. Eine Organklage der AfD – Amthor: «materiell ein Witz» – ließ das Bundesverfassungsgericht nicht zu. Der von der Bayerischen Staatsregierung beauftragte Gutachter Udo di Fabio stellte gegenüber der *NZZ* am 28. Juli 2017 ausdrücklich fest, Verfassungsbruch habe er «so nie vorgeworfen». Dass die Bayerische Staatsregierung ihre angedrohte Verfassungsklage nie einreichte, dürfte damit zu tun haben, dass eine Drohkulisse nützlicher schien als eine juristische Klärung.

Man habe, so Stephan Detjen, vermutlich die Sprengkraft des Unrechtsvorwurfs unterschätzt, auch in der Bundesregierung. Dass diese ihre Politik nie zusammenhängend erklärte, halten die Autoren für einen schweren Fehler. Und das führt zur Frage Amthors nach den möglichen Alternativen zurück. Ob die Grenzkontrollen an der bayerisch-österreichischen Grenze beim G7-Gipfel in Elmau im Frühjahr 2015 eine plausible Alternative darstellten, blieb in einem sonst erstaunlich harmonischen Diskussionsverlauf der verbleibende Rest des Dissenses.

Doch der Topos lebt, so Detjen am Ende. Es sei die Aufgabe der Medien, solche komplexen Fragen verständlich zu vermitteln. Der Staatsrechtler Christoph Möllers bezweifelte in der Diskussion, dass eine verfassungsrechtliche Klärung die verbreitete Wahrnehmung vom Staatsversagen ausgeräumt hätte. So bleibt die Frage nach der Flüchtlingspolitik seit 2015 politisch. Der rechtliche Streit konnte sich in den Vordergrund schieben, weil die Regierung sich nicht deutlich erklärte. Und warum tat sie das nicht? Weil sie in ihrem Inneren uneins war. Die dramatische Spaltung in der deutschen Gesellschaft spiegelte einen Dissens bei den Verantwortlichen ins Übergroße.

5

DU
BIST
DEUTSCHLAND

DEUTSCHE, JUDEN, ISRAEL

FREMDE FREUNDE

05. 02. 2005

Schon lange waren die Bundesrepublik und Israel nicht mehr so weit voneinander entfernt wie heute, im Gedenkjahr 2005, in dem sich das Ende des Zweiten Weltkriegs zum sechzigsten Mal jährt. Nicht offiziell und diplomatisch, wohl aber in ihren Gefühlen und mit Blick auf die Vergangenheit.

Die deutsche Befassung mit der nationalsozialistischen Erblast hat in den letzten Jahren eine unübersehbare Verschiebung erfahren. Während bis in die späten neunziger Jahre – zwischen Historikerstreit und Wehrmachtsausstellung – der Blick auf die Verbrechen und ihre Opfer vorherrschte, sind nun die eigenen Verluste in den Mittelpunkt der Aufmerksamkeit getreten.

Luftkrieg, Vertreibungen, Vergewaltigungen; der Verlust ganzer Landstriche, die einmal Heimat mit langer Geschichte waren, die Zertrümmerung von Stadtkernen und Kunstdenkmälern, das unverrechenbare persönliche Leid der Millionen Verjagten, Verhungerten, Obdachlosen, sexuell Missbrauchten – all das ist seit der unmittelbaren Nachkriegszeit nicht mehr so intensiv erzählt, dokumentiert und besprochen worden. Fernsehserien mit Originalfilmen und sichtlich bewegten Zeitzeugen, Bestseller wie das Tagebuch der Berliner Anonyma und Jörg Friedrichs Bombenkrieg-Buch «Der Brand» haben ein dichtes historisches Bewusstsein für den Untergang des alten Deutschland in einer selbstverschuldeten Katastrophe geweckt.

Das so lange geschichtslos wirkende Land mit seinen mienenlosen Wiederaufbaufassaden ist so in der jungen Berliner Republik wieder historisch lesbar geworden: Hinter der Kahlheit der Fußgängerzonen lässt sich auf einmal wieder eine frühere Physiognomie ahnen, die schöner und vielfältiger war und nicht immer schuldig. Eifrig reisen alte und junge Deutsche in die verlorenen Provinzen im heutigen Polen, nach Schlesien und Ostpreußen. Erfolgsfilme wie «Der Untergang», die Erinnerungen der Führer-Sekretärin Traudl Junge, der Napola-Film bieten riskante, nachdenklich stimmende Innensichten. Noch liegt der Fokus auf dem katastrophalen Ende. Heikel könnte es werden, wenn ein Spielfilm einmal einen jungen, sympathischen und verzweifelten deutschen Arbeitslosen des Jahres 1932 zeigen würde, der in die SA eintritt, wo er dann nicht nur zackige Lieder schmettert, sondern auch das Gefühl guter Gemeinschaft erfährt.

Unverkennbar ist bei den Deutschen im Verhältnis zu sich selbst ein emotionales Eis gebrochen. Wer heute noch von exklusiver Schuldbesessenheit fabelt, der verfehlt die aktuelle Wirklichkeit. Dabei ist all das für sich genommen noch nicht illegitim. Im Gegenteil könnte trauernde Wahrnehmung der eigenen Verluste durchaus die Empathie für fremdes Leiden befördern und so zur Wahrhaftigkeit auch in den Schuldgefühlen beitragen. Verständnis für die Verstrickungen der Großväter mag auch zu aktueller politischer Vorsicht führen – durch den Abbau von moralischer Überheblichkeit. Zudem stirbt die letzte Generation der Täter derzeit aus; gegen wen sollte sich die moralische Anklage noch richten?

Ganz anders sieht es auf der Seite der Opfer, sowohl bei den jüdischen Deutschen wie auch in Israel aus. Die letzte Generation der überlebenden Opfer ist naturgemäß viel jünger. Das unerträgliche Leid der nationalsozialistischen Vernichtungspolitik hat zudem einen viel festeren Familien- und Erinnerungszusammenhang geschaffen als bei den in moralischen Generationenkonflikten bestens geübten Deutschen. Dazu kommt der aktuelle, oft blutige Kampf Israels gegen den Terrorismus und die damit einhergehende Kritik aus Europa. Ein echter antisemitischer Bodensatz zeigt sich vital und gewaltbereit, vor allem aber infiziert er auch gebildete Schichten im pazifistischen Deutschland, die ihre Lektion aus Auschwitz gelernt zu haben meinen.

Wer versucht, sich das derzeitige Bild von Deutschland in jüdischen oder israelischen Augen vorzustellen, der sollte Verständnis für jeden Grad an Befremdung gewinnen. Da ist ein Land mit florierender NPD, welche die parlamentarische Immunität für Geschichtslügen und die Beleidigung der Opfer nutzt, ein Land, das in Reminiszenzen seines Untergangs schwelgt und in dem jeder zweite wohlmeinende Bürger ganz genaue

Ansichten von der israelischen Unterdrückung der Palästinenser hat. Dabei handelt es sich, durch den unvermeidlichen Zusammenhang in einer Geschichtsnation, immer noch um das Land, welches Auschwitz zu verantworten hat.

Die Deutschen haben letzthin die Höhe eines tragischen Geschichtsbewusstseins erklommen, in dem die Katastrophe des Nationalsozialismus in all ihren Aspekten fühlbar geworden scheint. Sie übernehmen weiterhin alle gebotene moralische Verantwortung, doch umwittert von einem erschütternden nationalen Gesamtschicksal. Israel dagegen kämpft immer noch im Staube um sein Überleben. Es macht sich Tag für Tag die Hände schmutzig in einem blutigen Guerillakrieg. Juden, die bei besonderen Anlässen wie der Ausstellung der Flick-Collection ihre Empörung zeigen, erscheinen als unversöhnliche Störer. Dabei hat Deutschland doch das Bekenntnis zu seiner Schuld offiziell in den Grundbestand seiner Identität aufgenommen; im Mai wird das größte Opfermahnmal der Welt eröffnet. Was will man mehr?

Der Graben, der sich hier auftut – ergriffene Selbsthistorisierung auf der einen Seite, fortdauerndes Trauma und Erbitterung auf der anderen – wirkt auch wie eine grausame Naturnotwendigkeit: Täter, selbst wenn sie besiegt und verletzt wurden, gesunden leichter und schneller als Opfer; und diese empörende Asymmetrie zählt immer noch zu den Folgen der bösen Tat.

Vor dem Hintergrund dieser bitteren Wirklichkeit muss man dem Bundespräsidenten für seine gelungene Reise nach Israel, nicht zuletzt seinen Auftritt in der Knesset, dankbar sein: für die glaubhafte Erschütterung, mit der er ein paar Sätze seiner Rede vortrug. Horst Köhlers Worte waren zwar farblos, sein Auftritt war es nicht. Er sagte das, was die Opfer, ihre Verwandten und Nachfahren unbedingt hören müssen: dass Deutschland seine Verantwortung für die Vergangenheit unverbrüchlich annimmt. Das ist konventionell, aber es ist eben dieses Konventionelle, was Israel auf jeden Fall erwarten durfte. Nicht konventionell war der Habitus des Redners, sein Ausdruck. Er zeigte mehr, als Worte sagen können, was bei einem so heiklen Anlass nicht das Verkehrteste ist.

Mit dem Jahr 2005 wird auch die Konzentration der Erinnerung auf Brand, Untergang und Vertreibung vorübergehen. Die nüchterne historische Aufklärung geht weiter. Sie wird, so viel ist jetzt schon abzusehen, in den kommenden Jahren den Zusammenhang von Nationalsozialismus und Sozialstaat, von Verfolgung und Volksgemeinschaft, von Weltkrieg und massenhaftem Profiteurstum in den Vordergrund rücken, kurz, das Dritte Reich als Konsensstaat. Das wird die Gewichte zwischen Tragik, Schuld und Moral wieder zurechtrücken.

DEUTSCHE WELTEN

KEIN MUFF, NIRGENDS

26. 11. 2005

Die Verunsicherung dieser Jahre zeigt sich auch in dem verzagten und betulichen Tonfall, mit dem über «unser Land» geredet wird. Fahriges Patriotismusgesäusel schwebt im Raum. Da glaubt der gerade gewählte SPD-Vorsitzende als Erstes verlauten lassen zu müssen, Deutschland sei «ein wunderschönes Land». Mit inniger Kühnheit erklärte schon der Bundespräsident in seiner ersten großen Rede, er «liebe» Deutschland. «Du bist Deutschland», eine Kampagne, die viel von der Reklame für die Zigarettenmarke «West» in den neunziger Jahren gelernt hat, führt Außenseiter und Spitzenreiter der Nation vor: Erfolgssportler, Leistungsträger und Genies, aber auch Behinderte, Schwule und Schwarze. Wir mögen unser Land, sagt man uns, vor allem haben wir uns alle miteinander gegenseitig lieb. Ist solcher Zuspruch nun eher ein Symptom für Gesundheit oder für Krankheit?

Wenn man aber einen Schritt zurücktritt, die materiellen Sorgen für einen Moment beiseite setzt und das patriotische Gebarme bleiben lässt, darf man vielleicht in aller Ruhe etwas anderes feststellen: Deutschland ist ein bemerkenswert interessantes Land. Darauf kommen wir nicht, weil ein aus der späten Bundesrepublik ererbter Diskurs Deutschland immer noch für formlos, stillos und nivelliert erklärt, und weil wir Glück, Glanz, Glamour immer bei den anderen, vor allem in Westeuropa vermuten – das sind noch Nationen, die haben Kultur, Geschichte, Identität! Und Avantgarde gibt's eh nur in New York! Wieviel so etwas im Zweifelsfall wert ist, das sieht man derzeit bei der alten Machtnation Frankreich, deren ganze nationale Bravour das Ausbrechen beschämender sozialer Unruhen nicht verhindern konnte und deren hochfahrende intellektuelle Klasse dabei in auffälliger Unbrillanz verharrt.

165

Aber Deutschland, interessant? Unbedingt. Allerdings muss man, um das zu begreifen, die deutsche Gesellschaft nicht in ihrem Stil, sondern in ihren Individuen beschreiben – wie eigentlich immer in der deutschen Geschichte. Ein Beispiel: Wenn sich in Darmstadt die Deutsche Akademie zu ihrer Tagung trifft, dann sitzen unter vielen anderen folgende drei Herren am Tisch: der Historiker Reinhart Koselleck, der Dichter Volker Braun, der Romancier Martin Mosebach.

Der achtzigjährige Koselleck hat als Schüler von Karl Löwith und Carl Schmitt noch eine unmittelbare Verbindung zur großen deutschen Kultur- und Wissenschaftsblüte der zwanziger Jahre; als Überlebender von Stalingrad hat er den Zusammenbruch am eigenen Leib erfahren; nach dem Krieg wurde er zum profiliertesten Theoretiker historischer Zeitbegriffe, aber auch der Aporien aufklärerischer Öffentlichkeit.

In Volker Brauns Werk spiegelt sich das kommunistische Menschheitsexperiment der Nachkriegszeit auf deutschem Boden in allen seinen Phasen: Vom basisdemokratischen Beginn vor der Ankunft der Siegerarmeen 1945, über die gewaltsame Durchsetzung eines Regimes bis zu den seelischen Zerstörungen durch Parteiapparat und Spitzelsystem; und noch den Zusammenbruch hat dieser Autor denkend und trauernd begleitet. Intensiv und verzehrend ist diese Geschichtspoesie, weil sie sich so tief auf das utopische Versprechen des kommunistischen Staates eingelassen hat.

Martin Mosebach, der scharfsinnige Katholik, hat in seinen ersten Romanen eine Kulturgeschichte des westdeutschen Wiederaufbaus an einem der wichtigsten Punkte deutscher Vergangenheit, der Kaiserstadt Frankfurt, gezeichnet; seit einigen Jahren schreibt er Bücher, in denen die westliche Zivilisation durch überraschende Blickwechsel von außen betrachtet wird, von der Türkei aus oder von Indien. Alles erscheint hier zur Disposition gestellt, und keine kulturelle Selbstverständlichkeit hat Bestand.

Drei intellektuelle Welten, drei Geschichts- und Generationenerfahrungen von extremer Unterschiedlichkeit bestehen in einer solchen Darmstädter Sitzung nebeneinander – und es sind ja noch mehrere Dutzend weitere Damen und Herren im Raum mit oft nicht minder zugespitzten geistigen Lebensläufen. Und nun frage man sich: Welche unserer Nachbarnationen hat in ihrer gegenwärtigen Literatur vergleichbare Spannungen und Spannweiten aufzuweisen? Frankreich? Italien? Es mag sein, dass im britischen Oberhaus die Gesellschaft noch bunter und abwechslungsreicher ist – ein Vergleich, der uns alle Ehre macht.

Wenn man heute mit Kollegen aus dem In- und Ausland spricht und sie fragt, in welcher europäischen Stadt sie am liebsten arbeiten würden, dann kommt am weitaus häufigsten die Antwort: Berlin. Und dies gewiss nicht wegen der politischen Klasse, obwohl man zugeben muss, dass das, was sie uns im vergangenen halben Jahr geboten hat, italienisches Format hat. Aber reizvoll an Berlin ist vor allem seine unberechenbar gemischte und dabei durchlässige Gesellschaft, das Ineinander aus Alt und Neu, Ost und West, Politik und Kultur. Wie mumienhaft ist im Vergleich dazu die heutige Pariser Gesellschaft mit ihrer Etabliertheit, ihrem Konformismus, ihren Klassenschranken, Klüngeln, vor allem ihrem Desinteresse an Gästen und Fremden. Kaum vorstellbar, dass eine American Academy in Paris so ein Anziehungspunkt für die ganze Stadt werden könnte, wie sie es in Berlin ist.

Die ungewöhnliche Interessantheit Deutschlands und vor allem Berlins ist keine Folge von Glück und Verdienst, sondern immer noch das Resultat einer unglücklichen Geschichte, die erst in den vergangenen anderthalb Jahrzehnten zu einem guten Ende fand. Inzwischen gibt es wieder eine gesamtdeutsche Gesellschaft, so wie es eine deutsche Literatur und intellektuelle Szene gibt. Aber noch ist nichts abgeschliffen und nivelliert, abgeschlossen oder festgelegt.

Der deutsche Krater beginnt wieder zu blühen; der Staub der Katastrophe ist, um ein Bild Wolfgang Büschers zu verwenden, jetzt erst dabei, sich zu senken. Wir leben – allen Beunruhigungen über die Zukunft zum Trotz – in Frieden, Sicherheit und immer noch großem Wohlstand. Aber was liegt hinter uns! Weltkriege, Teilung und ein Kalter Krieg, dessen Eskalation uns als Erste getroffen hätte. Wenn man mit einem Fremden durch Berlin geht, kommt man aus dem Erklären und Erzählen nicht heraus. Man wird dabei zwangsläufig zum Cicerone des zwanzigsten Jahrhunderts – wo sonst könnte man es besser sein?

Wir verkennen uns, wenn uns zu Deutschland nichts anderes einfällt, als dass es wunderschön, liebenswert und weltoffen sei, wie die Politiker sagen; oder dass es sozial stillos und als Nation formlos sei, wie manche Intellektuelle behaupten. Der wahre Reichtum Deutschlands wird nur nicht repräsentiert. Die Darmstädter Tagungen finden an einem der unscheinbarsten Orte des Landes statt, in einem Hotel, dessen Hässlichkeit etwas Bulgarisches hat. Der Büchner-Preis wird in einem Theater verliehen, das stilistisch nahtlos in die Pariser Banlieue passen würde. Darmstadt, einst eine graziöse klassizistische Residenz, wurde furchtbar bombardiert; danach hatte es das Pech, Sitz einer ambitionierten Technischen Hochschule zu sein, so dass der Wiederaufbau mit jener autoaggressiven Lieblosigkeit vorging, zu der nur ästhetische Ideologien fähig sind.

Trotzdem darf man feststellen: Das bei Intellektuellen, die sich kosmopolitisch fühlen, verbreitete Selbstbild von Deutschland als einem muffigen, provinziellen und reizlosen Land ist überholter Unsinn. Berlin ist in diesem Jahr zum beliebtesten Reiseziel der Welt aufgestiegen, und das, obwohl es alles andere als eine schöne Stadt ist, die sich in dieser Hinsicht irgendwie mit Rom oder Paris messen dürfte. Es ist, zum Beispiel, die Freiheit, Offenheit, ja Wildheit des Berliner Nachtlebens, die Besucher anzieht.

Allerdings wird man den Reiz Deutschlands und seiner Gesellschaft nur begreifen, wenn man ein historisches Bewusstsein vom ganzen zwanzigsten Jahrhundert entwickelt hat und sich nicht auf die Generationendistanzen der faden popkulturellen Erinnerungskultur beschränkt oder gar auf die Horizonte des Politikbetriebs. Deutschland, das stets traditionslose Land, ist das geblieben, was es in den Augen intelligenter Beobachter mehr als jede andere Nation immer war: das Land der Geschichte. Das aber verstellen wir uns nicht nur durch die aktuelle Verzagtheit und die von ihr erzeugte Patriotismusduselei, sondern vor allem durch unseren Hang zum Moralisieren und Bewerten. Hier werden Urteile immer schon gefällt, bevor überhaupt Wahrnehmungen gemacht wurden. Ein enger Korridor von Meinungen nimmt uns die Sicht.

Der weltweit bekannteste Deutsche ist heute Papst Benedikt XVI. Als er gewählt wurde, gab es einen markanten Rülpser der Bild-Zeitung («Wir sind Papst») – und danach? Besorgte Fragen, ob dieser Papst auch «liberal» und «ökumenisch» sei. Dabei ist schon seine äußere Erscheinung – der huschende Gang, die elegant verschliffene, syntaktisch nie beirrte Rede, das süddeutsch eingefärbte Kirchenitalienisch, die eichhörnchenhafte Geschwindigkeit der Reaktionen – von größtem Reiz. Dazu ist er ein zeitgenössischer Intellektueller von umfassender Informiertheit, dessen Stellungnahmen zu Habermas oder Derrida gewiss nicht den Rückhalt des kirchlichen Lehramts brauchen. Und er verkörpert einen alten historischen Typus: den katholischen Weltmann mit den weichen Umfangsformen und der durch untrüglichen Scharfsinn gestählten geistigen Härte.

Was für ein Weg aus dem armen Dorf am Inn bis zu dieser Rolle!

In Deutschland aber scheint es schwierig, Personen in ihrer historischen Geprägtheit gelten zu lassen. So wie Ratzinger zum Feindbild eines aufgeklärten Kirchenmainstreams wurde, so durfte Lothar Bisky nicht ins Bundestagspräsidium. Zwar konnte gegen seine Person kein belastbarer konkreter Einwand vorgebracht werden, aber es gab genügend Abgeordnete, die ihn aus Prinzip nicht in einer repräsentativen Rolle sehen wollten. Dabei schaue man sich den Mann an: diese verwitterte, untersetzte, eigentlich vierschrötige, dabei von einem unübersehbaren melancholischen Zug gezeichnete Gestalt mit ihrer verhaltenen, leisen Sprechweise – Lothar Bisky verkörpert, mutmaßlich zum letzten Mal, einen Traum des zwanzigsten Jahrhunderts: den Arbeiter, der sich aus bedrückten Umständen in die Freiheit einer intellektuellen Existenz emporarbeitet.

Dass dieser Traum mit Schuld und Verbrechen erkauft wurde, leugnet Bisky selbst als Letzter. Aber er ist einen weiten Weg gegangen und durch fünfzehnjährige politische Arbeit als Repräsentant unserer Demokratie legitimiert. Nun kommen junge CSU-Abgeordnete, die außer ihrem Geburtsdatum gewiss nichts hinter sich haben, aus ihren gelb und rosa angemalten Kleinstädten und erklären mit Entrüstung, sie ertrügen Herrn Bisky als Vorsitzenden parlamentarischer Beratungen nicht.

Deutschland, ein wunderschönes Land? Ja, auch, vor allem in Bayern. Aber mehr als alles ist es immer noch ein narbiges, aufgewühltes – und eben ungeheuer interessantes Land, das gerade erst dabei ist, seine Form neu zu finden, ein Land in einem historischen Übergang. Das ewige gute Zureden, die gouvernantenhafte Forderung nach besserer Stimmung, der Du-bist-Deutschland-Schleim, all das ist einer Demokratie in solcher Situation unwürdig; ist es doch geradezu der Ruhm der demokratischen Staatsform, dass man in ihr ungestraft schlecht gelaunt sein darf, dass Schmerzen und Konflikte offen sichtbar bleiben, während jede andere Regierungsweise von ihren Untertanen zwangsweise Jubel und Zustimmung verlangt.

Das gegenwärtige patriotische Gerede samt seiner übellaunigen Gegenrede lässt uns dümmer und uninteressanter aussehen, als wir sind, so, als seien wir zu schwach für die Spannungen und den Reichtum, den wir wahrnehmen könnten, wenn wir Phantasie für unsere eigene Lage hätten. Was hat das mit Politik zu tun? Nicht sehr viel. Immerhin vielleicht dieses: Die Politik sollte ihre präzise beschreibbaren Aufgaben lösen, auch wenn das schwierig ist. Und Deutschland, dieses interessante Land, das so viel erlebt hat, sollte sich davon nicht allzu sehr beirren lassen.

Es sollte, auf der Höhe seiner Interessantheit, eigentlich das geistig freieste Land der Welt sein.

JENE MENSCHEN

DAS JAHRHUNDERT DER HOMOSEXUELLEN

11. 01. 2014

Die sympathische, ruhige und selbstbewusste Art, mit der Thomas Hitzlsperger seine Homosexualität öffentlich machte, hat ihm überwiegend Respekt eingetragen. Aber es gab, vor allem in den Leserkommentaren im Netz, auch viele Nachfragen: Warum das überhaupt so ein großes Thema sei, ob das nicht Privatsache bleiben sollte. Ein Kommentator schrieb sogar: Es sei ein Schlag ins Gesicht der heterosexuellen Mehrheit in diesem Land, ihr grundsätzlich Homophobie zu unterstellen. Solche Nachfragen sind berechtigt, aber sie lassen sich auch beantworten.

Die erste Antwort muss darauf hinweisen, wie kurz der Zeitraum ist, seitdem Homosexuelle in Deutschland legal und damit halbwegs angstfrei leben können. Wer 2014 sechzig Jahre alt wird, war schon fünfzehn, als 1969 von Justizminister Gustav Heinemann der berüchtigte § 175 des Strafgesetzbuches revidiert wurde, der gleichgeschlechtliche Handlungen zwischen Personen männlichen Geschlechts mit bis zu sechs Jahren Gefängnis bestrafte: Ab 18 wurde das straffrei. Erst 1994 ist der aufs Kaiserreich zurückgehende Paragraf ersatzlos gestrichen worden, im Zug einer Harmonisierung des EU-Rechts, aber auch als Tribut an eine in der letzten Phase etwas liberalere Gesetzgebung der DDR. Im ursprünglichen Gesetz von 1872 hatte die Höchststrafe sechs Monate betragen, die Verschärfungen, die bis 1969 galten, waren eine Erbschaft der Nazizeit seit 1935.

Insgesamt sollen in Deutschland 140 000 Männer nach § 175 verurteilt worden sein; dazu kommen etwa 30 000 in den Konzentrationslagern teilweise barbarisch zu Tode gequälte Männer. Doch hinter diesen Zahlen – die im Vergleich zur vermutbaren Zahl Homosexueller in Deutschland seit 140 Jahren nicht hoch sind – steckt ein viel größeres Problem: Der Paragraf begründete jenen Zwang zur Heimlichtuerei, auf den die Schwulenbewegung von Anfang an nur mit offensiver Offenheit reagieren konnte. Schon nach einem Vierteljahrhundert nämlich war klar, dass die strafrechtliche Sanktionierung der Homosexualität weder durchführbar noch wünschenswert war, und zwar ganz unabhängig von der Frage, wie man zu dieser sexuellen Orientierung moralisch oder menschlich sonst stand.

Der § 175 verbreitete unverzüglich eine Epidemie von Nachstellung und Erpressung, die die ganze Gesellschaft schädigte. Ein berüchtigter Höhepunkt waren die Eulenburg-Prozesse von 1906, bei denen es eigentlich darum ging, Kaiser Wilhelm II. zu diskreditieren. Der Fall des genialen englischen Dichters Oscar Wilde, der wegen einer Affäre mit einem Adelssprössling zu brutaler Zwangsarbeit verurteilt wurde, war wenige Jahre davor eine Sensation. So begannen schon vor 1900 Initiativen gegen den Paragrafen, damals übrigens fachmännisch unterstützt von Berliner Polizeistellen, denen beim Blick in ihre Homosexuellen-Karteien schwarz vor Augen wurde: lauter Spitzen der Gesellschaft. Die erste Petition zur Abschaffung des § 175 im Jahr 1898 wurde von so unterschiedlichen Unterstützern wie dem Sozialdemokraten August Bebel und dem nationalkonservativen Schriftsteller Ernst von Wildenbruch unterzeichnet – beide nicht im Verdacht der Homophilie.

Die Gesellschaft wurde bald in manchen Teilen ohnehin liberaler als die Gesetzeslage, und hätte der Erste Weltkrieg nicht zu einer Verhärtung auch des Männerbildes geführt, dann wäre der vielfach angefochtene Strafrechtsparagraf möglicherweise schon im ersten Jahrhundertdrittel gefallen. In der Weimarer Zeit galt Berlin dann als Eldorado der Homosexualität, vor allem für Briten und Amerikaner; Wolfgang Kemp berichtete darüber in seinem schönen Buch «Foreign Affairs». Dass die Bundesrepublik es zwanzig Jahre lang nicht schaffte, den Rückschlag der NS-Zeit wiedergutzumachen, bleibt eine Schande. Eine der vielen Petitionen dazu, die fast alle berühmten Intellektuellen des Landes, von Adorno bis Walser, unterzeichnet hatten, lehnte Justizminister Fritz Schäffer noch 1962 brüsk ab. Kein homosexuelles KZ-Opfer wurde entschädigt, der erste Bundespräsident, der bei einer Rede zum 8. Mai diese Opfergruppe überhaupt erwähnte, war 1985 Richard von Weizsäcker.

In den frühen Fünfzigerjahren hatten besessene Staatsanwälte noch regelrechte Verfolgungswellen in Gang gesetzt, und dabei waren die Gefängnisstrafen oft nicht einmal das Schlimmste: Zerstörte Berufskarrieren, persönliche Ächtung und Schmähung sind Erfahrungen, von denen ältere

Mitbürger bis heute berichten können. Heute harmlos wirkende Filme wie Rosa von Praunheims «Nicht der Homosexuelle ist pervers, sondern die Situation, in der er lebt» waren Skandale. Bei Fernsehausstrahlungen mit homosexueller Thematik wie Wolfgang Petersens «Die Konsequenz» (1977) pflegte sich der Bayerische Rundfunk noch in den Achtzigerjahren auszuklinken, und als der General Kießling 1983/84 wegen angeblicher homosexueller Erpressbarkeit zum Abschied gedrängt wurde, bezeichnete sogar der SPD-Vorsitzende Hans-Jochen Vogel in einer Bundestagsrede die Schwulen als «jene Menschen», worüber dann allerdings auch viel gelacht wurde.

Noch wer in den Siebziger- und Achtzigerjahren zur Schule ging und sein Schwulsein entdeckte, hatte kaum handhabbare Vorbilder: Es war ja für einen normalen jungen Menschen kaum hilfreich, den «Tod in Venedig» zu lesen oder sich von Fassbinders Genet-Verfilmung «Querelle», die nur gekürzt in die Kinos kam, anregen zu lassen. Nach der Teillegalisierung von 1969, die 1974 etwas erweitert wurde, entwickelte sich das, was bald als schwule «Subkultur» sogar bewundert wurde, weil es dort angeblich wild und aufregend zuging, und einmal im Jahr, zum Christopher-Street-Day, konnte das mit etwas gemischter Zustimmung des Publikums am Wegrand größerer Städte auch ausgestellt werden; aber ein Berufsalltag und auch eine gleichgeschlechtliche Beziehung sind kein immerwährender CSD.

Auch die Einführung der gleichgeschlechtlichen Lebenspartnerschaft vor erst dreizehn Jahren am 16. Februar 2001 war in heute kaum noch vorstellbarer Weise umkämpft; die damaligen Bundestagsredner vor allem der CSU sollten ihre Beiträge nachlesen, um sich recht aus dem Herzensgrund dafür zu schämen. Denn worum ging es? Um die ganz bürgerlichen Möglichkeiten von Verantwortung, Fürsorge, Erbrecht, und auch um Anerkennung und Selbstverständlichkeit für eine Lebensform, die tatsächlich irgendwann einmal kein großes Thema mehr sein sollte.

Ein wichtiger Vorlauf zu dieser gesetzlichen Entwicklung war die Aids-Krise der Achtzigerjahre. Nach ersten Vorschlägen, sie im Kampf gegen die schwule Community einzudämmen – die bizarren Vorschläge von Peter Gauweiler sind unvergessen –, setzte sich die Einsicht durch, dass nur Offenheit und selbstverantwortliche Prävention zum Ziel führen. Das alte Erpressungsproblem des § 175 der Kaiserzeit kehrte zurück: Repression, Verstecken machen aus einer überschaubaren und lösbaren Frage einen gesamtgesellschaftlichen Schaden. Die Homosexuellen sahen sich aufgefordert, für sich selbst zu sorgen, oft genug auch für ihre zum Tode erkrankten, von den Familien verlassenen Freunde.

Nun gibt es also die «Homo-Ehe», wie sie bald genannt wurde, und gleichgeschlechtliches Leben steht in vielen Ländern der Erde zum ersten Mal in der Geschichte der Menschheit positiv im geschriebenen Gesetz. Oberschlaue Zeitgenossen wie Thilo Sarrazin wehren sich gegen diesen Begriff: Klar könne man schwule Partnerschaften «Ehe» nennen, aber wer ein Faultier «Löwe» nenne, ändere an der Realität trotzdem nichts. Das ist ungefähr so logisch, als hätte es am Eigentums-Begriff etwas verändert, nachdem die Möglichkeit, Eigentum zu haben, von Männern auf Frauen ausgedehnt wurde. Die bürgerliche Ehe ist ein Rechtsinstitut, das schon lange von der Fortpflanzung entkoppelt wurde, und dass es nun auch für homosexuelle Männer und Frauen geöffnet wurde, trägt zur Stabilisierung der Gesellschaft insgesamt bei.

Denn, das zeigt eine Geschichte, die man bis in die frühen Kulturen zurückverfolgen könnte: Die Art, wie mit der ewig menschlichen Möglichkeit gleichgeschlechtlicher Liebe umgegangen wird, prägt eine ganze Gesellschaft, sogar über den Bereich der Sexualmoral hinaus. Zahlt nicht auch die katholische Kirche derzeit einen hohen Preis für ihre dogmatische Homophobie, nicht nur durch Marginalisierung in liberalen modernen Gesellschaften, sondern vor allem durch ein immer unbeherrschbareres Problem in ihrem Inneren? Ja, die Liebe der Einzelnen ist privat, aber wenn über die verschiedenen Möglichkeiten der Liebe geschwiegen werden muss, dann leidet die Gesellschaft insgesamt. Darum ist der Schritt von Thomas Hitzlsperger immer noch so wichtig, denn historisch gesehen wäre er noch vor einer halben Minute unvorstellbar gewesen.

GUTES GEFÜHL

HEIMAT IST NIE SELBSTVERSTÄNDLICH

23. 12. 2017

Heimat: Das sind die ersten Erfahrungen, der vertraute Raum, in dem man laufen und sprechen lernte; das sind die Nachbarn und Freunde, das leckere Essen, die gewohnten Feste, die Sicherheit des Daseins in der Elternwelt, das Paradies der Erinnerung, aus dem man angeblich nicht vertrieben werden kann. Heimat ist eine Landschaft. Dann aber ist Heimat der Ort, den man verlassen muss, um in der Welt etwas zu werden, der Ort von Abschied und vielleicht Heimkehr.

Was Heimat bedeutet, erfährt man, wenn man sie verlässt oder verliert, wenn sie in Frage gestellt ist. «Heimat», dieses urdeutsche, in andere Sprachen schwer übersetzbare, politisch oft missbrauchte Wort, wurde in früheren Zeiten, vor dem 19. Jahrhundert, nur sehr selten gebraucht. Sein Aufstieg im deutschsprachigen Wortschatz begleitet die Moderne seit der Sattelzeit um 1800. Vorher war es kaum vorhanden. Das zeigen die Befunde von Sprach- und Literaturgeschichte.

Die Worthäufigkeitszählungen des Digitalen Wörterbuchs der deutschen Sprache vermerken pro einer Million Wörter in repräsentativ zusammengestellten Textkorpora bis zur Mitte des 18. Jahrhunderts Frequenzen im niedrigen einstelligen Bereich. Um 1600 liegt der Wert bei knapp unter dreimal, um 1640 bei über viermal, 1740 immer noch auf dem gleichen Niveau. Erst unmittelbar nach 1800 springt die Frequenz auf über 26-mal pro einer Million Wörter. Es ist die Zeit der napoleonischen Kriege und der aufblühenden Romantik.

Steil nach oben gehen die Ziffern aber erst im zweiten Drittel des 19. Jahrhunderts, um kurz vor 1900 ihr bisheriges Allzeithoch zu erreichen. 1840 zeigt eine Frequenz von etwa 53 pro einer Million, um 1890 von fast 70. Dieses hohe Niveau wird in der ersten Hälfte des 20. Jahrhunderts nicht mehr ganz gehalten (1940: 66), bleibt aber hoch, um bis 1990 spürbar abzusinken (58). Seit 2010 ist wieder ein Anstieg zu beobachten, auf eine Frequenz von fast 64 Verwendungen pro einer Million Wörter. Diese Fieberkurve des Heimat-Begriffs kann sich jeder auf der Seite des Digitalen Wörterbuchs vor Augen führen (www.dwds.de). Denn eine Fieberkurve ist es. Sie folgt unübersehbar den Rhythmen der neuzeitlichen deutschen Sozialgeschichte mit der beginnenden Industrialisierung und den Auswanderungswellen im frühen 19. Jahrhundert, sie erreicht daher ihren Gipfel kaum zufällig während des Verstädterungs- und Industrialisierungsschubs vor 1900, um in der voll entfalteten Industriegesellschaft des 20. Jahrhunderts konstant hoch zu bleiben.

Auffällig ist, dass die beiden Weltkriege diese Konjunkturen wenig beeinflussten, während die Konsumgesellschaft der Nachkriegszeit die Kurve absinken ließ. Der jüngste Anstieg verrät etwas von Globalisierungserfahrungen und Migrationsschüben. Sie haben Heimat aus einem kulturellen wieder zu einem politischen Thema werden lassen.

Dem Befund der Wortstatistik entspricht der Blick in die Literaturgeschichte. Mit der modernen Heimatliteratur und ihren Dorfgeschichten geht es in deutscher Sprache erst nach 1830 los. Sie lösen die vormoderne Bukolik ab, jene aus der Antike stammende idyllische Hirtendichtung, die schon immer gegen Stadt und höfische Welt in Stellung gebracht wurde, aber ohne die Geschichts-, Beschleunigungs- und Verlusterfahrungen der modernen Heimatliteratur. Diese zeigt etwas Neues, nicht nur bei Klassikern wie Jeremias Gotthelf, Adalbert Stifter, Gottfried Keller oder Wilhelm Raabe, sondern auch in der populären Massenliteratur wie beispielsweise den Romanen Ludwig Ganghofers: eine historisch bedrohte Lebenswelt. «Heimatromane» sind seit dem Ende des 19. Jahrhunderts ein gängiges Genre der populären Massenliteratur, heute gern in der Abzweigungsform des Regionalkrimis.

Die deutschsprachige Literatur hat im 19. Jahrhundert kaum Großstadtromane wie die der Franzosen und Engländer hervorgebracht, dafür aber zahlreiche Novellen und Bildungsromane, die von altständischen Verhältnissen, schwindender Natur, aufbrechender Jugend handeln, während die Welt der Städte und das Maschinenzeitalter erst am Horizont erscheinen. Heimat ist hier traulich und bedroht zugleich, während die Welt der Städte nicht nur Dreck und Fabriken zeigt, sondern auch Anonymität, Dekadenz und Nervosität, die moderne Entwurzelung. Wer Literatur-

und Sozialgeschichte des deutschen 19. Jahrhunderts nebeneinanderlegt, erkennt eine erstaunliche Disparität: bei der Literatur ein wehmütiges Adagio, in der Gesellschaft ein Agitato accelerando.

Hat das mit dem Wort «Heimat» selbst zu tun, das es in diesem Zuschnitt in den Nachbarsprachen nicht gibt? Wörter und Begriffe können Denkformen stabilisieren, sie ordnen die Wahrnehmung. «Heimat» taucht in den Begriffsgeschichten und Wörterbüchern der politisch-sozialen Sprache nicht auf, aber das bedeutet nicht, dass der Begriff keine politischen und gesellschaftlichen Implikationen hat. Das kann der Vergleich mit den romanischen Sprachen erläutern. Die französischen, italienischen und spanischen Wörterbücher übersetzen «Heimat» mit «patrie» oder «patria». Das aber ist das «Vaterland», das auch in der älteren deutschen Sprache durchaus den Nahbereich des Herkommens bezeichnen konnte. «Vaterland», das war noch um 1800, etwa bei Goethe, der von einem patriarchalischen Fürsten regierte Kleinstaat oder die heimische Reichsstadt. «Patrie» und «patria» aber wurden in derselben Zeit pathetische Wörter für das große, moderne Gebilde der Nation, für Gemeinschaften von vielen Millionen. Für eine solche Nation wäre die deutsche «Heimat» ein viel zu kleiner, zu heimeliger Begriff. Man kann zwar auch Deutschland als seine «Heimat» bezeichnen, aber dann fast immer gegenüber Fremden.

Der oft geäußerte Verdacht, Heimat und Nationalismus gehörten zusammen, ist historisch ohnehin unzutreffend. Im Gegenteil hat wenig so sehr zur Schwächung der vertrauten Heimatumgebungen beigetragen wie der moderne Nationalstaat. Der Nationalstaat ersetzte Herrschafts- und Gesellschaftsformen auf Sichtweite durch rationale Verwaltungen. Er brach in die Lebenswelten ein als Steuer- und Militärstaat, mit Bürokratie und Wehrpflicht.

Die persönlichen Loyalitäten gegenüber einem Monarchen und seiner Dynastie oder den Feudalherren ersetzte die Nation durch Staatsbürgerschaft, durch eine abstrakte Staatssymbolik mit Fahnen und Hymnen, durch Geschichtsmythen und Ideologien, die mithilfe der allgemeinen Schulpflicht, eines zentral gesteuerten Ausbildungswesens und nicht zuletzt durch die Presse vermittelt wurden. Aus Dorfgenossen wurden Mitbürger. Die einst regional und ständisch verfasste Gesellschaft spaltete sich in überregionale Klassen und Parteien. Mit urtümlichen lokalen Gemeinschaftsgefühlen war es vorbei. Die moderne Nation ist mit den Worten des amerikanischen Politologen Benedict Anderson nur noch eine «vorgestellte Gemeinschaft». Das gilt für alle europäischen Länder – man lese nur nach, wie in Tomasi di Lampedusas Roman «Der Leopard» die italienische Nation ins alte Sizilien einbricht.

In vielen Einzelfällen aber wird das Wort «Heimat» in andere Sprachen auch mit «casa», «maison» oder «home» übersetzt, was einer älteren deutschen Bedeutung entspricht, die «Heimat» als «Heim», als «Zuhause» verstand. Wer die Besonderheit des Heimatbegriffs jenseits gefühliger Stellungnahmen erfassen will, kann kühl feststellen: Er liegt in der Mitte zwischen der «casa» und der «patria» der romanischen Sprachen, also zwischen dem Heim und der Nation. Nur das Englische hat mit dem emotional viel weniger aufgeladenen «homeland» eine ähnliche Skalierung.

Die Heimat ist also größer als die Familie und kleiner als das Vaterland. Damit beschreibt sie eine Sphäre von «Gemeinschaft» vor dem Abstraktum der modernen «Gesellschaft», eine weitere spezifisch deutsche Unterscheidung. «Heimat» wird so zu einer eigentümlich vorpolitischen Sphäre, die mit allerlei Gefühls- und Erinnerungswerten aufgeladen wird.

Dieser zunächst so unpolitisch wirkende Raum aber ist eben doch politisierbar, und dann können gute Gefühle giftig werden. Wer die Nation der Staatsbürger organisch aus Heimat und Gemeinschaft erwachsen lässt, überträgt die Forderung nach Vertrautheit und Homogenität auf ein politisches Großgebilde. Völkisches Denken orientiert sich an den kleinen Gemeinschaften auf dem Land, nicht an Städten. Das Vaterland, «la patrie», wird dann zum familiären «Land der Väter», das sich nicht verändern soll. Wer die Gesellschaft gern als Dorfgemeinschaft hätte, wird Fremde als Bedrohung verstehen.

Wer Heimat aber bedroht sieht, ruft leicht den Notstand aus, und so verführen Begriffe wie «Heimatschutz» oder «Heimwehr» zur Selbsthilfe im Windschatten einer nationalen Politik, der man nicht mehr vertraut. Gerüchte machen die Runde: Angeblich werden «Weihnachtsmärkte» zu «Wintermärkten» umbenannt, lautet ein besonders hartnäckiges, das oft widerlegt wurde. Man werde «fremd im eigenen Land», soll mit solchen Gerüchten bewiesen werden.

Verantwortungsvolle Politik ist gut beraten, solche Emotionen nicht auf die leichte Schulter zu nehmen. Den Drang zu kleinen Gemeinschaften gibt es überall in Europa: Regionen begehren auf gegen Nationalstaaten mit ihren verhassten Hauptstädten und ihren abgehobenen politischen

Eliten. Man würde gern unter sich bleiben, ohne dabei allerdings auf die Vorteile eines großen gemeinsamen Markts für die eigenen Regionalprodukte zu verzichten.

Dabei sind die Dörfer heute schon längst nicht mehr so. Alle modernen Gesellschaften sind umfassend verstädtert. Stadt und Land bezeichnen heute eher wechselnde Aggregatzustände von Individuen als prinzipielle Gegensätze. Längst ist, wer auf dem Land lebt, kein bisschen weniger urban als der Großstädter, der sich immer wieder nach der Ruhe im Umland sehnt.

Diese umfassende Urbanisierung der Gesellschaft spiegelt sich dialektisch in edler Landlust, in ökologischem Bewusstsein, in der Thematisierung von Heimat auf Stadttheaterbühnen oder kirchlichen Akademien, in Parteistiftungen und in Feuilletons. Nicht zuletzt zeigt sie sich in einer erzählenden Literatur, die das Ganze der Gesellschaft im Modell eines Dorfes wiederfindet, wie es Juli Zehs Erfolgsroman «Unterleuten» vorgemacht hat.

Die massenhafte Ankunft von Heimatlosen vor zwei Jahren gehört zu den vielen modernen Erfahrungen, die die Kurve des Heimat-Begriffs wieder nach oben treiben. Er ist wie der Mond, der die Wanderer in der Nacht begleitet.

DAS ERB-ÜBEL

DIE VIELEN ANTISEMITISMEN

12. 10. 2019

Das knapp vermiedene Massaker bei der Synagoge in Halle führt nun zu den erwartbaren Bekenntnissen gegen den Antisemitismus. Doch diese Bekenntnisse fielen schon am ersten Tag nach dem Schrecken erstaunlich widersprüchlich und vielstimmig aus. Die vergiftete Atmosphäre in Deutschland zeigt sich auch im Deuten auf den Antisemitismus der jeweils anderen Seite: Die einen verweisen auf den ansteigenden gewalttätigen Rechtsradikalismus im Windschatten der AfD, andere können es nicht lassen, auch nach dem Attentatsversuch eines Deutschen auf die verbreitete migrantische Juden- und Israelfeindschaft hinzuweisen. Dass sie sich damit ein ausdrückliches Motiv des Attentäters, das sich gegen Migration richtete, zu eigen machen, fällt ihnen offenbar nicht auf.

Nun hat es den einen Antisemitismus noch nie gegeben. Der Hass gegen die Juden hat über die Jahrhunderte so zäh überlebt, weil er die unterschiedlichsten Gestalten annehmen und immer neue Bündnisse eingehen konnte. Ablehnung der Juden gehört zum Kern der christlichen Heilsgeschichte, was die heute beliebte Formel von den «jüdisch-christlichen Grundlagen» unserer Kultur entweder beschönigt oder unfreiwillig offenbart. Judenfeindschaft kannte sogar die Aufklärung, weil sie dem Volk Gottes Unduldsamkeit und Beharren auf überholten Religionsgebräuchen vorhielt. Judenhass verband sich seither mit Nationalismus, Antikapitalismus, Rassismus.

Längst ist der europäische Antisemitismus in alle Welt exportiert worden; als verschwörungstheoretisches Denken erlebt er vor allem in der islamischen Welt eine neue Blüte. Und keine seiner älteren Gestalten ist vollständig verschwunden; sie alle leben im Untergrund der Überlieferungen weiter, wo sie mit neuen Affekten verbunden und zu neuem Leben erweckt werden können.

Heute in Deutschland lebende Jüdinnen und Juden sehen sich vor allem mit dreien solcher Varianten des Antisemitismus konfrontiert. Erstens floriert weiter der deutsche Nach-Holocaust-Antisemitismus, der auch dann, wenn er die Judenvernichtung nicht direkt leugnet, mit «Schuldkult» und Erinnerungskultur Schluss machen und die deutsche Geschichte wieder in ihre alte Glorie einsetzen möchte. Das ist der Antisemitismus aus nationaler Kränkung, den derzeit der «Flügel» der AfD am ungeniertesten vertritt. Sein Fußvolk sind Hooligans und Neonazis, die Gräber beschmieren oder jüdische Lokale überfallen.

Zweitens zeigt sich eine «Israel-Kritik», die alle Juden dieser Welt für die Politik des Staates Israel in Mithaftung nehmen will und dabei ganz ungeniert ältere Motive einer jüdischen Weltverschwörung aufgreift, in der Kritik an «jüdischen Lobbys» und einer angeblich jüdisch dominierten öffentlichen Meinung. Diese «Israel-Kritik» reicht vom islamischen Fundamentalismus bis zu Teilen der europäischen Linken. In Deutschland äußert sie sich zurückhaltender als in anderen Ländern, aber auch hier hat man schon israelfeindliche Demonstrationen mit inakzeptablen Parolen erlebt.

Drittens zeigt sich, besonders verstörend, seit mehr als einem Jahrzehnt ein popkultureller Antisemitismus, vor allem in der Rapperszene, der Motive aus allen Phasen der Geschichte des Antisemitismus aufgreift und mit erstaunlicher Ungeniertheit rekombiniert. Das aufwendige Video «Apokalypse» des Rappers Kollegah von 2016 findet sich im Netz nicht zufällig auf Seiten, auf denen auch das «Horst-Wessel-Lied» oder Tonspuren von Hitlers Stimme angeboten werden. Hier werden uralte Klischees von einer jüdischen Weltverschwörung in einer reißerischen, gruftigen Ästhetik dargeboten, die an die ominösen «Protokolle der Weisen von Zion» erinnert, ein antisemitisches Machwerk, das aus der Welt des Schauerromans im späten 19. Jahrhundert stammt.

Solche Fantasiewelten sind deshalb so beunruhigend, weil sie stimulierend wirken für alle möglichen Formen des gewalttätigen Judenhasses im Alltag, die vom Mobbing auf dem Schulhof – der Jude als «Opfer» – bis zum Verprügeln von Kippa-Trägern auf der Straße reichen. Die Popkultur ist zudem offen für Querfronten zwischen Migranten und deutschen Neonazis. Der popkulturell unterfütterte machistische Straßen-Antisemitismus findet seine Fortsetzung im Netz, wo er frustrierten jungen Männern hilft, zugleich Frauenhass, Schwulenhass und Antisemitismus auszuleben.

Dieser neue Netz-Antisemitismus weist über Deutschland hinaus. Der Versuch des Täters von Halle knüpft an Vorbilder an, die Namen wie Pittsburgh und Christchurch tragen. Das Massaker als Großtat eines Ego-Shooters, live im Netz übertragen, mit einem vorangehenden «Manifest» gerechtfertigt, dem so maximale Aufmerksamkeit verschafft werden soll, das ist die neueste Variante der langen antisemitischen Gewaltgeschichte. Dass diese Form der Gewalt sich auch gegen andere Ziele wie islamische Gemeinden oder schwul-lesbische Lokale richten kann, zeigt ein weiteres Mal die Anschlussfähigkeit des Antisemitismus.

Das jüngste antisemitische Ideengebräu verbindet Antifeminismus und Genderhass mit der Verschwörungstheorie vom «großen Austausch» der angestammten Bevölkerungen durch Masseneinwanderung: Diesem solle durch eine Absenkung der Geburtenraten Vorschub geleistet werden. In diesem Gebräu sind Judenhass, Islamhass, Frauen- und Schwulenhass im Zeichen einer kruden Globalisierungsangst verschmolzen. Der Hintergrund ist geradezu klassisch faschistisch, weil er ethnische Kollektive gegen die Möglichkeiten des Individuums ausspielt.

Die Szenerie ist erschreckend. Sie zeigt, dass es den Antisemitismus der jeweils anderen Seite nicht gibt. Alle seine Formen bleiben untereinander koalitionsfähig. Die Antwort auf den Wahn kann nicht nur polizeilich sein, sie muss alltäglich-zivilgesellschaftlich werden: endlich.

RIESENMOBILIAR

VOM ALTERN DER DENKMÄLER

29. 06. 2020

Die Statuen, die jetzt unter antirassistischem Vorzeichen in Amerika und in Westeuropa abgebrochen oder beschmiert werden, sind meist mehrere Generationen alt. Abbruch und Neuerrichtung von Bildwerken und Monumenten begleiten die neuere Geschichte, in Frankreich zum Beispiel fanden sie seit 1793 bei jedem Regimewechsel statt. Das gilt sogar für Deutschland, das Land der Geschichte, nicht der Tradition, wie Helmuth Plessner es einmal charakterisierte.

In Ostdeutschland wurden nach 1990 nicht nur Tausende Straßennamen geändert, sondern auch die Lenin-Statuen abgebrochen, ein Vorgang, der in dem Film «Good Bye, Lenin!» ikonisch wurde. 1945 waren selbstverständlich Adler und Hakenkreuze der Nazis von den Fassaden entfernt worden, Hitler-Büsten und -Bilder verschwanden aus den Ämtern und Ministerien. Freistehende Hitler-Statuen gab es allerdings (noch) nicht. In Berlin fiel ein Großteil des Hohenzollern-Gedenkens dem Krieg zum Opfer. Viele Bismarck-Türme stehen allerdings immer noch weithin im Land herum. Nationalistische Großdenkmäler wie das auf dem Kyffhäuser blieben traditionelle Ausflugsziele.

Es gibt zwischen dem Deutschen Eck in Koblenz, dem Niederwalddenkmal am Rhein, der Porta Westfalica bei Minden, dem Hermannsdenkmal im Teutoburger Wald und dem Leipziger Völkerschlachtdenkmal mehr davon, als man oft denkt. Vor allem das Kaiserreich vor 1914 war monumentalisch gesinnt und skulpturenfreundlich. Zuvor hatte Ludwig I. in Bayern mit der Kelheimer Befreiungshalle und der Walhalla nationale Akzente gesetzt. Die Fortdauer des steinernen und bronzenen Riesenmobiliars hat viel mit seiner Lage auf dem Land zu tun. Das Provokationspotenzial solcher anachronistischen Aussichtspunkte ist begrenzt, denn erkennbar fehlt ihnen längst die identitätsstiftende Kraft. Immerhin, der Kyffhäuser dient der AfD als Kulisse. Ärgern kann man sich über zahllose Hindenburg-Straßen, die im Westen Deutschlands immer noch an den Erfinder der Dolchstoßlegende und Totengräber der Weimarer Republik erinnern.

Aber wie sieht es mit uns heutigen aus, welche Monumente hinterlassen wir künftigen Generationen zu Umwertung, Abbruch oder Gleichgültigkeit? Der figürlichen Plastik in Stein und Bronze geht es ein wenig wie abgelebten literarischen Formen, der Ode oder dem Versepos. Es gibt sie noch, aber sie steht nicht im Zentrum der ästhetischen Interessen. Meist ist sie lokale Auftragskunst in gemäßigt modernistischen Formen. In Bonn und Köln gibt es Adenauer-Denkmäler, einen monumentalen Kopf vor dem alten Kanzleramt und eine freistehende Statue an der Kölner Apostelnstraße, die kürzlich durch einen Verkehrsunfall beschädigt wurde. Ein Denkmal für Ludwig Erhard in Witzenhausen an der Werra musste soeben von Schmierereien (rote Lippen!) befreit werden. Bekannter ist der «Willy Brandt» von Rainer Fetting in der Parteizentrale der SPD, durch den Ort vor Vandalismus geschützt und zu Fernsehprominenz geadelt. Brandt-Denkmäler gibt es auch in Nürnberg und Warschau. Beim Blick auf Polen fallen die vielen großen und kleinen Bildwerke für Papst Johannes Paul II. auf, in der jüngsten Geschichte wohl die monumental präsenteste Person überhaupt.

Der englische Historiker Richard Evans hat die Bilderstürmer von Bristol und London soeben gegen den Vorwurf in Schutz genommen, hier solle Geschichte ausgelöscht werden. Es handle sich, so Evans, nicht um Geschichte, sondern um Erinnerung. Im Gegenteil rücke die Arbeit an der Erinnerung die Geschichte neu in den Blick. Mit einer Unterscheidung Nietzsches könnte man sagen: Der monumentalische Gebrauch der Historie wird immer wieder vom kritischen berichtigt.

Die moderne Geschichtswissenschaft ist der ästhetischen Form des Denkmals ohnehin nicht günstig. Erschaffen wurde es in der Antike für Götter und Imperatoren, seine Quellen waren Religion, Ruhm, Totenkult. Als die Renaissance die Kirchen verließ und diese Formen wiederbelebte, vor allem das Reiterstandbild, dienten sie der Repräsentation des absolutistischen Staates. Ihr Charakter war monarchisch und kriegerisch. Daneben ehrte man die Sänger des Ruhms, die großen Poeten, wenn auch zunächst in kleineren Formaten wie Porträtbüsten. Erst im 19. Jahrhundert entstanden überlebensgroße Dichterstatuen wie die für Goethe und Schiller in Weimar und Frankfurt. Nation und Kulturnation teilten sich das Erbe von Cäsaren und Poeten.

Doch schon in dieser Zeit nagte der Historismus am Pathos: Uniformen und Gehröcke mussten wirklichkeitsgetreu erscheinen, die Genien und Engel wurden oft in den Sockel verbannt, ein Überwurf zum Staatsgewand sorgte fürs Faltenpathos, der Lorbeerkranz in der Hand blieb unpraktisch. Die Hybridformen von antikisierendem Pathos und bürgerlichem Realismus wiederholen eine Verlegenheit damaliger Historie zwischen Quellenkritik und epischem Erzählen. Daran ist heute kaum noch anzuknüpfen. Das Kölner Adenauer-Denkmal von 1995 (von Karl Wimmer und Gerd Weiland) zeigt einen stehenden Regenmantel mit mumienhaft erstarrtem Kopf; man sieht den Endpunkt einer Form.

Seit 1990 hat sich in Deutschland eine neue Mischform von Geschichte und Gedenken durchgesetzt, das Mahnmal mit Lernort. Das spektakulärste Beispiel dafür ist das Holocaust-Mahnmal in Berlin, dessen gewellter Stelenhain von einem erklärenden Museum flankiert ist. In der Verbindung von Pathos und einer Aufklärung, die ihrerseits erschütternd ist, zeigt es einen Kompromiss. Dass das Mahnmal selbst die Folge einer problematischen Entscheidung war, nämlich der Aufstellung einer christlich getönten Pietà von Käthe Kollwitz in der Neuen Wache, gerät in Vergessenheit. Eine Kaskade von Mahnmalen für andere Opfergruppen wie Sinti und Roma und die Homosexuellen folgte dem Holocaust-Mahnmal.

Die heutige deutsche Gedenkkultur geriet also von Anfang an in den Strudel historischer Debatten, die auch nach ihrer Errichtung nicht aufhörten. Alles blieb kommentarbedürftig, und das gilt bis heute auch für die Erinnerungsorte der friedlichen Revolution von 1989/90. Sie finden sich meist an den Originalschauplätzen, beispielsweise vor den Kirchen, die den Bürgerrechtlern eine Heimstatt boten. Diese Authentizität verbindet sie mit einem Mahnmal ganz anderer Art, den «Stolpersteinen», auf denen an die ermordeten Bewohner deutscher Häuser erinnert wird. Ein typischer Berliner Gedenkort kann eine Straße sein, in der unweit von solchen Metalltäfelchen eine Bilderstele zu 1989 steht: Widersprüche im Raum weniger Meter. Dass hier immer wieder Schmierereien stattfinden, ist eine traurige Selbstverständlichkeit.

Der größte deutsche Denkmalkomplex ist allerdings der deutsche Bundestag mit seinen Neubauten. Hier wurde ein gewaltiges Bild-, Skulpturen-, Inschriften- und Installationsprogramm realisiert, das eine begehbare Geschichtsstunde darstellt. Es trägt vielfach symbolisch-allegorische Züge, ist also ebenfalls erläuterungsbedürftig. Faltblätter und Führungen unterrichten darüber. Kunst, Geschichte, Erinnerung und Ermahnung gehen eine kaum aufzudröselnde Verbindung ein. Da sich das alles in geschlossenen und gesicherten Räumen befindet, sind spontane Protesteingriffe so gut wie ausgeschlossen. Wann wird diese Kunst ähnlich unfrisch wirken wie einst die schweren Schnitzereien des Gründerzeitreichstags?

Diese Mahnmalkultur trägt schwerblütig-didaktische, oft tragische Züge. Leichtfüßige Lösungen wie die Glaswand mit den eingravierten Grundrechten am Reichstagsufer, in der die vorbeispazierenden Bürger sich spiegeln können, sind rar. Wie wird die «Wippe» geraten, das lange geplante Nationaldenkmal am Berliner Schloss? Auch sie ist nicht figürlich, allerdings soll sie auf ihrer Unterseite historische Bilder zeigen. Sie soll als «soziale Plastik» das Mittun der Bürger stimulieren, die mit ihrem verteilten Körpergewicht immer von neuem zwischen «Wir sind das Volk» und «Wir sind ein Volk» wippen können. Stefan Heym nannte die Politkunst der Nachwendezeit einmal «pfiffig», und er meinte das nicht nett.

Die «Wippe» wurde seit 1998 geplant. Der Entwurf, der jetzt realisiert werden soll, stammt von 2009. Die beiden Sätze, die sie zur Wahl stellt, klingen inzwischen bedenklicher als vor zehn Jahren. Sie appellieren mit unterschiedlichen Akzenten an einen homogenen Volkswillen, also die Kerndoktrin populistischer Ermächtigungen. Die unvermeidliche Vergänglichkeit aller Denkmalkunst zeigt die «Wippe» schon vor ihrer Fertigstellung.

EIN AMBIVALENTER TAG

9. NOVEMBER: ERPRESSTE VERSÖHNUNG

09.11.2021

Der 9. November ist ein zwiespältiger Tag im deutschen Geschichtskalender, das weiß jeder. Auf dieses Datum fielen die Ausrufung der Republik 1918, der Hitler-Putsch 1923, die Pogromnacht von 1938 und die Öffnung der Berliner Mauer 1989. Die ersten drei Ereignisse hängen miteinander zusammen, denn die deutsche Rechte und die Nationalsozialisten sahen die Begründung der Republik im Moment der Niederlage am Ende des Ersten Weltkriegs als Verbrechen an, sogar als eine Ursache für die Niederlage. Die völkische Diktatur sollte dieses «Novemberverbrechen» ungeschehen machen. Die Ausschreitungen von 1938 entwickelten sich aus Kameradschaftsabenden, die an den gescheiterten Anlauf von 1923 erinnerten.

Dass 1989 am selben Kalendertag die Mauer aufging, war Zufall. Das Zusammentreffen wurde aber schon am Tag danach als symbolisch-vielsagend begriffen. Seither begleitet die Koinzidenz die Gedenkkultur, sie dient bei der Erinnerung an den glücklichen Augenblick von 1989 als reflexiver Kontrapunkt, als Warnung vor neuer nationaler Selbstüberhebung. Alle diese Ereignisse, ihre Verbindungen und Deutungen sind längst ein Thema der Geschichtswissenschaft geworden. Der Journalist und Historiker Wolfgang Niess hat soeben ein gründliches, gut erzähltes Buch dazu geschrieben.

Dabei wurde auch immer wieder darüber diskutiert, ob der 9. November in seiner Erinnerungsfülle nicht der bessere Nationalfeiertag sein könnte, oder ob nicht diese Überfrachtung dagegenspricht. Bundespräsident Steinmeier scheint mit Überlegungen für eine offizielle Aufwertung des Datums zu sympathisieren. Jedenfalls hat er jetzt mit einer Gedenkstunde in Schloss Bellevue aus der Geschichtsfülle dieses Datums einen eigentümlichen Begriff von Patriotismus abgeleitet, nicht nur in einer eigenen Rede, sondern in einer veritablen Inszenierung.

Dabei traten Zeitzeugen unter historischen Fotos auf, Filmsequenzen vergegenwärtigten die vergangenen Stationen, deutsche Kunstlieder schufen beziehungsreiche Besinnlichkeit, zum Schluss wurde den Zuschauern (die ARD übertrug das Wort-Bild-Klang-Ereignis direkt) in einer Abfolge eingespielter Zeugnisse prominenter Deutscher eine Art Nutzanwendung mit auf den Weg gegeben. Eine allerhöchste Geschichtsstunde also. Anwesend: die Bundeskanzlerin, die Parlamentspräsidentin, die Vorsitzenden von Bundesrat und Bundesverfassungsgericht, der EU-Ratspräsident, Vertreter der Zivilgesellschaft, darunter der Vorsitzende des Zentralrats der Juden in Deutschland. Feierlicher, offiziöser geht es nicht.

Solche Abläufe wirken oft lange nach, aber weniger beim Publikum als bei den Fachleuten der «Public History», einer jungen Disziplin, die sich mit dem öffentlichen, nicht zuletzt dem zeremoniellen Gebrauch von Historie beschäftigt. Manchmal kann man argwöhnen, Gedenkstunden dieser Art würden vor allem für die hermeneutische Geschicklichkeit professioneller Interpreten entworfen.

Die historische Sequenz begann mit einer feurigen Ansprache der jüngsten Bundestagsabgeordneten, Emilia Fester von den Grünen, die von Jugend, Vielfalt, Aufbruch sprach, von sozialer Ungleichheit und der Klimakatastrophe. Dann stand sie von ihrem Tischchen auf und sprach die berühmten Worte des bärtigen Republikaners Philipp Scheidemann von 1918 nach («Es lebe die deutsche Republik»). Man nennt es Reenactment.

Dann geleitete der Bundespräsident die soeben hundert Jahre alt gewordene Margot Friedländer, eine Überlebende der deutschen Judenvernichtung, ans Tischchen auf der Bühne. Und Friedländer gelang es tatsächlich, den Moment von 1938 mit verstörender Unmittelbarkeit wiederherzustellen. Sie schilderte die langen Minuten des anfänglichen Nichtbegreifens, dann des Innewerdens und Entsetzens, die schockhafte Erfahrung von Anomie, Chaos, Gesetzlosigkeit beim morgendlichen Gang durch eine Berliner Straße samt zerbrochenen Schaufenstern, verstreuten und geplünderten Waren, feixenden Braunhemden und Brandgeruch in der Luft – einen Moment, in dem sich alles verwandelte und die Ordnung der Dinge zerbrach.

Es schien für ein paar Minuten, als sei das alles wieder da, inmitten der feierlichen und vornehmen Gesellschaft des Festsaals. Mehr kann Zeitzeugenschaft nicht leisten. Und eigentlich war es ein Moment, in dem weitere Worte sich erst einmal verbieten. Immerhin kam Musik, wie vor und nach den anderen Auftritt auch, hier nun Gustav Mahlers Vertonung des Rückert-Gedichts «Ich bin der Welt abhanden gekommen».

Roland Jahn, der DRR-Bürgerrechtler und spätere Leiter der Stasi-Unterlagen-Behörde war der dritte Redner. Die Erinnerung an den Glücksmoment von 1989 verband er mit seinen Verfolgungserfahrungen in der DDR, Verhaftung, Gefängnis, gewaltsame Abschiebung in den Westen, mit Trennung von Familie und Heimat. «Was würden Sie tun, wenn das mit Ihrem Sohn gemacht würde?», fragte Jahn den Polizisten, der ihn 1982 gefesselt in den Zug nach München schob. Natürlich erhielt er keine Antwort. Dass Jahn 1989 nicht nur Freude, sondern «Triumph» verspürte, ist begreiflich.

Nach der Zwischenmusik – zu den Musiken gleich mehr – zog der Bundespräsident die Summe. Der 9. November sei ein «ambivalenter Tag, ein heller und ein dunkler Tag», sagte Steinmeier. «Er macht uns Herzklopfen und treibt uns Tränen in die Augen.» Hoffen lasse er und verzweifeln, und vielleicht sei er deshalb «ein sehr deutscher Tag», ja «der deutsche Tag schlechthin». Ambivalenz, Zerrissenheit kennzeichnen ihn und auch die Deutschen. Es sei ein Klischee, die Deutschen verschlossen und distanziert zu nennen oder «steif, humorlos natürlich und irgendwie emotionsarm».

Falsch sei dieses Bild. «Wir Deutsche haben viele Gedanken und Gefühle, wenn es um unser Land geht. Wir wissen nur oft nicht, wohin damit.» Also Menschen mit reicher Innerlichkeit sind wir, und mit einer Ausdrucksnot, die von solchem Reichtum überfordert ist! Da schloss nun alles zusammen, womit neben den Reden dieser Vormittag sonst noch schimmerte, vor allem das deutsche Kunstlied. Schumann, Mahler, Adolf Strauss, Gedichte von Heinrich Heine und Friedrich Rückert, am Ende Hoffmann von Fallersleben und Joseph Haydn (a capella!), schön gesungen von Benjamin Appl, am Flügel begleitet von Wolfram Rieger. Ein «wahrer Kulturschatz unseres Landes» seien diese Kunstlieder, sagte Steinmeier, und auch «Vorboten von Freiheit und Demokratie».

Wirklich? «Ich bin gestorben dem Weltgetümmel und ruh in einem stillen Gebiet, ich leb allein in meinem Himmel, in meinem Lied»? Man muss geradezu Thomas-Mannsche Dialektik im Leibe haben, um so etwas als Vorboten von Freiheit und Demokratie zu verstehen. Auch Heine-

Schumanns «alte, böse Lieder» sind nicht gerade ein Ansporn zum Republikanismus. Die Wiedersehenswehmut des jüdischen, von den Deutschen umgebrachten Komponisten Adolf Strauss ist ebenso wenig politisch wie Schumanns Gesangesjubel «Mir ist's so eng allüberall! Es schlägt das Herz mit lautem Schall, und was da schallt, sind Lieder!». Aber es passt zu einem deutschen Wesen, dem die Brust zerbersten möchte vor zurückgestauten Gefühlen.

Kalt gesagt: Diese Feierstunde litt an einer grundverkehrten ästhetischen Aufhübschung, dem Gegenteil republikanischer Nüchternheit. In der direkten Abfolge von Margot Friedländers Verstörungszeugnis und der Mahlerschen Entrücktheit streifte sie sogar das Unpassende, falsch Sentimentale. «Dem folgt deutscher Gesang»: So etwas wird ja längst ironisch zitiert. Die Verknüpfung von romantischem Deutschtum mit der Demokratie hatte ihren historischen Moment, in Thomas Manns Republik-Rede von 1922. Aber da waren die Verbrechen, von denen Margot Friedländer berichtete, noch nicht begangen. Diese jetzt in den schwammigen Nullbegriff einer übergreifenden deutschen «Ambivalenz» einzufügen und «aufgeklärten Patriotismus» (Steinmeier) klavierbegleitet in gepflegtem Sordino zu präsentieren – das ist, um passend unpassend den «Rosenkavalier» zu zitieren «bereits zu stark, als dass mans ertragen kann».

NAMEN SIND AUCH NUR TRÜMMER

UMBENENNUNG ÜBERFLÜSSIG: PREUSSEN OHNE BOTSCHAFT

18. 01. 2023

Jetzt gibt es also wieder eine Preußen-Debatte, weil Kulturstaatsministerin Claudia Roth die «Stiftung Preußischer Kulturbesitz» umbenennen möchte. Auch darüber dürfte an diesem Mittwoch im Kulturausschuss des Bundestages gesprochen werden, wenn es um die eigentlich viel dringendere Strukturreform der Stiftung geht. Ob den Kulturpolitikern bewusst ist, wie alt und abgestanden diese Debatten sind? Seit vierzig Jahren ist hier kaum Neues zu hören. Sie begleiteten die Bundesrepublik von Anfang an.

Am 25. Februar 1947 hatte der Alliierte Kontrollrat den längst toten Staat noch einmal für aufgelöst erklärt und abschließend benotet: Er sei der «Träger des Militarismus und der Reaktion in Deutschland» gewesen. Nach dem dreißigsten Jahrestag dieser nur noch symbolischen Auflösung wurden in Ost und West neue Historisierungen begonnen. In der DDR, die zur Hälfte auf vormals preußischen Gebieten lag, brannte noch der alte sächsisch-preußische Zwiespalt, viel heißer als das Tratzen zwischen Bayern und «Preißn» im Westen. «Sachsens Glanz und Preußens Gloria» hieß 1985 eine äußerst beliebte sechsteilige Fernsehserie, die sächsische Prachtentfaltung gegen preußische Verkniffenheit ins Recht setzte.

Westberlin leistete sich 1981 eine opulente Preußen-Ausstellung. Dazu entbrannte eine Debatte, in der alle Argumente schon vorgebracht wurden, die bis heute nur noch wiederholt werden. Die Hauptbücher waren Hans-Ulrich Wehlers Suhrkamp-Bändchen «Preußen ist wieder chic» (kritisch) und Sebastian Haffners Langessay «Preußen ohne Legende» (bewundernd). Beide Schriften sind Meisterwerke von Polemik und Plädoyer – Wehler zollte dem Stilisten Haffner einen fast neidvollen Respekt, polterte aber

191

trotzdem, das Buch hieße besser «Legenden über Preußen». Hier gerate der «Obrigkeitsstaat ins Goldrähmchen», eine Formulierung, in die Wehler sich so verliebte, dass sie seither zu seinem Grundwortschatz zählte.

Wehler selbst gab sich unbestechlich wie ein hohes Gericht: «Die eigentlich kritische Frage zielt vielmehr auf die Bilanz, auf jene für Historiker unabweisbare Frage, was bei der Abwägung des Pro und Contra unter dem Strich herauskommt. Kommt dieser Augenblick der Wahrheit, scheinen mir noch immer die Schattenseiten eindeutig zu überwiegen.» Neben dem Pro – vor allem die Berliner Aufklärung und Wissenschaft, überhaupt die Kultur, die kommunale Selbstverwaltung, die religiöse Toleranz – standen auch Punkte im Contra, die gemeinhin positiv gesehen wurden: Die Beamtenschaft sei gar nicht so unparteiisch, nicht einmal so unbestechlich gewesen wie oft behauptet, das Militärsystem, zusammengebunden mit drückender Grundherrschaft, war schlicht tyrannisch und ausbeuterisch. Und auch gegen die Wahrnehmung als Hort der Reaktion hatte Wehler nichts einzuwenden. Eine Bilanz nach Art einer Rechnungslegung.

Haffner zeigte, wie Helles und Dunkles gar nicht zu trennen waren, sondern als zwei Seiten zusammengehörten. Dabei folgte er einem Essay von Joachim Fest, den dieser 1977 zum dreißigsten Todestag Preußens publiziert hatte. Für Fest waren Glanz und Elend zwei Aspekte derselben Sache, ein wenig wie bei Thomas Mann in seinem Vortrag über «Deutschland und die Deutschen» von 1945. Das Abstoßende hatte unmittelbar mit dem Bewundernswerten zu tun. «Der Prospekt aus Sümpfen, Luch und Sand mitsamt dem hochsteigenden roten Adler machte die Szenerie nicht freundlicher: Selbst als die große Zeit begann, schlug durch den hellen, ein wenig stechenden Glanz, den es verbreitete, die düstere Grundierung durch, eine unverwechselbare Atmosphäre von Hunger, Plackerei und Melancholie.»

Angestrengtheit, Künstlichkeit, Gewaltsamkeit waren Bedingungen von militärisch-administrativen und kulturellen Höchstleistungen gleichermaßen. Sie waren auch der Motor für Preußens Begabung zur Reform. Man konnte nicht das eine verdammen und das andere behalten. Fests Folgerung war nüchterner als seine ihrerseits blendenden Formulierungen: Preußen hat uns nichts mehr zu sagen. Es lohnt sich, die Schlusskadenz in voller Länge zu zitieren, um zu begreifen, wieweit alle späteren Diskussionen dahinter zurückblieben. «Wenn aber weder Preußen noch die Reste seiner stilprägenden Kraft für die Gegenwart mobilisiert werden können», schrieb Fest, «bleibt nur die historische Vergegenwärtigung. Sie bedarf keiner Rechtfertigung, und niemand muss sich ein Gewissen machen, der von der Geschichte nichts anderes als eine Geschichte erwartet. Anders als viele meinen, besteht die Vergangenheit überwiegend nicht aus Trümmern, auf denen Botschaften an die Nachwelt verzeichnet sind; mitunter sind es einfach nur Trümmer.» Ist das nebenbei nicht auch eine schöne Rechtfertigung für den Namen «Preußischer Kulturbesitz»? Hier wurde das materielle kulturelle Erbe eines untergegangenen Staates, seine Trümmer also, zusammengefasst. Der Name dafür ist ein wenig nostalgisch, aber vor allem ein Hinweis auf die Provenienz. Dass Namen historisch altern können und dabei ihre ursprüngliche Bedeutung verlieren, ist kein unüblicher Prozess. Der Papst heißt unter anderem «Pontifex Maximus», eine obskure, inzwischen sinnlos gewordene stadtrömische Priesterbezeichnung aus vorchristlicher, heidnischer Zeit. Aber sie prangt bis heute auf der Fassade des Petersdoms. Solche Namen sind auch nur Trümmer, die keine wirksamen Botschaften mehr enthalten.

Das Bild von den Trümmern rief, bei Fest kaum zufällig, eine geschichtswissenschaftliche Unterscheidung von Quellensorten auf. Diese werden (in unterschiedlicher Terminologie) in zwei großen Gruppen geordnet. Erstens gibt es unwillkürliche Hinterlassenschaften, Überreste der Vergangenheit, vom Hausmüll bis zur Gebetsformel, Spuren und Reste vergangenen Lebens, die von Historikern gesammelt, geordnet und zum Sprechen gebracht werden müssen. Ein riesiges Feld. Daneben stehen zweitens die Überlieferungen (oder Traditionen), in denen Menschen und Gesellschaften der Vergangenheit sich selbst aussprachen und für die Nachwelt aufbewahrten: Historien, Annalen, Selbstbiografien, aber auch Denkmäler, Namen, Inschriften.

Dabei können sich die Funktionen von Überresten und Traditionen überlappen, etwa in juristischen Texten, Kaufverträgen oder Friedensschlüssen, die jeweils einer gegenwärtigen Praxis dienen, jedoch zugleich den Nachfolgern zu Gedächtnis und Fortsetzung überliefert werden. Der Clou der Einteilung ist, dass sie eher Funktionen als Gegenstandsbereiche definiert. Die Funktionen können die Plätze tauschen: Was einst Tradition, absichtsvolle Botschaft und Überlieferung war, kann zum Überrest verwittern. Es gibt einen semantisch-funktionalen Alterungsprozess, der «Botschaften» der Vergangenheit verjähren lässt. Historiografisch gesprochen: Aus Kontinuitäten werden Beispiele.

So sind die Geschichtswerke von Herodot oder Tacitus heute nur noch bedingt «Traditionen», auf die man sich verlassen mag, um faktische Geschichte zu schreiben. Viel öfter dienen sie als Überreste oder Trümmer für eine vergangene Art, Geschichte zu erfahren und zu beschreiben. Zwar bleiben ihre Absichten erkennbar, aber diese zeugen über das Intentionale – etwa Parteistandpunkte – hinaus auch für die Weltbilder und Klassenlagen ihrer Autoren.

Viele der heutigen Namens- und Denkmaldebatten leiden an der Verkennung dieser unvermeidlichen Prozesse. Straßennamen werden als Botschaften für uns gelesen, wo sie doch der Selbstverständigung einer längst vergangenen Gesellschaft dienten. Natürlich kann man das auslöschen, von der Tafel wischen und überschreiben. Aber man raubt damit seiner aktuellen Umgebung auch ihre historische Vielschichtigkeit. Wer in Kreuzberg in der Gneisenaustraße, womöglich in einem Stuckaltbau wohnt, wird nicht nur an einen Feldherrn der Befreiungskriege von 1813/14 erinnert, sondern auch an wilhelminische Patrioten, die sich nach 1871 an ihre Vorfahren erinnerten.

Gewachsene Städte sind Schichttorten von Bedeutungen. Das macht ihren Reiz aus: «Wo immer wir eintreten, setzen wir den Fuß in irgendeine Geschichte», sagte Cicero ehrfürchtig über Athen, über eine für die Römer strahlende Vergangenheit. Natürlich hätte man die Macht, überall pure Gegenwart herzustellen oder eine Vergangenheit, die vollkommen deckungsgleich mit heutigen politischen und moralischen Vorstellungen ist: die Stadt als riesige Notiz an mich selbst. Aber vielleicht ist es reizvoller, in einer immer neu zu lesenden Trümmerlandschaft zu flanieren. Das bedeutet natürlich nicht, dass nicht einzelne Namen verändert werden können, dass nicht das eine oder andere Denkmal weichen sollte. In einem Außenministerium einen hochfahrenden Minister zu verabschieden, kann staatsklug sein, weil der Name ein heute noch wirksames Signal nach außen sendet. Verbrecher soll man von Straßen und Steinen tilgen. Aber eine Tabula rasa ist am Ende immer langweiliger und auch hochmütiger als das, was unwillkürlich übrig blieb und was jede Generation mit eigenen Beiträgen fortsetzen kann – im melancholischen Wissen, dass auch die eigenen Zeichen sehr bald verblassen.

6

DAS
RECHT
DES
STÄRKEREN

PUTIN, NAPOLEON UND
DIE ANDEREN MUSSOLINIS

DAS VÖLKERRECHT BRAUCHT KEINE ANALOGIEN

04. 04. 2014

Nichts zeigt die Orientierungslosigkeit der westlichen Öffentlichkeit in der Krim-Krise drastischer als die täglich wachsende Zahl von historischen Stellungnahmen und Vergleichen. Man tappt im Nebel und versucht sich an früheres Gelände zu erinnern. Das war übrigens schon bei der Finanzkrise so, wo die Politik «auf Sicht» fuhr, sich aber zugleich vom Blick auf den Zusammenbruch von 1929 leiten ließ.

Leider zeigt aber die historische Erfahrung vor allem, wie leicht Fehler gemacht werden, wenn man sich auf vermeintliche historische Erfahrungen bezieht: Einige amerikanische Strategen glaubten 2003, es genüge eine Diktatur zu stürzen und dann lasse sich mit einem Besatzungsregime eine Demokratie implantieren. Aber dem Irak fehlten viele der kulturellen und rechtlichen Voraussetzungen, die in Deutschland 1945 sofort zu einem geordneten Verfassungsleben beitragen konnten.

Fünfzehn Jahre davor hatten die westlichen Garantiemächte der Versailler Ordnung Europas Hitler und sein Regime sträflich unterschätzt, unter anderem, weil sie ihn für eine deutsche Ausgabe Mussolinis hielten, mit dem sie ganz gut auskamen. Mussolini wiederum stilisierte sich nach einem Modell, das jeder gebildete Beobachter in Europa damals im Kopf hatte, nach römischen Caesaren, die zwar diktatorisch handelten, aber zugleich als zivilisierte Regenten galten. Die Folter in seinen Polizeikellern ließ sich da leicht übersehen.

Die Wahrnehmungsmuster waren auf einen Fall wie Hitler also nicht vorbereitet: Kaum jemand rechnete mit der radikalen Dynamik einer Herrschaft, die für den totalen Sieg den eigenen Untergang in Kauf nahm.

197

Hätte ein kritischer Blick auf Napoleon helfen können? Dieser hatte 1806 alles erreicht, aber Ruhe gab er doch nicht – das war, wie Zeitgenossen wie Benjamin Constant und Friedrich Gentz erkannten, mehr als eine Charakterfrage, nämlich die Folge der napoleonischen, auf das Militär gegründeten Herrschaftsform. Doch die Zahl der Leser von Gentz und Constant blieb vor 1945 begrenzt – erst danach stieg sie kurzfristig steil an.

Personen zu analogisieren ist ohnehin immer Unsinn. Kein Individuum tritt in der Weltgeschichte zweimal auf. Was sich sinnvoll vergleichen lässt, sind Herrschaftsformen und Situationen. Inzwischen ist auch der Vergleich Putin-Mussolini detailliert durchgeführt worden, weniger wegen der Äußerlichkeiten – virile Auftritte mit nacktem Oberkörper, nationaler Pomp in historischer Kulisse – als wegen einer gemeinsamen Konstellation: Autoritärer Führer macht nach einer historischen Enttäuschung Nationalitätenpolitik an seinen Landesgrenzen. Mussolini wiederum ließ sich auch in einer bonapartistischen Lesart verstehen: Er sicherte einer verschreckten Besitzerkaste, die sich vom Umsturz bedroht sah, ihr Eigentum; die Massen wurden mit gelenkter Öffentlichkeit, Sozialstaat und nationalistischer Aggressivität bei Laune gehalten.

Bonapartismus, so heißt es seit der klassischen Analyse von Karl Marx, setzt sich durch, wenn breite Eigentümerklassen um ihren Besitz bangen, bevorzugt nach Phasen chaotischer Umverteilung. Die Zerschlagung der sowjetischen Staatsbetriebe nach 1990 zeigt gewisse Ähnlichkeiten mit der Verteilung der riesigen Kirchengüter und Staatsdomänen in Frankreich nach 1789 – in beiden Fällen entstanden neue Schichten von Reichen, die nach Ordnung verlangen, um ihr Raubgut zu legalisieren.

Für die internationale Umgebung solcher Regime stellt sich immer die gleiche Frage: Wie berechenbar sind sie? Kann man verlässliche Abmachungen mit ihnen schließen? Das ist der rationale Kern des hektischen Putin- und Russlandverstehertums, das seit einigen Wochen eingesetzt hat. Nichts gegen das Verstehen. Verstehen heißt ja nicht billigen, sondern begreifen, gehört also zum Handwerk der Politik.

Hätte man Hitler seit 1933 «richtig» begriffen – nämlich in seinem wahren Extremismus –, dann wäre man mindestens bis 1936 noch im Stande gewesen, ihn zu stoppen. Doch man «verstand» ihn eben falsch, als einen zweiten Mussolini. Der von Wolfgang Schäuble ins Spiel gebrachte Vergleich der heutigen Situation mit der Sudetenkrise von 1938 ist interessant, allerdings nur, wenn man eine törichte Analogie von Putin und Hitler unterlässt, und auf das Verhalten der westlichen Mächte blickt. Damals, 1938, hofften sie verzweifelt, in Hitler einen zwar brutalen, aber am Ende doch rationalen Partner zu haben. Zugeständnisse schienen vertretbar. Die Tschechoslowakei dagegen war «dieses kleine Land, von dem wir so wenig wissen», für das man keinen Krieg riskieren wollte. Sie wurde geopfert, um «Frieden für unsere Zeit» zu gewinnen. Auch dieses Trauma ist unvergessen und hat eine Politik des «Appeasements» oft diskreditiert (aber selten verhindert). Dass seit 1933 Hitler vom Westen so wenig Widerstand entgegengebracht wurde, hatte allerdings auch mit schlechtem Gewissen zu tun: Man wusste, dass die Versailler Vertragsordnung in vielen Teilen widersprüchlich, ungerecht und revisionsbedürftig war; das schwächte die Prinzipientreue entscheidend.

Das Land, von dem wir so wenig wissen: Das ist heute die Ukraine, und hier werden die Versuche, Geschichte als Argument zu verwenden, vollends ärgerlich. Es stimmt ja, dass es die Ukraine historisch als Staat vor dem Zerfall der Sowjetunion nie gegeben hat, schon gar nicht als Nationalstaat; und ja, es ist richtig: Das «Selbstbestimmungsrecht der Völker», das 1919 in Versailles in die internationale Ordnung eingeführt wurde, ist ein Quell endloser Konflikte, weil jede Partei es zu ihren Gunsten auslegen kann und Nationalität als Basis von Staaten untauglich ist, vor allem in Osteuropa. Nur Deutsche, Polen und Tschechen hat man ethnisch entflochten; um welchen Preis ist bekannt.

Aber darf die Gemeinschaft der Staaten deshalb Legitimitäten zweiter Klasse akzeptieren? Die Vorstellung ist absurd. Die Garantie der Staaten und das zwischenstaatliche Gewaltverbot ist der – übrigens uralte – Kern des Völkerrechts. Wenn er nachhaltig verletzt wird, pflegen Katastrophen oder jahrhundertelang unlösbare Probleme auf dem Fuß zu folgen. Wenige Verbrechen hat Europa so bitter gebüßt wie die polnischen Teilungen seit 1772. Es gibt ein ganz anderes Selbstbestimmungsrecht nicht der Völker, sondern von Gesellschaften, nämlich ihren Wunsch, sich selbst in Freiheit zu regieren. Ihn darf man als universell unterstellen.

Ein Interventionsrecht kennt das Völkerrecht aus gutem Grund dann, wenn sich innerhalb eines Landes Volks- oder Gesellschaftsteile gegenseitig abzuschlachten beginnen. Friedrich Gentz sprach schon um 1800 von der Einschränkung des Eigentumsrechts, wenn ein Haus von seinen Bewohnern angezündet wird: Dann darf die Nachbarschaft zu ihrem Selbstschutz eingreifen. Heute kennt das Völkerrecht strenge humanitäre

Hürden vor solchen Interventionen. Dass sie oft verletzt wurden, kann an der Gültigkeit dieser Kriterien ebenso wenig ändern wie die Verbrechensstatistik am Mordverbot. Es ist beschämend, darauf hinweisen zu müssen.

Kurzum, der Nebel der Vergleiche und des historischen Wissens – die läppischen Bezüge auf die Juli-Krise, den Kalten Krieg, gar den 11. September darf man mit Schweigen übergehen – kann außer Vorsicht wenig lehren. Am Ende stört er sogar die «Fähigkeit, die Realitäten mit innerer Sammlung und Ruhe auf sich wirken zu lassen», für Max Weber die wichtigste Voraussetzung vernünftiger Politik.

Die vielen Hobby-Historiker zur Ukraine aber dürfen zur Kenntnis nehmen, dass der am besten ausgewiesene westliche Fachmann zu ihrer Geschichte, Timothy Snyder, am Ende auf den einzig entscheidenden Punkt verweist, nämlich die völkerrechtliche Garantie, die der Ukraine vor zwanzig Jahren gegeben wurde: «1994 haben die Vereinigten Staaten, Großbritannien und Russland die territoriale Unverletzlichkeit der Ukraine garantiert, im Gegenzug für das Einverständnis von Kiew, seine Nuklearwaffen zu zerstören. Da Russland diese Vereinbarung gebrochen und die amerikanischen Vorschläge, auf dieser Grundlage Verhandlungen zu beginnen, zurückgewiesen hat, sind London und Washington unmittelbar von der Krise betroffen.» Von den Vergleichen aber darf man sich wohl am ehesten einen merken: den mit der Nationalitätenpolitik der Zwischenkriegszeit. Wenn dieses Fass wieder aufgemacht wird, dann stehen Europa schreckliche Zeiten bevor.

VON DANZIG NACH DONEZK

PUTIN VERSTEHEN, AUF POLEN HÖREN

02. 09. 2014

Was will Putin? Das Hin und Her am Wochenende über die Frage einer neuen «Staatlichkeit» in der Ostukraine zeigte ein weiteres Mal die Kommunikationsprobleme, die Angela Merkel schon im März zu der Äußerung veranlassten, der russische Präsident lebe «in einer anderen Welt». Manche verstanden diese Formulierung der bekanntermaßen unaufgeregten Kanzlerin als Hinweis auf eine gefährliche Irrationalität. Regiert in Moskau ein unberechenbarer Hasardeur?

Inzwischen gibt es im Westen längst eine breite Front von verständnisvollen Erklärern des russischen Vorgehens. Sie reicht von den linken Erben der deutsch-sowjetischen Freundschaft über betagte Entspannungspolitiker wie Egon Bahr und Erhard Eppler bis ins konservative Lager. Dort hat der AfD-Funktionär und ehemalige CDU-Politiker Alexander Gauland an die Bismarcksche Politik der «Rückversicherung» erinnert, und dort warnt der Historiker Michael Stürmer vor einem Nato-Beitritt der Ukraine.

Denn das damit verbundene Schutzversprechen könne die Nato nicht einhalten. «Die Ukraine kann militärisch nicht gewinnen», erklärte Stürmer soeben in der *Welt*, «Russland dagegen kann bis zur nuklearen Schwelle und weiter mit Worten und Taten eskalieren.» Sanktionen hätten wenig Wirkungen auf einen Staatsmann wie Putin, der nicht kaufmännisch, sondern geopolitisch denke. «Die Lage ist brandgefährlich.»

Weit in die Geschichte greift auch der amerikanische Politikwissenschaftler John J. Mearsheimer, der in der jüngsten Ausgabe des amerikanischen Politikjournals *Foreign Affairs* dem Westen die Schuld an der Ukraine-Krise gibt. Denn, so Mearsheimers Argument, die westliche Politik von Nato- und EU-Erweiterung seit den Neunzigerjahren, verbunden mit

201

der Unterstützung demokratischer Revolutionen und der Zivilgesellschaften in den Ländern des ehemaligen Warschauer Pakts, würde als geopolitische Bedrohung wahrgenommen, nicht als demokratisches Angebot: «Putins Handeln ist einfach zu begreifen», schreibt Mearsheimer. «Als riesiges flaches Land, das nacheinander vom napoleonischen Frankreich, vom kaiserlichen Deutschland und von Nazi-Deutschland durchquert wurde, um Russland selbst zu schlagen, stellt die Ukraine einen Pufferstaat von enormer strategischer Bedeutung für Russland dar. Das ist reine Geopolitik.»

Solche Analysen sind ernst zu nehmen, selbst wenn man die «realistischen» oder «realpolitischen» Prämissen dahinter nicht alle teilt. Ob eine Bedrohung in der Staatenwelt vorliegt, kann nicht objektiv festgestellt werden, sondern unterliegt den unterschiedlichen Wahrnehmungen der Parteien. Die Juli-Krise 1914, so hat es die jüngere Forschung eindringlich herausgearbeitet, eskalierte auch, weil in der europäischen Diplomatie vor dem Ersten Weltkrieg kaum jemand bereit war, sich in die Bedrohungsgefühle der anderen Seite hineinzuversetzen. Alle hatten ein gutes Gewissen und glaubten, im Recht zu sein. Wenn jeder glaubt, er stelle für niemanden eine Gefahr dar und müsse keine Rücksichten nehmen, dann entstehen in unübersichtlichen Situationen Kriege leicht von selbst.

Darum ist es richtig, dass diese Diskussionen im Westen offen geführt werden, selbst wenn die «Geschlossenheit» seines Auftretens darunter leiden könnte. Auch das Ende des Kalten Kriegs verdankte sich nicht allein der Festigkeit, die das westliche Bündnis im Nato-Doppelbeschluss zeigte, sondern auch dem breiten Widerstand dagegen. Denn er dokumentierte den defensiven Charakter der Pershing-Beschlüsse. Die Verbindung von Nachrüstung und Friedensbewegung erwies sich als besondere Stärke der «freien Welt».

Allerdings ändern diese teils geopolitischen, teils historischen, teils psychologischen Erwägungen nichts am Völkerrecht. Russland hat mit der Annexion der Krim die internationale Ordnung gebrochen, wie sie für die Ukraine in feierlichen Verträgen bekräftigt worden war. Alle weiteren russischen Manöver seither mögen sich noch unter der Nachweisschwelle im Bereich von Täuschen, Lügen, Betrügen bewegen, das Faktum der Krim-Annexion bleibt in monumentaler Eindeutigkeit bestehen. Und damit ist eine verstörende Unsicherheit in die europäische Staatenwelt zurückgekehrt, die ein ebenso hartes Faktum darstellt wie die Geopolitik der außenpolitischen «Realisten».

Denn Verstehen ist keine einseitige Angelegenheit. Wenn der Westen lernen muss, Russland und Putin zu begreifen, dann darf er auch erwarten, dass sich Moskau um ein Verständnis des Westens bemüht. Wenn Mearsheimer an Napoleon und Hitler erinnert, dann erinnert sich Polen in diesen Tagen an das Münchner Abkommen von 1938 und an den Hitler-Stalin-Pakt vom August 1939, den hässlichen Nachfolger von Bismarcks Rückversicherungsvertrag; ja, es geht sogar bis zu den Teilungen Polens durch Russland, Preußen und Österreich im späten 18. Jahrhundert zurück.

«De Dantzig à Donetsk, 1939–2014» lautet der Titel eines Aufrufs, den eine Reihe bedeutender polnischer Künstler und Intellektueller wie Andrzej Stasiuk und Andrzej Wajda zum Jahrestag des deutschen Überfalls auf Polen am 1. September 1939 an die «Bürger und Regierungen Europas» gerichtet haben. Darin wird an die von den damaligen Westmächten Frankreich und England geduldete Eskalation zum Zweiten Weltkrieg erinnert mit ihren Etappen vom «Anschluss» Österreichs bis zur Zerstörung der Tschechoslowakei. Noch am Vorabend des deutschen Einmarschs in Polen stellte sich Frankreich geopolitisch «realistisch» die berüchtigte Frage, ob man für Danzig sterben solle: «Mourir pour Dantzig?» Polen hat das nie vergessen.

«Die selbstsüchtige und kurzsichtige Politik der Europäer gegenüber dem Aggressor darf sich nicht wiederholen», erklären jetzt die polnischen Autoren, darunter Andrzej Wajda und Władysław Bartoszewski. «Doch die jüngste Entwicklung der Weltlage und die plötzliche Verstärkung der Spannungen erinnern merkwürdig an das Jahr 1939. Russland, der Aggressor-Staat, besetzt einen Teil seines kleineren Nachbarn – die Krim. Die Armee und Spezialkräfte von Präsident Putin, die meist inkognito im Osten der Ukraine operieren, unterstützen Gruppen, die die örtlichen Bevölkerungen terrorisieren; und sie drohen offen mit einer Invasion.» Dass sich diese Analogie aufdrängen kann, lässt sich auch dann nicht bestreiten, wenn man sie in einer näheren Analyse abweist. Ob die Politik, die die polnischen Autoren daraus folgend entwerfen, darunter eine neue europäische Energiepolitik und eine Öffnung der EU für die Ukraine, im Einzelnen vernünftig ist, sollte gleichwohl einer «realistischen» Bewertung unterliegen.

Doch in diesem Zusammenhang muss auch gefragt werden: Weiß Putin, an welche Traumata sein Vorgehen bei Polen und in den baltischen

Staaten zwangsläufig rührt? Wenn er es nicht wüsste, wäre das beunruhigend. Wenn er es aber wüsste, dann wäre das verstörend. Denn auch «realistische» Politik besteht nicht nur aus Landkarten, und natürlich nicht nur aus wirtschaftlichen Beziehungen, sondern sehr erheblich auch aus den Erfahrungen der Völker. Dies gilt für alle Seiten.

STOLZE VÖLKER

Das «Nein» – «ochi» –, das die griechische Regierung ihren Bürgern für die bevorstehende Volksabstimmung über den letzten Stand der Verhandlungen mit den Kreditgebern vorschlägt, ist nicht einfach ein Nein. «Ochi» ist ein heiliges Wort der neueren griechischen Geschichte, es hat den Rang, den früher einmal bei deutschen Protestanten Luthers Satz «Hier stehe ich, ich kann nicht anders» hatte. Denn ein französisches «non» war die Antwort, die der griechische General Ioannis Metaxas am 28. Oktober 1940 dem Gesandten des italienischen Duce Benito Mussolini gab, als dieser von Griechenland ultimativ verlangte, für die Achsenmächte ihr Land besetzen zu dürfen.

Griechenland widerstand den Italienern so erfolgreich, dass die Deutschen ihrem Verbündeten zu Hilfe eilen mussten und das Land eroberten, wo sie eine mehrjährige Schreckensherrschaft errichteten. Der 28. Oktober ist in Griechenland bis heute ein Gedenktag, der Tag des Neins. Wer dieses Wort auf einem Stimmzettel an die erste Stelle rückt, vor das alphabetisch vorangehende «Nai» für Ja, der gibt das denkbar stärkste Zeichen für nationalen Widerstand. Heutige, westlich orientierte Griechen, die an Europa hängen und die Modernisierung ihres Landes aufs dringendste ersehnen, sind entsetzt über dieses geschichtspolitische Symbol.

Es lässt eine nationalpathetisch aufgeladene Semantik kulminieren, mit der die griechischen Politiker die Schuldenkrise ihres Landes von Anfang an begleiteten. Alle bitteren Entscheidungen wurden von der Versicherung begleitet, die Griechen seien «ein stolzes Volk», das sein Schicksal selbst bestimmen müsse. Der Stolz des Volkes (to kaúchima tou laoú) blieb stehende Rede, und inzwischen hat auch Angela Merkel bei Auftritten, die in Griechenland übertragen werden, diesen Sprachgebrauch über-

205

nommen – allerdings mit der ihr eigenen Mienenlosigkeit, die von Ironie so schwer zu unterscheiden ist.

Die entscheidenden Gegenbegriffe dieser von allen Parteien mehr oder weniger intensiv übernommenen Sprache sind «Würde» und «Demütigung» («axioprépeia» und «tapeínosi»). Selbst wer nicht griechisch kann, findet im lateinisch geschriebenen Hashtag #axioprepeia auf Twitter das Material einer leidenschaftlichen gesellschaftlichen Debatte. #Tapeinosi dagegen existiert fast nicht.

Was bedeutet das? Nichts Gutes für das westliche Europa. Denn hier sind die äquivalenten Begriffe, von denen die Wörterbücher der politischen Sprache einst voll waren («Nationalehre», «honneur de la patrie»), mit gutem Grund eingemottet. In Kosellecks Lexikon «Geschichtliche Grundbegriffe» endet der Artikel «Ehre» mit dem Jahr 1945. An deren Stelle trat die individuelle Menschenwürde mit ihrem griechisch-philosophischen und christlich-theologischen, vor allem aber humanistischen Vorlauf. Den entsprechenden Artikel in den «Grundbegriffen» hat übrigens zum größten Teil der geniale griechische Philosoph Panajotis Kondylis verfasst. Als deutsch schreibender Grieche hatte der 1998 verstorbene Kondylis ein waches Gespür für die mentalen und begrifflichen Abgründe zwischen dem lateinischen Westen und dem griechischen Osten – seine Stimme wird heute schmerzlich vermisst.

«Ehre» (oder «Würde» als Eigenschaft von Kollektiven) ist im strengen Sinn nicht verhandelbar. Wie sollte man Kompromisse über die Ehre schließen? Dafür gab es früher das Duell, zum Beispiel, wenn man der Lüge bezichtigt wurde. Auch Kriege waren in diesem Sinn Duelle. Der deutsch-französische Krieg von 1870/71 wurde offiziell um eine Ehrenfrage geführt, bei der Diplomatie nichts mehr auszurichten hatte – natürlich war diese Eskalationsstufe von der Diplomatie Bismarcks planmäßig angesteuert worden. Am giftigsten verpestete der Ehrbegriff ganze Gesellschaften nach großen Niederlagen – in Frankreich nach 1871, in Deutschland nach 1918. So wurden aus Machtfragen und Interessenkonflikten Erbfeindschaften.

Daran muss man erinnern, weil die Europäer in ihrer Mehrheit das kaum noch verstehen. Die ostentative nationale Lässigkeit der seit ihrer Wiedervereinigung zunehmend auch seelisch sanierten Deutschen wirkt allerdings bei ihren weniger aufgeräumten Nachbarn im Süden inzwischen schon wieder selbstgerecht: Postnational und eine Null bei der Neuverschuldung, das ist schon bei Italienern, die im Stadion ihre denkwürdig blutrünstige Hymne «Fratelli d'Italia» schmettern, so unglaubwürdig, dass sie im Deutschlandlied immer wieder vor allem das «über alles» heraushören und gern zitieren.

Trotzdem hat die Ausschaltung der konfliktträchtigen Ehrbegriffe aus den inneren Beziehungen der Europäischen Union bisher ihren Erfolg mitbegründet. Die Beendigung der deutsch-französischen Erbfeindschaft wäre sonst ausgeschlossen gewesen. Es gehört zur Signatur dieser schwersten Krise der EU seit ihrer Begründung, dass nun aus der griechischen Ecke das abgetane Problem wieder auftaucht – und übrigens auch bei Putin, der im Zusammenhang mit Krim und Ukraine gern von der «Demütigung» Russlands spricht, der er ein Ende habe setzen müssen.

Aber man sollte sich hüten, das allein für ein griechisch-balkanisches Phänomen zu halten, analog zu Gottfried Benns beißendem Aphorismus vom Politischen als einer «Balkanidee», womit er niemand geringeren als Aristoteles meinte. Wie vergiftet das Klima ist, zeigen die unentwegten (und historisch meist grundverkehrten) Vergleiche mit ihren eigenen Schuldenkrisen, die den Deutschen derzeit aus aller Welt entgegenschallen. Paul Krugman, Thomas Piketty und viele andere wühlen begierig in alten Brüning-Papieren, zitieren Keynes und das Londoner Schuldenmoratorium von 1953 – Einsprüche aus der Forschung, wie sie etwa der Inflationsforscher und Wirtschaftshistoriker Knut Borchardt im jüngsten Heft der *Vierteljahrshefte für Zeitgeschichte* vorbrachte, erreichen die Weltökonomen eher nicht. Es geht längst ums Aufrechnen, und damit auch um Würde und Ehre.

Und es sind ja nicht nur gekränkte Nationalisten, die hier hellhörig werden. Der Begriff der nationalen Souveränität erfreut sich bei Globalisierungskritikern einer erstaunlichen Renaissance. Der Referendums-Coup von Tsipras wird hier nicht als ranziger Rückgriff aufs Ressentiment (wie es Plebiszite historisch so oft waren) verstanden, sondern als Akt des Widerstands gegen die Weltherrschaft des Kapitals. Demokratie, Sozialstaat, Nation – das sind auch im Verständnis des linken Euro-Kritikers Wolfgang Streeck Bedingungsverhältnisse. Und offenbar hegten Tsipras und Varoufakis ja zunächst Hoffnungen auf eine Spaltung der Union zwischen Schuldnerländern und Gläubigerstaaten, mit dem Ziel das «Hayek-Europa» (wie es bei der Linken gern genannt wird) insgesamt aufzusprengen. Da ist es nicht mehr weit zu den Thesen des versponnenen italienischen Philosophen Giorgio Agamben, der 2013 eine «lateinische Lebensweise» vor dem «protestantischen Kapitalismus» retten wollte.

Das fahle deutsche Mantra gegen das neue linksnationalistische Pathos lautet vorerst Vertragstreue, Regeln, Hilfe gegen Reformen. In diesen Tagen ist die emotionale Leerstelle kaum fühlbar, weil das kopflose Agieren von Tsipras und Varoufakis eine fast unwahrscheinliche Einmütigkeit bei den anderen 18 Euro-Ländern bewirkt hat. Amerikanische Unkenrufe, die Euro-Union, ja die EU stehe vor dem Zerfall, kommen zu früh.

Von der imperialen Warte der USA oder auch Chinas wird der Umstand unterschätzt, dass Zerstrittenheit der Dauermodus der europäischen Familie seit vielen Jahrhunderten war. Dass es immer wieder kracht, ist noch nicht tragisch, schlimm würde es erst, wenn die Nationalehre wirklich wieder zu einem bestimmenden politischen Faktor würde. Die letzten Bilder aus Athen mit den verzweifelten Rentnern vor Bankfilialen haben ein verheerendes Potenzial – denn wo wäre «Demütigung» so greifbar wie hier? Es ist entsetzlich.

Und hier kommt die älteste, noch vor dem Aufkommen der Nationen und ihrer fatalen Ehrbegriffe etablierte europäische Regel ins Spiel. Friedrich Gentz hat sie 1806 gegen Napoleon formuliert: Die europäische Föderativ-Verfassung (damit war das Zusammenleben autonomer Mächte gemeint) beruhe auch auf dem Schutz der kleinen, machtlosen Staaten – nie dürfe eine noch so kleine politische Einheit, etwa die Schweiz, die Republiken Genua und Venedig, die polnische Adelsrepublik und so viele andere machtlose Rechtssubjekte, in Gefahr kommen, wenn es so etwas wie «Europäische Freiheit» geben solle. Diese Sympathie mit den Schwächeren gehört zur Grundausstattung der europäischen Gemeinschaftsgefühle.

Deutschlands Weg in die moralische Isolation begann 1914 mit dem Überfall auf Belgien. Es hat heute ein vitales Interesse daran, dass Griechenland wieder auf die Beine kommt, nicht nur wirtschaftlich, sondern auch in Ehre und Würde. So schwer das zu verstehen ist.

DER KÖRPER DES HERRSCHERS

VON DESPOTIE UND GESUNDHEIT

06. 10. 2020

Die Regierenden werden genauso leicht krank wie alle anderen Menschen auch. Der Vorteil, den ihnen in modernen Zeiten eine gute medizinische Versorgung verschafft, wird aber aufgewogen vom oft unmenschlichen Druck, der auf ihnen lastet. Der amerikanische Präsident Franklin D. Roosevelt und Winston Churchill, der Premierminister Großbritanniens, besiegten Hitler unter permanenten gesundheitlichen Krisen. Roosevelt litt seit 1921 – da war er 39 Jahre alt – an Kinderlähmung. Er war von der Hüfte abwärts gelähmt. Eine sorgfältige Bildregie kaschierte diese Schwäche nach Kräften: Man sah den Kriegspräsidenten entweder sitzend oder hinter wuchtigen Rednerpulten.

Churchill, der in Krisen, befeuert von hochprozentigen Getränken und schweren Zigarren, kurzfristig aufblühte, wurde im Zweiten Weltkrieg zunehmend herzkrank. Die Bedrohlichkeit einer massiven Koronarinsuffizienz wurde ihm von seinem eigenen Arzt verhehlt, um ihn nicht zusätzlich psychisch zu schwächen. Die Öffentlichkeit durfte ohnehin davon nichts erfahren. Dass Adolf Hitler bei fortschreitender Niederlage zunehmend zum Wrack wurde, erfuhr man erst nach seinem Tod. Der Zweite Weltkrieg wurde von schwer kranken Staatsmännern ausgefochten, denn natürlich, auch dem hypochondrischen Stalin ging es nicht blendend: Gefäßverkalkung, Tod durch Schlaganfall.

Hypochondrie ist das Leiden der Tyrannen. Sie bangen um ihre Gesundheit, weil körperliche Schwäche ihre Stellung im selbsterrichteten System in Gefahr bringt. Auch haben sie Ursache, sich vor Giftanschlägen zu fürchten. Hitler nahm am Ende selbst zu Goebbels seinen eigenen Tee in einer Thermoskanne mit. Demokratien können gnädiger sein, denn hier gibt es geregelte Vertretungen und Nachfolgeordnungen.

Als Woodrow Wilson 1919 nach einem Schlaganfall halbseitig gelähmt war, weigerte sich sein Leibarzt, ihn für amtsunfähig zu erklären. In vielen Einzelfragen bestimmte nun die First Lady Mrs. Edith Wilson den Gang der Geschäfte. Der Vizepräsident kam nicht zum Zug. Auch um solche Irregularitäten künftig auszuschließen, wurden in der amerikanischen Verfassung stärker formalisierte Regeln für den Fall einer unvorhergesehen beendeten Präsidentschaft eingeführt, im 25. Zusatz. Jede moderne Demokratie verfügt über eine Kaskade von Vertretungen, dafür gibt es Vizekanzler, Parlamentspräsidenten, Präsidenten zweiter Kammern, im Notfall Gerichtspräsidenten.

Wie mit den Krankheiten der Staatschefs unter den Bedingungen demokratischer Öffentlichkeit umgegangen wird, ist eher eine Opportunitäts- als eine Rechtsfrage.

Bundeskanzler Helmut Schmidt wurde während der RAF-Krise um die Entführung des Arbeitgeberpräsidenten Hanns Martin Schleyer 1977 regelmäßig ohnmächtig. Klaus Bölling, der damalige Regierungssprecher, konnte anschaulich davon erzählen, wie der Kanzler scheinbar leblos auf dem Teppichboden aufgefunden wurde. Davon erfuhr die Öffentlichkeit damals kein Sterbenswort, auch der bald eingeweihte Bonner Journalismus hielt dicht. Zu wichtig erschien das Bild der Stärke beim «leitenden Angestellten der Bundesrepublik» (Schmidt über Schmidt) in diesem Moment der Belastung.

Auch demokratisch gewähltes Spitzenpersonal rühmt sich in Wort und Gesten fast durchweg seiner Stärke, Unverwüstlichkeit, handfesten Belastbarkeit. Die Dauerbeobachtung vor allem durch Bildmedien macht es allerdings immer schwerer, Schwächen und Empfindsamkeiten zu verbergen. Als Angela Merkel im Hitzesommer 2018 Zitteranfälle bekam, entschied sie sich dafür, das Unverkennbare einzugestehen und den Druck zu reduzieren. Sie setzte sich bei zeremoniellen Stehterminen auf einen Stuhl, weil der Zwang, nicht zu zittern, genau das Zittern hätte verlängern können, in einer psychosomatischen Rückkoppelung. Seither verschwand das Thema aus den Kommentaren. Merkel sitzt, wenn es anstrengend wird. Demokratische Schwächeanfälle – von George Bush Vater oder Horst Seehofer – können in den Alltag der Politik integriert werden.

Diktatoren dagegen müssen nicht nur ihre funktionale Unersetzlichkeit sichern – Vertretungen sind hier kaum möglich, auch wenn engste Vertraute viel Einfluss gewinnen können –, sie leben auch vom Bild persönlicher Kraft, dem Zusammenspiel von Seelenstärke und körperlicher Leistungsfähigkeit. Das neuzeitliche Inbild solcher Kraft war Napoleon, der Mann des kurzen Schlafs, der endlosen Feldzüge, der Konzentrationsfähigkeit und Geistesgegenwart. Der Kaiser behielt sein marmorglattes Gesicht inmitten schwankender Schlachten und las in der Nacht seine antiken Historiker aus der Feldbibliothek weiter, nachdem er in der Kutsche Depeschen erledigt hatte. Goethe, der sehr viel auf körperliche Gesundheit hielt, verwendete dafür das Adjektiv «napoleontisch». Mit einem Tisch hat es nichts zu tun, und das Grimm'sche Wörterbuch führt das Wort bis heute nicht.

Am Ende seines Lebens bezahlte Napoleon die Überforderung durch multiple Leiden und frühen Tod. Grauenhaft und doch groß ist der berühmte Satz am Ende des Bulletins, in dem der Kaiser seine Niederlage im Russlandfeldzug von 1812 kaum verhüllt eingestehen musste. Eine Armee von einer halben Million Soldaten war zugrunde gegangen, aber der Kriegsbericht schloss: «Die Gesundheit seiner Majestät war nie besser.»

Otto von Bismarck, der «hysterische Koloss» (Thomas Mann), ist das flackernde Beispiel einer sensiblen Kraftnatur: ein fistelnder Hüne mit Weinkrämpfen und der Fähigkeit, ganze Nächte durchzuhassen, wie er bekannte. Nach solchen Nächten musste die Stimmung mit einem Bierglas voller Portwein zum Frühstück repariert werden. Aber auch Bismarck war kein gewählter Politiker, der unentwegt Rede und Antwort stehen musste. Er konnte wochenlang in Varzin, auf seinem Landgut, arbeiten, wohin eine Bahnstrecke die Berliner Aktenkoffer brachte. Die Einführung des Telefons begleitete er mit Misstrauen.

Am besten, entspanntesten stehen in Gesundheitsfragen legitime Monarchen da. Wenn die Erbfolge sakrosankt ist, dann droht ihnen vergleichsweise wenig. Im Mittelalter sollten Könige allerdings körperlich unversehrt sein, teils aus Gründen magischen Heils, teils aus ritterlich-militärischer Notwendigkeit: Könige waren Anführer im Krieg. So war Blindheit ein Ausschlusskriterium; das führte im Frühmittelalter dazu, dass Konkurrenten in Thronstreitigkeiten nicht ermordet, sondern geblendet und anschließend in Klöster abgeschoben wurden. Auch das Herausreißen der für die Befehlsgewalt notwendigen Zunge war ein bewährtes Mittel, um Könige regierungsunfähig zu machen.

Doch spätestens der gefestigte absolutistische Staat mit seinen Verwaltungen, Premierministern und Kabinetten konnte auf blutige Machtwechsel verzichten und sich mit kranken, sogar debilen Monarchen arrangieren. «Wunder des Legitimismus» nannte Österreichs Staatskanzler Metternich die Regierung mit geistesschwachen Herrschern, mit der er selbst Erfahrungen sammeln konnte, nämlich unter Kaiser Ferdinand I. Der war ein künstlerisch begabter, aber zugleich entwicklungsgehemmter «Depp», wie sein Volk sagte.

Die Gegenprobe solcher Stabilität mit der Schwäche liefern Monarchien mit unklaren Nachfolgeregelungen, so das römische Reich nach Augustus, das byzantinische Reich und das zaristische Russland bis ins 18. Jahrhundert. Hier wurde gemordet, was es das Zeug hielt, und wer da Anzeichen von Krankheit oder Missbildung zeigte, hatte keine Chance. Da herrschten halb tyrannische, halb traditional-monarchische Bedingungen, unter denen es auf die Gesundheit der Majestäten – auffällig oft auch weiblichen – sehr viel ankam.

Wenn im neunzehnten Jahrhundert Monarchen mit seelischen Störungen immer wieder entmündigt wurden – so Friedrich Wilhelm IV. von Preußen und die Könige Ludwig II. und Otto I. von Bayern –, so war dies bereits ein Tribut an eine sich demokratisierende Öffentlichkeit. Die Paläste waren kaum noch lückenlos abzuschirmen, die Könige hatten verfassungsmäßige Pflichten, die sie halbwegs geordnet hinter sich bringen mussten, beispielsweise Thronreden. Kostspielige Privathobbys fielen nun ins Budgetrecht der Parlamente, und sexuelle Devianz verfiel bürgerlichen Verdikten.

Sorgenvoll blickte die deutsche Öffentlichkeit vor dem Ersten Weltkrieg daher auf die geistige Gesundheit von Kaiser Wilhelm II. Man unkte von «Cäsarenwahnsinn» und zog Vergleiche mit dem römischen Kaiser Caligula. Wilhelms Wohlbefinden kommunizierte stark mit Beliebtheitssignalen und Presseresonanz. Eine miserable Pressemappe konnte zu depressiven Verstimmungen führen. Nun war der Kaiser auch traumatisiert durch seinen von Geburt an gelähmten linken Arm. Die Kuren, um ihn zu heilen, hatten ihm als Kind das Gefühl eines unauslöschlichen Makels eingeprägt. In der Person dieses Kaisers wird ein gewaltiger Bogen sichtbar: vom mittelalterlichen Ideal körperlicher Unversehrtheit des Königs bis zur massendemokratischen Dauerbeobachtung der Staatsspitze. Gut bekommen ist es weder ihm noch Deutschland.

DIE ANGST VOR DEM UNBERECHENBAREN DIKTATOR

DIE ADRESSATEN DES PAZIFISMUS

28. 02. 2022

Regelmäßige Friedensmärsche an Ostern hielten die Flamme am Leben, die jederzeit neu entfacht werden konnte. Ein habitueller Pazifismus gehört zur Innenausstattung unserer Republik ebenso wie der Widerspruch gegen ihn. Er nahm eine generationenübergreifende Kontinuität an, ausgehend von den Erlebnisgenerationen des Zweiten Weltkriegs. So bedeutsam andere Anlässe, zum Beispiel der Nato-Krieg in Kosovo 1999, waren: die beiden wichtigsten Momente des deutschen Demonstrationspazifismus waren die Jahre 1983 und 2003.

Im Herbst 1983 ging es gegen die Umsetzung des Nato-Doppelbeschlusses. Dieser sah vor, dass neue atomare Mittelstreckenraketen im Westen stationiert werden sollten, als Antwort auf eine entsprechende Rüstung im Osten: *Pershing*-Raketen (im Westen) gegen *SS-20*-Flugkörper (im Osten). Zugleich lautete das Angebot der Nato, auf diese Nachrüstung zu verzichten, wenn die Sowjetunion ihre Mittelstreckenwaffen wieder abbaue.

Angstmotivierend speziell in Deutschland war, dass auf einmal ein begrenzter Atomkrieg, der sich zwangsläufig auf deutschem Boden abgespielt hätte, möglich erschien. Damit kam auch ein möglicher Riss im transatlantischen Bündnis in den Blick; die eiserne Logik der Abschreckung durch gegenseitige Totalvernichtung schien infrage gestellt zu sein. Die riesenhaften Demonstrationen dieser Jahre gegen die Nachrüstung bedeuteten aber auch einen Aufstand der Gesellschaften gegen die Abschreckungslogik überhaupt.

Dieser Widerstand strahlte in den Osten aus, wo er parallele, viel kleinere, staatlich unterdrückte Friedensbewegungen ermutigte. Rückblickend konnte man sagen, dass für das Ende des Kalten Kriegs beides wirksam war: die Festigkeit der Nato in der Nachrüstungsfrage und die expressive Bekundung der betroffenen Gesellschaften, dass sie friedfertig seien. Menschenketten, übervolle Plätze, Gottesdienste im Freien, simulierte Tode am Straßenrand und so vieles mehr wurden zu einer Form blockübergreifender Massenkommunikation, zu einem Austausch durch Bilder. So konnte die Angstkommunikation absehbar eine rationale Wirkung entfalten.

2003, als es gegen den amerikanischen Krieg im Irak ging, wurde auf ähnliche Weise, nur diesmal noch übernationaler kommuniziert. Damals kam die regenbogenfarbige PACE-Flagge in Umlauf, die bis heute bei keiner Friedensdemo fehlt. Da die Nato bei der Intervention im Irak gespalten war – Deutschland und Frankreich verweigerten eine direkte Kriegsteilnahme –, besaß der Protest auch eine konkretere politische Stoßrichtung, vor allem in Ländern, die dabei waren, wie in Großbritannien und in Polen. Am 15. Februar 2003, einem Samstag, waren die Plätze der großen europäischen Städte mit Demonstrierenden gefüllt. Rückblickend muss man sagen, sie hatten recht, trotz der Scheußlichkeit von Saddam Hussein und seinem Regime.

Die riesige Demonstration zum Ukraine-Krieg im Berliner Tiergarten am vergangenen Sonntag zählt zu diesen großen kommunikativen Ereignissen. Die Straße des 17. Juni war gefüllt wie sonst nur bei Fußballspielen oder früher bei der Love-Parade. Dass die Menge nicht ganz so eng gedrängt war, lag eher an der fortdauernden pandemischen Vorsicht als an fehlender Masse. Viele Teilnehmer wichen vor dem Gedrängel in die angrenzenden Grünanlagen und Straßen aus.

Die Menschen, die sich auf der Demonstration blicken ließen, verrieten durch ihren Beifall, worauf es ihnen ankam: Es ging nicht um die Markierung eines kollektiven Feindes. Wie auch in der gleichzeitigen Bundestagssitzung wurde die russische Opposition mit besonders langem Beifall gewürdigt. Das Sowjetische Ehrenmal im Tiergarten blieb nicht nur unverletzt, es wurde mit Fahnen dekoriert, auch mit russischen. Russland ist nicht unser Feind, darüber konnte es keinen Dissens geben. Der Impuls war im Gegenteil positiv – es ging um die Unterstützung der Ukraine, eines Lands, das sich soeben mit militärischen Mitteln gegen einen Aggressor verteidigt. So wurde neben Furcht und Mitgefühl auch ein kämpferischer Ton hörbar, der bei Friedensdemonstrationen sonst fehlt.

Die Demonstration richtete sich gegen Putins Krieg und damit allein gegen Putin selbst. Er war in Plakaten, Schriftzügen und Bildern die beherrschende Figur. Das bezeichnet allerdings auch ein neue Art von Ohnmacht. Die Bilder von den Menschenmengen mögen in der Ukraine ermutigend wirken – dass sie auf Putin Eindruck machen, scheint ausgeschlossen. Beeindrucken sie die russische Gesellschaft in ihrer Breite? Auch das ist vorerst zweifelhaft.

Dieser Adressat ist neu, und nicht nur, weil er ein einzelnes, schwer berechenbares Individuum ist. Sondern weil er auf der anderen Seite steht. Die Demonstrationen von 1983 und 2003 waren ans eigene Lager gerichtet, an die Nato und an die Vereinigten Staaten. Das machte sie noch nicht realpolitisch wirksam, aber doch kommunikativ aussichtsreicher als eine Anti-Putin-Demonstration. Das eigene Lager war immer noch Teil derselben Öffentlichkeit, in der sich die Demonstrationen abspielten. Das war nebenbei auch immer die Antwort auf Einwände, wenn die Pazifisten gefragt wurden, warum sie nicht in gleicher Weise gegen sowjetische Kriegshandlungen protestierten: Es ist nicht unsere Welt, aussichtsreich ist Protest nur zu Hause.

Daher bedeutet die Anti-Putin-Demonstration am Sonntag einen Einschnitt in der Kontinuität des Friedensengagements in Deutschland. Zum ersten Mal wurde in dieser Massivität gegen einen konkreten äußeren Feind demonstriert, der noch dazu eine Einzelperson ist, ein Autokrat.

War am Sonntag Angst zu spüren? Ja, und wenn subjektive Eindrücke nicht täuschen, mehr als früher. Die Blockkonfrontation war schrecklich, die Drohung mit wechselseitiger Vernichtung, die Möglichkeit von Unfällen ein Albtraum, die Imagination eines kollektiven Atomtods nicht nur Hysterie. Und doch konnte man damals auf eine strategische Binnenrationalität hoffen, die von vielen «pervers» genannt wurde, die sich aber in Hauptquartieren, Thinktanks, Sprachregelungen, auch in den großen Parteiapparaten der sowjetischen Sphäre abbildete. «Sicherheitspolitik» war eine nachvollziehbare Profession, zur Not konnten die Bürger sich auf ihre arbeitsteilige Vernunft verlassen. Am Ende hat sie nicht getrogen, auch wenn man den Faktor von Glück dabei nicht unterschlägt.

Was hat man heute? Scheiternde Putin-Versteher, einen Diskurs über Geopolitik, der am nächsten Tag schon nicht mehr gilt, Rüstungsdoktrinen, die an einem Wochenende verschrottet werden, die Möglichkeit von Währungs- und Energiekriegen, die ganze Volkswirtschaften in den Abgrund ziehen können, die Aussicht auf scheiternde Staaten mit Straßenguerilla und Terror. Dazu als unvermeidliche Begleitung: die nächste Flüchtlingskrise.

Am verstörendsten ist vielleicht nicht einmal der Blick auf einen undurchschaubaren Tyrannen – ist er überhaupt bei Trost? –, sondern auf eine Herrschaftsweise, die wohl kaum mit Niederlagen zurechtkommen kann. Ein besiegter Putin, der weitermacht, so wie die Sowjetunion nach ihrer Niederlage in Afghanistan 1979 trotz allem weitermachte, das erscheint kaum vorstellbar. Man kann ihn bösartig nennen, viel bösartiger, als es seine Verteidiger und «Versteher» wahrhaben wollten – er lässt Gegner auf offener Straße umbringen, er ließ in Syrien Krankenhäuser bombardieren, sein Russland ist ein Folterhaus mit gelenkten Gerichten –, aber das ist nicht einmal der entscheidende Punkt. Man kann über Geopolitik, Sicherheit, Einflusssphären nur bei stabilen Regierungsverhältnissen reden.

Diese Stabilität steht spätestens seit Beginn des Ukraine-Kriegs infrage. Ein Putin, der sich verrechnet – auch in einem problematischen Sieg – und der dabei in Konflikt mit der von ihm regierten Gesellschaft kommt, ist immer noch ein Diktator mit dem zweitgrößten Atomwaffenarsenal der Erde. Und plötzlich hängt alles an einem Charakter, an einem Umfeld im Regierungspalast. Ein Diktator ohne Ausweg ist wahrhaft furchterregend, und keine Friedensdemonstration kann hier beruhigen.

AM ENDE

16. 03. 2022

Seit sich herausstellte, dass Putins Kalkulationen mit einer schnellen Überwältigung der Ukraine falsch waren, melden sich nun seit Tagen Prognostiker, die im Gegenzug eine rasche Niederlage Russlands vorhersagen. Unterschätzung der ukrainischen Widerstandskraft (der «Resilienz»), ein militärisches Logistikdesaster, unvorbereitete Rekruten, zu wenig Soldaten für die Besetzung eines riesigen, sich aufbäumendes Lands, nicht zuletzt die kurzfristigen Wirkungen der überraschend massiven westlichen Sanktionen: Das sind im Einzelnen durchaus plausible Argumente, die einem auf allen Kanälen mitfiebernden Publikum zuweilen triumphalistische Reaktionen entlocken.

Darin mischt sich bei vielen professionellen oder auch nur küchenpsychologischen Beobachtern die Sorge, dass ein in die Enge gedrängter Putin exzesshaft reagieren, gar zu Massenvernichtungswaffen greifen könne, zu Atom-, Chemie- oder Biowaffen. Dass eine solche Drohung erst einmal als Teil psychologischer Kriegführung im Raum steht, sollten allerdings gerade die zuschauenden Laien bedenken – und doch die Möglichkeit im Blick behalten, dass auch Drohungen Selbstläufer werden können. Nie war es wichtiger, kühlen Kopf zu bewahren. Implosion, Agonie oder langfristige blutige Behauptung, alles scheint möglich.

Kühl kommt auch die Forderung daher, man müsse Putin einen Ausweg offenhalten, ihm etwas geben, das er als Sieg verkaufen könne. «Was wir brauchen, ist irgendein dreckiger Deal!», so Adam Tooze jüngst in der *Süddeutschen Zeitung*. Nur ist das überhaupt noch möglich? Je länger der Krieg sich hinzieht, umso größer wird für Putin das Missverhältnis von Aufwand und Resultat, selbst wenn er am Ende über ein enormes Ruinenfeld mit Millionen Fliehender regieren sollte. Nicht einmal von Friedhofsruhe wäre da zu sprechen. Es gibt Siege, die von einer Niederlage nicht zu unterscheiden sind.

Dann stellt sich die Frage, welche Regierungsweisen Niederlagen auf welche Art verarbeiten. In den vergangenen zweihundert Jahren gab es in Europa kaum eine Niederlage, die nicht mit dem Ende einer Regierung oder meist sogar mit einem Regimewechsel verbunden war. Kaiser Napoleon musste 1814 und 1815 zweimal abdanken, Napoleon III. tat es ihm 1870 nach, Kaiser Wilhelm II. ging 1918 ins Exil, und jedes Mal gab es eine neue Staatsverfassung. Selbst halbe Siege, wie der Italiens im Ersten Weltkrieg, konnten in den Umsturz führen, hier in die faschistische Diktatur. Sogar Winston Churchill wurde am Ende des Zweiten Weltkriegs, in der Stunde seines Triumphs, abgewählt – die britischen Wähler fanden, nun seien andere politische Themen an der Zeit, und setzten auf einen Labour-Mann. Noch 1982 gelang es Margaret Thatcher mit ihrer Falklandexpedition, die Generäle in Argentinien zu stürzen.

Niederlagen überstehen können offenbar am besten alteingewurzelte dynastische Herrschaftsformen, Monarchien mit Gottesgnadentum. Der große Napoleon wusste das, und er hat es 1813 in seinem berühmten Dresdner Gespräch mit Metternich formuliert: «Ich werde zu sterben wissen, aber ich trete keine Handbreit Bodens ab», sagte er da zu dem österreichischen Minister, der ihm einen Kompromissfrieden vorgeschlagen hatte. «Eure Herrscher, geboren auf dem Thron, können sich zwanzigmal schlagen lassen und doch immer wieder in ihre Residenzen zurückkehren; das kann ich nicht, ich, der Sohn des Glücks! Meine Herrschaft überdauert den Tag nicht, an dem ich aufgehört habe, stark und folglich gefürchtet zu sein.»

Gilt das nicht auch für Putin? Man mag das persönliche Charisma der Person Putin unterschiedlich einschätzen, dass er aber ein Regime errichtet hat, das auf spektakulären Erfolg gebaut ist, bleibt unverkennbar. Die Autorität der Staatsspitze muss sich «beweisen». Eine reguläre Abwahl in demokratischen Verfahren ist ohnehin nicht vorgesehen. Doch unter demokratischen Umständen hätte Putin seinen Krieg gar nicht führen können – schon die absurde Realitätsverkennung wäre bei einer nicht gelenkten Öffentlichkeit unmöglich gewesen. Putins Krieg ist auf vielen Ebenen an seine despotische Regierungsweise gekoppelt. Vor allem muss er eine breite Öffentlichkeit über das Grauen der russischen Kriegsverbrechen im Dunkeln lassen.

Russland kennt eine Tradition des Zarenmordes, der Palastrevolution, auf die nun einige Beobachter hoffen. Doch darauf kann sich eine Strategie nicht verlassen, zumal Kenner Russlands vor Zuversicht warnen. Dazu kommt ein Problem, das sich erst in jüngster Zeit durch ein Völkerrecht, das sich in Gerichtshöfen und Prozessen manifestiert, dramatisiert hat: Gestürzten Tyrannen fehlt die frühere Möglichkeit eines Exils, sie müssen fürchten, vor Gericht gestellt zu werden und das Ende von Slobodan Milošević zu nehmen. Im Falle Putins hat der Gerichtshof in Den Haag seine Ermittlungen schon begonnen. Das ist, so sehr man die Verrechtlichung internationaler Beziehungen begrüßen mag, für einen gewaltfreien Ausgang seiner Herrschaft kein gutes Omen.

Eine Sankt-Helena-Lösung wie bei Napoleon oder ein Rückzug auf ein Schloss Doorn wie bei Wilhelm II. (den die Alliierten 1919 übrigens vor Gericht stellen wollten) ist heute verbaut. Kaum vorstellbar scheint es, dass ein gestürzter Putin in einem Schwarzmeerpalast verborgen grollende Ruhejahre absitzt. Dabei war Russland zuletzt das letzte möglicherweise funktionierende Rückzugsgebiet für verbrecherische Diktatoren. Doch selbst der Syrer Assad verschmähte diese Lösung, aus guten Gründen.

Der andere mögliche Ausgang ist das Standrecht wie bei dem rumänischen Staatschef Nicolae Ceaușescu und dessen Ehefrau an Weihnachten 1989 oder, unüberbietbar brutal, bei Muammar al-Gaddafi in Libyen 2011, der sadistisch zu Tode gefoltert wurde.

Was droht Russland vermutlich schon auf mittlere Sicht? Eine Epoche, die in Geschichtsbüchern gern mit «Zeit der Wirren» überschrieben wird. Der Weg dahin könnte viel länger sein als von manchen Zuschauern heute gedacht. All das sind keine guten Aussichten.

DAS HEILIGE RECHT
DES BELEIDIGTEN

GAR NICHT ARKAN: DIPLOMATIE UND
ÖFFENTLICHKEIT

03. 05. 2022

Dass Kriege von erregten öffentlichen Debatten begleitet werden, ist einerseits naheliegend, fast selbstverständlich, andererseits eine historisch junge Erscheinung. Trivialerweise setzt sie Existenz und Funktionsweisen neuzeitlicher Öffentlichkeit voraus, beispielsweise Publikationsorgane, Zeitungen, Periodika, Buchmärkte, mehr oder weniger unabhängige Autoren und ein Publikum. Die heutigen Großplattformen – «soziale Medien» –, in denen sich alle äußern können, die möchten, sind die historisch jüngste Gestalt solcher Öffentlichkeiten.

In Deutschland kann man den Beginn einer solchen debattierenden Kriegsöffentlichkeit ziemlich genau datieren: Sie setzte spektakulär ein mit dem Siebenjährigen Krieg, genauer mit dem Überfall Friedrichs des Großen auf Sachsen 1756. Der preußische König stellte das als Präventivschlag gegen eine europäische Koalition dar, die von Sankt Petersburg über Wien bis Paris reichte und die, so ließ er wissen, auch das benachbarte Sachsen als Vorfeld nutzen wollte, dessen nördliche Grenzen nahe an Berlin lagen.

Es kam also zu einer Kriegsschuld-Debatte. Das lag nicht nur an dem viele empörenden Überraschungsschlag des Königs, sondern auch daran, dass just in diesen Jahren der große Take-Off der klassischen deutschen Literatur einsetzte. Das Bürgertum formierte sich in Zeitschriften und Theatern als antihöfische Gegenöffentlichkeit, die die Taten der Herrscher vor ihren moralischen Gerichtshof zog. Dazu kam, dass der preußische

König seinen literarischen Zeitgenossen erfolgreich suggeriert hatte, er sei einer von ihnen, ein «Philosophe» auf dem Thron – das französische Wort «Philosophe» bedeutete damals ziemlich genau das, was man heute «Intellektuelle» nennt.

Die literarischen Ankläger und Verteidiger des großen Königs diskutierten also über – oder sogar mit – einem von ihnen. An ihn konnte man sogar verschärfte moralische Ansprüche stellen oder einfach seine strategisch-staatsmännische Brillanz feiern, als sei es Kunst. Ein Star. Goethe hat in «Dichtung und Wahrheit» diese Konstellation umrissen: Man war nicht «preußisch» gesinnt, wenn man sich auf Friedrichs Seite stellte, sondern «fritzisch». Der Riss ging durch die Familie Goethe und führte zu hässlichen Auftritten am Sonntagstisch: Der Vater war «fritzisch», die Großeltern hingen dem «Reich» an, also der Wiener Koalition, und fühlten sich gegen den glanzvollen Aggressor im Recht. Hier haben wir die Urszene aller Kriegsdebatten seither: Moral stand gegen die angeblich höheren Zwänge der Realpolitik.

Ein fernes Echo dieses Streits fand sich dann 1914 in Thomas Manns Kriegsschrift «Friedrich und die Große Koalition», in der der Überfall auf Sachsen sehr durchsichtig für den deutschen Überfall auf das neutrale Belgien im August 1914 stand: auch eine Ruchlosigkeit aus höherer strategischer Notwendigkeit. Manns bösartig-brillanter Text gehört ins große Regal deutscher Moralismus-Verachtung.

Diese Konstellation von Krieg und moralisch und bald auch nationalistisch urteilender Öffentlichkeit hat sich seither erhalten und immer weiter ausdifferenziert. Darauf hat sich auch die Diplomatie einstellen müssen. Der diplomatische Verkehr hatte sich im Zeitalter des Absolutismus als Kommunikation zwischen Höfen und Ministerien professionalisiert, einer Kommunikation, die hinter verschlossenen Türen stattfand. Inhaber der «Arcana», des Geheimwissens der Regierenden, sondierten unentwegt, unterrichteten ihre Auftraggeber über die Vorgänge bei Verbündeten und Gegnern und wurden bei Bündnisverträgen oder Friedensschlüssen tätig.

All das erforderte eine eigene Professionalität, präzise Formen und Codes, ein Spiel von Andeutungen und Eröffnungen, gar List und Täuschung. Man konnte den einen Hof mit Bündnisgesprächen hinhalten, während man längst schon mit der anderen Macht abgeschlossen hatte. Diese arkane Dimension von Diplomatie – Austausch unterhalb des Radars der Öffentlichkeit, nicht zuletzt unter erklärten Feinden – hat nie aufgehört. Sie hat bis heute eine wichtige Funktion, unter anderem um moralischen Druck abzudämpfen, also den Gesichtsverlust des Gegenübers, um stattdessen einen Ausgleich auf der Grundlage widerstreitender Interessen zu finden. So wurden seit dem 18. Jahrhundert Diplomatie und Öffentlichkeit zu komplementären, sich ergänzenden, einander nicht ausschließenden Kommunikationswegen zwischen Staaten und Kriegsparteien.

Denn natürlich beobachteten die diplomatischen Corps längst nicht nur die Stimmungen und Haltungen in den Apparaten und bei den Regierungen, sondern immer mehr auch die Öffentlichkeiten anderer Mächte. Die moralisierenden Öffentlichkeiten wurden damit selbst Faktoren des Geschehens, so gern sie sich «oberhalb des Getümmels», *au-dessus de la mêlée*, wähnten, um den Titel einer berühmten, von Thomas Mann giftig verhöhnten Schrift des französischen Schriftstellers Romain Rolland aus dem Jahr 1914 zu zitieren.

Die dabei fortlaufenden Kriege mit ihren Wechselfällen wurden zunehmend auch zu Kämpfen konkurrierender Öffentlichkeiten. Die Verflochtenheit von Diplomatie, militärischem Handeln und debattierenden Öffentlichkeiten sind längst ein komplexes Thema der historischen Forschung, das sich bei jedem großen Krieg seit 1792 immer wieder anders darstellt. Die großen Kriegsausbrüche, beispielsweise der von 1870 zwischen Preußen und Frankreich, vollzogen sich in einem ausgebufften Spiel mit den nationalen Öffentlichkeiten. Es ging darum, die eigene Seite nicht nur als die schuldlos angegriffene darzustellen, sondern vor allem auch verletzte nationale Ehre zu exponieren.

Mit seiner berüchtigten Bearbeitung der «Emser Depesche» inszenierte Bismarck ein Empörungstheater, das nur zu gut in die zuvor von seinem Gegner Napoleon III. errichtete französische Ehrenkulisse passte. Beide Seiten zogen zu den Fahnen im Gefühl, das heilige Recht des Beleidigten sei auf ihrer Seite.

Der Beginn des Ersten Weltkriegs mit seinem halben Dutzend Kriegsparteien ist der am besten erforschte und bis heute umstrittenste Großunfall diplomatischer und öffentlicher Kommunikation unter Staaten. Wie würden die anderen Seiten reagieren? Darüber wurde wochenlang sondiert, während zugleich die Öffentlichkeiten mit Emotionen und Teilinformationen gefüttert wurden. Nebenbei ist das Bild allgemeiner Kriegsbegeisterung, das heute wieder bemüht wird, falsch: In vielen Ländern, nicht zuletzt in Deutschland, gab es bis in die ersten Augusttage 1914 Friedensdemonstrationen, an denen sich Zehntausende beteiligten. Furcht und Kriegswut hielten sich die Waage, was nach Kriegsbeginn niemand mehr wahrhaben wollte.

Und dann gibt es die von Diktatoren planmäßig eingeleiteten Kriege. Dabei entsteht eine Asymmetrie, die sich erst im 20. Jahrhundert in vollem Umfang entfaltet hat. Denn Diktaturen kontrollieren die heimischen Öffentlichkeiten in einem Grad, der ihnen Rücksichtnahme ersparen kann. Das geschieht auf vielerlei Wegen, die von Propaganda bis zum Terror reichen und heute mit dem langfristig betriebenen Aufbau alternativer Faktenwelten einen neuen Stand erreicht haben. Diktaturen unterdrücken nicht nur Öffentlichkeiten, sie schaffen sie um und neu.

Ihnen gegenüber stehen aber von Fall zu Fall immer noch freie Öffentlichkeiten mit all ihrem Zwiespalt, Schwanken und Durcheinander. Wenn nicht Gewaltstaaten mit gelenkten Öffentlichkeiten gegeneinander kämpfen, sondern Diktaturen mit Demokratien, entstehen je nach Stand der Kommunikationsmittel immer neue Interaktionen.

Denn Diktaturen versuchen natürlich die Öffentlichkeiten der Kriegsgegner (oder auch der Verbündeten) zu beeinflussen. Sie beobachten mit Argusaugen deren Debatten und Stimmungen und reagieren darauf passgenau und raffiniert. Das heißt, dass jeder, der sich an den Diskussionen beteiligt, schon auf dem Kriegsschauplatz aktiv ist, ob er will oder nicht. Er mischt mit in einem Kriegstheater, an dem sich heute Millionen Menschen allein mit Worten und Bildern beteiligen können, wenn auch mit individuell ganz unterschiedlichem Gewicht. Die wirksamste Waffe aller Kriegsparteien bleibt die moralische Empörung, der heilige Zorn.

Kriegsgräuel sind fast immer real – reine Fälschungen sind heutzutage kaum noch möglich –, ihre Wirkung aber hängt auch von den medialen Umständen ab, in die sie fallen. Sie können – man denke an die Versenkung von amerikanischen Passagierschiffen durch deutsche U-Boote im Ersten Weltkrieg – sogar kriegsentscheidend werden.

Diktaturen haben in diesem großen Theater einen kurzfristigen taktischen Vorteil: Man kann ihnen weniger leicht in die Karten schauen. Was Putin genau denkt, wissen wir nicht. Wo liegen seine «roten Linien», wird gefragt. Vermutlich sind sie verschiebbar, je nach dem Eindruck, den er von den Debatten und Haltungen der anderen Seite gewinnt. Und der ukrainische Botschafter Andrij Melnyk, dem viele undiplomatisches Agieren vorhalten, handelt nur auf dem erweiterten Feld, das sich der Diplomatie längst seit dem 18. Jahrhundert aufgetan hat. Er spricht nicht nur mit der Regierung, sondern mit der ganzen Gesellschaft des Landes, bei dem er akkreditiert ist.

7

EUROPAS
CHANCEN

DIE INSEL DER UNBETEILIGTEN

ENGLANDS NAHE FERNE ZU EUROPA

28. 01. 2013

Warum sind die Briten so schwierige Europäer? Darauf gibt es viele Antworten, eine der gewichtigsten lautet: Es ist das Imperium. Großbritannien als bis gestern imperiale Macht, die bis heute einem Commonwealth von Australien bis Kanada vorsitzt, kann sich nur schlecht einfügen in die ihrerseits imperial-bürokratische Struktur des Brüssel-Straßburg-Europa. Nirgendwo wird beißender über die EU debattiert als in Großbritannien, und zwar quer durchs politische Spektrum, von Perry Andersons spätmarxistischer *New Left Review* bis zum frohgemut konservativen *Spectator*. Es gibt auf der Insel einen altständisch-liberalen Affekt gegen Zentralismus, Staatsgläubigkeit, große Strukturen, der die Lager im Widerstand gegen das Monster Brüssel vereint.

Diese Antwort ist nicht falsch, allerdings verlangt sie wie jede europäische Beobachtung Vergleich und Präzisierung. Die Europäische Union besteht ja insgesamt aus Ländern, die großenteils imperiale Phasen hinter sich haben. Selbst Schweden, die Niederlande und Portugal waren einmal Großmächte. Zwischen Portugal und Spanien zog der Papst nach der Entdeckung Amerikas einen weltteilenden Meridian, Schweden war einmal Reiter auf dem osteuropäischen Schachbrett zwischen Ostsee und Türkei, und die Niederlande eine Welthandelsmacht, die vom aufsteigenden England mühsam überrundet wurde. Spanien aber war die erste europäische Weltmacht überhaupt, ihre Gebiete reichten um 1600 durch alle Zeitzonen.

Frankreich unternahm zweimal, unter Ludwig XIV. und unter Napoleon, Anläufe zu kontinentaler Hegemonie, wovon die Anspielungen auf Alexander den Großen in Versailles und die Pariser Triumphbögen bis heute zeugen. Danach wurde es, parallel zu England, zur zweiten großen europäischen Kolonialmacht in der Spätphase des Imperialismus um 1900. Dass auch Italien 1936 noch einmal kurz Imperium werden wollte, ist dem Land zwar inzwischen peinlich, doch die entsprechende Architektur ist zwischen Rom und Tripolis immer noch zu besichtigen. Deutschland aber, der spätgekommene, immerhin zwei Generationen lang vor Kraft berstende Nationalstaatskoloss in der Mitte Europas, verschliss in zwei Weltkriegen seine imperialen Konkurrenten Frankreich und England. Sie haben am Ende, vor allem durch die Hilfe der Vereinigten Staaten, gesiegt, aber der Preis war der beschleunigte Untergang der Vormacht Europas in der Welt.

Man muss sich immer wieder diesen vierhundertjährigen, den ganzen Erdball umfassenden Titanenkampf vor Augen führen, um fast ein wenig gerührt auf die heutigen Brüsseler Nachtsitzungen zu blicken, die – wie jüngst der *Economist* spottete – so etwas darstellen wie einen neuen Immerwährenden Reichstag zu Regensburg, auf dem sich das Heilige Römische Reich deutscher Nation zu Tode debattierte. Doch genau diese Rührung fehlt in Großbritannien. Hier ist keine Spur von jener Europa-Feierlichkeit, die auf dem Kontinent von Fall zu Fall aufkommt, wenn Karls-Preise in Aachen vergeben werden oder wenn am 14. Juli ein Trupp der Bundeswehr unter trikoloren Jagdbombern über die Champs-Élysées marschiert. Unvorstellbar, dass Deutscher Bundestag und britisches Unterhaus so zusammen tagen, wie es zum Jubiläum des deutsch-französischen Freundschaftsvertrages geschah.

Es fehlt durchaus nicht an Zeichen – Mitglieder des englischen Königshauses haben in der Dresdner Frauenkirche diskret ihre Anteilnahme für die Leiden durch den Luftangriff vom 13. Februar 1945 bekundet –, aber es fehlt eine letzte Wärme. Um das zu verstehen, muss man noch einmal die frühere Geschichte Europas in den Blick nehmen. An dem kontinentalen Machtring hat sich England immer nur von Fall zu Fall beteiligt, und zwar dann, wenn der Kontinent unter eine einzige Vormacht zu fallen drohte und wenn die Freiheit der Meere für die englische Seefahrt gefährdet war. An England scheiterte zuerst der spanische Anlauf zur Hegemonie, dann zweimal der französische.

Von dem doppelten Sieg über Frankreich zeugen noch zahllose Monumente und Namen, Trafalgar Square, die Wellington-Säule und Waterloo Station. Churchill, der Sieger über Hitler, kam zur Welt in dem Schloss Blenheim, das nach einer Schlacht im Spanischen Erbfolgekrieg benannt wurde und auf dessen Gartenseite sein Vorfahr Marlborough, dem er eine vierbändige Biografie widmete, Kriegsspolien aus Frankreich angebracht hatte, darunter eine kecke Büste Ludwigs XIV. Wer Bilder aus Downing Street sieht, kann dort die Staatsporträts jener Pitts und Castlereaghs erkennen, die Napoleon niederkämpften und Europa neu ordneten, vom allgegenwärtigen Kult Churchills und der heroischen Kriegszeit gegen Deutschland seit 1940 ganz zu schweigen. Es hatte etwas zu bedeuten, dass Margaret Thatcher 1990 eine Runde von Deutschland-Historikern versammelte, um über die drohende Wiedervereinigung zu beraten.

All das ist aber doch vorbei, so wie die spanischen, französischen und deutschen Hegemonie-Anläufe der neuzeitlichen Staatengeschichte Europas vorbei sind. Warum ist Großbritannien nicht genauso erleichtert über dieses zwar oft glanzlose, aber zweifellos allen anderen Möglichkeiten vorzuziehende Ende des europäischen Staatendramas? Warum zeigt Spanien keinerlei imperiale Phantomschmerzen, obwohl seine Sprache in größeren Teilen der Welt gesprochen wird als das Französische und mit dem Englischen konkurrieren kann? Die banale Antwort lautet natürlich «Insellage», und auch sie ist nicht falsch, nur muss sie richtig verstanden werden.

Dass die britischen Inseln meerumschlossen sind, führte bis zum Ersten Weltkrieg dazu, dass England keinen einzigen der europäischen Staatenkriege auf seinem eigenen Boden erlebte, obwohl es an ihnen durchaus beteiligt war. Man muss nur auf Deutschland blicken, das zwischen 1618 und 1815 das bevorzugte Schlachtfeld dieser europäischen Kriege war, um den Unterschied zu ermessen – der spätere rabiat feindorientierte deutsche Nationalismus hat auch damit zu tun. Frankreich wiederum sah in anderthalb Jahrhunderten, zwischen 1814 und 1945, viermal deutsche Truppen auf seinem Boden. Spanien war eins der blutigsten Schlachtfelder der napoleonischen Zeit. Deutschland und Italien wurden am Ende des Zweiten Weltkriegs von fremden Armeen okkupiert, Deutschland musste so vollständig besiegt werden wie wohl kein zweites Land in der Geschichte.

Zwar hat auch England im Zweiten Weltkrieg schwer gelitten – die Bomben über London und vielen anderen Städten bezeichnen einen tiefen Einschnitt –, und es hat in langer Perspektive seinem Sieg sogar sein Empire aufgeopfert. Aber, und das ist der Kern jenes insularen strategischen Vorteils: England hat in den letzten Jahrhunderten kein einziges Mal die Erfahrung einer regelrechten Niederlage machen müssen. Nie in seiner neueren Geschichte lag England besiegt am Boden wie selbst das stolze Frankreich. Englands letzter heimischer Krieg war der Bürgerkrieg des 17. Jahrhunderts, der Rest sind ein paar verlorene Schlachten weit draußen, darunter allerdings beträchtliche wie der Verlust der nordamerikanischen Kolonien. Das erklärt die bis heute so zentrale psychologische Rolle der «finest hour» in der Luftschlacht von 1940, als zum ersten Mal fremde Feuerkraft auf englische Städte fiel.

Die Europäische Union, was immer ihre aktuellen Probleme sind, erwuchs nach 1945 aus der von den Völkern des Festlands geteilten «Kultur der Niederlage», um Wolfgang Schivelbuschs glänzende Wortbildung aufzunehmen. An diese Erfahrung konnten dann auch die seit 1989 dazugekommenen geschundenen Völker Osteuropas anschließen, so wie es zuvor die von Diktaturen und Bürgerkriegen gezeichneten Mittelmeerländer Spanien, Portugal und Griechenland getan hatten. Im Vergleich zu all diesen Nationen hat England eine historische Ungebrochenheit, deren psychologische Kraft allerdings nicht unterschätzt werden sollte.

Ihre Wirkung ist Unsentimentalität, jene britische Trockenheit gegenüber dem europäischen Pathos, die auch dazu führt, dass die Absurditäten der Brüsseler Prozeduren, Bürokratien und Anmaßungen in so besonders kaltem Neonlicht erstrahlen. Es wäre nicht nur politisch und wirtschaftlich, sondern auch kulturell extrem schade, wenn diese britische Coolness – Karl Heinz Bohrer würde von Stolz sprechen – dem Kontinent verloren ginge, nur weil ein ziemlich schwächlicher Premierminister seine parteipolitische Haut retten wollte. Denn am Ende war es immer Großbritannien, das die Festlandeuropäer von ihren furchtbaren Verkrallungen befreit hat.

CIVIS EUROPAEUS SUM

DIE VORFAHREN DES SANFTEN MONSTERS

08. 05. 2014

Wahltage sind die Feiertage der Demokratien: Millionen Bürger großer Länder tun zu einem gemeinsamen Termin dasselbe, auch wenn sie sich dabei unterschiedlich entscheiden. Das ist ein Sinnbild für die Balance von Freiheit und Gleichheit, die für eine demokratische Verfassung nötig ist. Die Europäer wählen seit 1979 ihr gemeinsames Parlament direkt, und seit dem Vertrag von Lissabon gibt es eine europäische Unionsbürgerschaft, die zu den Staatsangehörigkeiten der Mitgliedstaaten automatisch hinzukommt. So zeigen es auch die weinroten Pässe der Europäer an: Wir sind zweifach Bürger.

Das ist erstaunlich, wenn man auf die Geschichte der vergangenen 200 Jahre zurückblickt. Sie führte fast überall in der Welt die politische Form des Nationalstaats zum Sieg, eine historisch beispiellos geschlossene Struktur politischer Organisation. Klare Grenzen, einheitliche Gesetze und Verwaltung, meist eine gemeinsame Sprache, ein kanonisches Bewusstsein von der eigenen Geschichte und ein exklusives Staatsbürgerrecht – das sind Kennzeichen moderner Staaten, wie sie sich in den Vereinten Nationen zu einer Weltgesellschaft versammeln. Nicht immer ist der Nationalstaat demokratisch, doch hat er sich als das bisher passendste Gefäß für große Demokratien erwiesen, die über den Raum von Stadt- und Landgemeinden hinausgehen.

Europa hat die Verfassungsform nationaler Demokratien in jahrhundertelangen Kämpfen entwickelt. Ganz Altes – die biblische Idee vom auserwählten Volk – und viel Neues – Repräsentativverfassung, Gewaltenteilung und bürgerliche Öffentlichkeit – haben dazu beigetragen. Doch so erfolgreich und einleuchtend der Nationalstaat wirkt, so zerstörerisch hat er sich durch seinen exklusiv nationalen Geist erwiesen, durch die erbarmungslosen Wettkämpfe, in die er sich mit seinesgleichen stürzte. Im frühen 20. Jahrhundert drohte er Europa zu zerstören.

Daher versucht Europa seit drei Generationen, seinen wichtigsten politischen Exportartikel zu ergänzen und zu überwinden in übernationalen Formen der Koordination. Sie führen nicht zu einem europäischen Nationalstaat, der kaum vorstellbar ist, aber sie sind schon heute mehr als ein Staatenbund. Wann je zuvor hätten sich so viele verschiedene Länder auf eine gemeinsame Staatsbürgerschaft und gemeinsame Wahlen, auf eine Währung und Tausende gemeinsamer Gesetze geeinigt? Wir haben es mit etwas Neuem zu tun. Aber dieses Neue hat viele Voraussetzungen, die, kaum zufällig, vor allem in die vornationale Vergangenheit Europas zurückreichen.

Es beginnt beim alten Rom. Das letzte Mal umfasste ein gemeinsames Bürgerrecht einen ähnlich großen europäischen Raum, als Kaiser Caracalla 212 nach Christus das römische Bürgerrecht an alle Provinzen des Imperiums verlieh, somit an alle etwa 55 Millionen freien Bewohner zwischen der Iberischen Halbinsel, Britannien, dem germanischen Limes, Vorderasien und Nordafrika. Die Römer hatten den deutlichsten Bürgerbegriff der Antike entwickelt, der unserer Idee von Staatsbürgerschaft noch immer zugrunde liegt. Römer durften nicht Bürger fremder Städte werden, sehr wohl aber war dies umgekehrt möglich. Und römische Bürger besaßen präzise Vorrechte und Pflichten, sie waren erkennbar an ihren eleganten Togen und durften nicht demütigend bestraft werden, auch nicht in Zeiten, als die Stimmrechte der stadtrömischen Volksversammlung längst verblasst waren.

So berief sich der Apostel Paulus, als er gekreuzigt werden sollte, auf sein Bürgerrecht: Civis romanus sum. Da dieser stolze Satz in die Apostelgeschichte kam, konnte er nie mehr vergessen werden. Die Römer nutzten ihr Bürgerrecht, um Bundesgenossen, fremde Staatsmänner, neue Truppenteile an sich zu binden und schufen damit eine herausgehobene Trägerschicht für ihr vielgestaltiges Reich. Selbst wenn Kaiser Caracalla mit dem letzten Schritt, der Ausdehnung des Bürgerrechts auf alle freien Bewohner, nur die Steuerbasis des Reichs erhöhen wollte, zog er doch die Konsequenz eines langen Romanisierungsprozesses. Die Folge wirkt ganz modern: In der Spätantike hatten die meisten Bewohner des römischen Reichs zwei Bürgerschaften: Sie waren Athener und Römer, Alexandriner und Römer oder Moguntiner, also Mainzer, und Römer.

Die Christen haben immer gewusst, dass ihr Aufstieg zur Weltreligion den befriedeten Raum des römischen Imperiums voraussetzte. Nicht umsonst hat der Evangelist Lukas die Geburt Christi mit der Regierungszeit von Kaiser Augustus verknüpft und damit auch das Imperium biblisch gemacht. Der römische Papst beerbte den römischen Imperator und dirigierte irische Missionare nach Deutschland oder setzte spanische Mönche als Bischöfe in Polen ein. Außerdem erneuerte er mit germanischen Herrschern die Kaiserwürde: Er transferierte das Imperium, das einst von Rom nach Ostrom gewandert war, so lautete die Doktrin, von den Griechen auf die Franken und dann zu den Deutschen.

Die Aufgabe der mittelalterlichen Kaiser war der Schutz der Kirche, und so ergab sich eine Doppelung der Funktion, die an die heutige europäische Doppelstaatsbürgerschaft erinnert: Der hochmittelalterliche Kaiser wurde in Deutschland zum König gewählt, aber erst in Rom zum Kaiser gekrönt. Selbst in der Neuzeit, als Königswahl und Kaiserkrönung längst gemeinsam in Frankfurt am Main stattfanden, war der Kaiser kein rein deutscher Herrscher, sondern der ranghöchste Monarch Europas, der einzige vor Napoleon, der Könige machen konnte.

Dabei war er mächtig nur zu Hause, in der eigenen Landesherrschaft – im weiten Raum des Heiligen Römischen Reichs, das sich von Burgund und der Toskana bis Pommern erstreckte, dagegen nur ein Symbol der Einheit. Doch war er der oberste Garant des Rechts in einem System, in dem die Untertanen vor einem kaiserlichen Gerichtshof gegen ihre Landesherren Klage einreichen konnten – einzigartig in Europa. Spätere Staatsrechtler nannten das Heilige Römische Reich deutscher Nation daher ein unlogisches «Monstrum», ähnlich wie heute der Schriftsteller Hans Magnus Enzensberger vom «sanften Monster Brüssel» spricht. Immerhin, auch heute können Bürger Europas gegen ihre Staaten einen europäischen Gerichtshof anrufen.

Die Kirche blieb für Jahrhunderte die straffste und größte europäische Organisation, in der nationale Herkunft zwar nicht bedeutungslos war, aber immer wieder überspielt werden konnte. In ihren hochmittelalterlichen Konzilien versammelten die Päpste Bischöfe und Äbte aus der ganzen Christenheit um sich, um gemeinsame Regeln wie die obligatorische Beichte für alle Gläubigen zu erlassen. Auch sicherte sich der Papst seine Unabhängigkeit beim Aufbau der kirchlichen Hierarchien, indem er den Einfluss der örtlichen Herrscher auf die Ernennung von Bischöfen zurückdrängte. Geldströme aus ganz Europa flossen nach Rom, unterstützt vom bargeldlosen Zahlungsverkehr, den die florentinischen Bankhäuser abwickelten, die Filialen in vielen Städten nördlich der Alpen unterhielten. Lobbyisten aus allen Ländern drängelten sich an der Kurie so wie heute in Brüssel.

Das Papsttum initiierte auch die ersten gemeineuropäischen Kriegsunternehmen, die Kreuzzüge, die als bewaffnete Wallfahrten nach Jerusalem das Heilige Grab aus den Händen der Muslime befreien sollten. Im 12. Jahrhundert kämpften hier Könige und Fürsten aus Frankreich, England und Deutschland nebeneinander, und gemeinsam war ihnen auch bald eine Ritterkultur, die sich mit denselben Geschichten unterhielt. Den Parzival gab es erst auf Französisch und dann auf Deutsch. Tempelritter aus ganz Europa kolonisierten die Gegend südlich von Berlin, wo es immer noch einen Stadtteil «Tempelhof» gibt, und im sogenannten Deutschen Ritterorden, der die Preußen an der Ostsee unterwarf, fochten keineswegs nur deutsche Krieger.

Als das Papsttum für eine Generation zwischen Rom und Avignon geteilt war, musste ein Konzil die Einheit der Kirche wiederherstellen, dem der deutsche Kaiser Schutz gab. Das vor sechshundert Jahren 1414 in Konstanz eröffnete Konzil kann man als das erste europäische Parlament bezeichnen: Um das Übergewicht italienischer Kardinäle auszugleichen, wurde hier zum ersten Mal nach «Nationen» abgestimmt, sodass Engländer, Franzosen, Deutsche, zu denen später die Spanier kamen, jeweils nur eine Stimme hatten. Noch war der Nationenbegriff damals nicht «national», er bezeichnete die geografische Herkunft. In Konstanz vertrat die deutsche Stimme auch die baltischen und slawischen Kirchenprovinzen, ohne dass dies jemanden gestört hätte.

Dieses alte Europa entwickelte eine erstaunliche Flexibilität in seinen überregionalen Verbindungen. Italienische Kaufleute konnten in Brügge ebenso nach ihrem eigenen Recht leben wie ihre deutschen Kollegen in Venedig. Ausländische Studenten hatten eigene Korporationen in Paris und Bologna, und man fragt sich, ob der «Bologna-Prozess» unserer Tage sich nicht besser daran erinnert hätte. Aus dem Milieu der hochmittelalterlichen Universität kam auch der erste Versuch, den Zusammenhang Europas als Verbindung unterschiedlicher Teile zu konzipieren. Der Kölner Kanoniker Alexander von Roes entwarf um 1280 eine europäische Geschäftsverteilung zwischen den Hauptnationen der Christenheit: Die

Italiener haben demnach das Papsttum, die Herrschaft über die Kirche; die Deutschen das Imperium, den Schutz der Kirche; und die Franzosen mit der Universität Paris das Studium, die scholastische Doktrin der Kirche.

Nicht zuletzt die spätmittelalterlichen Konzilien der Kirche förderten eine weitere europäische Gemeinschaft, die Internationale der humanistischen Gelehrten. In den Sitzungspausen in Konstanz stöberten italienische Kleriker in den Klöstern an Rhein und Bodensee nach antiken Manuskripten. Petrarca und Cola di Rienzo wurden in deutschen Kanzleien eifrig studiert, um den Stil zu verbessern, mit Wirkungen auf die deutsche Syntax bis heute. Der Buchdruck schuf am Ende des 15. Jahrhunderts eine internationale Philologie, die dafür sorgte, dass überall in Europa dieselben Texte zitiert werden konnten.

Diese humanistische Öffentlichkeit war auch die Voraussetzung für die erste große Teilung Europas in der Kirchenspaltung. Fortan zeigte sich: Europa ist nicht nur katholisch und hat nicht den einen Glauben, es ist auch protestantisch, es hat das Prinzip der Sezession entdeckt und damit seine eigentliche Freiheit. Da sich in Europa viele Länder und Herrschaften befestigten, konnte kein Gedanke mehr unterdrückt werden. Luther wurde gerettet von einem sächsischen Kurfürsten. Was in Paris nicht publiziert werden durfte, erschien eben in Holland. Voltaire wurde durch die Verbannung nach England ein europäischer Schriftsteller. Europa wäre unvorstellbar ohne die eigensinnige Schweiz, die Fluchtburg der Aufklärung und vieler Emigrationen.

Erst in der Neuzeit entwickelte sich so die eigentümliche europäische Struktur, der Zusammenhang von Verschiedenheiten, konfessionell, sprachlich und kulturell. Die Volkssprachen wurden literarisch wie das Lateinische, und so mussten die Europäer immer polyglotter werden. Dieser Prozess verlief parallel zum Aufstieg der großen und kleinen Monarchien, die sich zu einer konfliktreichen europäischen Staatengesellschaft verbanden, in der potenziell jeder mit jedem Krieg führen, aber auch Bündnisse schließen konnte.

Auch dabei verliefen die Linien über alle Grenzen hinweg. Deutsche Kurfürsten wurden Könige in England und in Polen. Der schwedische König besaß Provinzen im deutschen Reich. Der preußische König war Kurfürst von Brandenburg und Lehnsmann des Königs von Polen. Seit dem späten Mittelalter entwickelte sich durch Heiraten quer über den

Kontinent die europäische Familie der Dynastien, die im Fall der Habsburger von Madrid und Brüssel bis Wien, Florenz, Prag und Budapest reichte. Dagegen arbeiteten die Bourbonen, indem sie sich mit italienischen, bayerischen, spanischen und polnischen Fürstenhäusern verbanden. Noch Napoleon kopierte dieses System, indem er eine habsburgische Erzherzogin heiratete, um eine imperiale Superdynastie zu begründen.

Diese europäische Staatengesellschaft bildete gemeinsame diplomatische Umgangsformen aus – meist in französischer Sprache – und räsonierte über ein Völkerrecht, das in erste Entwürfe eines europäischen Friedens mündete. Als Kant über den Ewigen Frieden nachdachte, lauschten deutsche Reisende längst begeistert den Reden der Pariser Nationalversammlung, die für ein paar Jahre eine Art europäisches Parlament wurde.

Dass Europa bei allen Konflikten eine Einheit sei, war nicht nur Theorie. In den großen Friedensschlüssen, vor allem dem Westfälischen Frieden von 1648 und dann auf dem Wiener Kongress 1815, übernahmen die Hauptmächte Verantwortung für den gesamten Kontinent. In beiden Vertragswerken wurde die Situation von Deutschland, der unruhigen, zerrissenen Mitte Europas, von nichtdeutschen Mächten garantiert, wie es erst wieder im Zwei-plus-Vier-Vertrag von 1990 gelang.

Wer die Jahrhunderte vom römischen Bürgerrecht bis zu den Verträgen von Lissabon überfliegt, erkennt, dass der Nationalstaat weder das erste noch das letzte Wort der europäischen Geschichte ist. In seiner reinen Form hat es ihn sogar nur eine bemerkenswert kurze Zeit gegeben, von der Französischen Revolution bis zum Ende des Zweiten Weltkriegs, aber selbst in dieser kurzen Zeit keineswegs überall und unumschränkt. Erst 1870 hatte er nach der Einigung von Italien und Deutschland die Mitte Europas erreicht, erst 1919 gelangte er im Versailler Frieden bis an die russische und türkische Grenze. Aus Russland wurde sogar erst 1991 annähernd ein Nationalstaat, zum selben Zeitpunkt, als in Jugoslawien ein kleiner Vielvölkerstaat zerfiel. Ob das westeuropäische Modell des Nationalstaats für andere Regionen und Weltteile überhaupt taugt, kann in einer vergleichenden Betrachtung angezweifelt werden.

Wer über die Kompliziertheit der Europäischen Union klagt, kennt die Geschichte nicht. Die Metamorphosen des Kontinents lehren Phantasie für die vielen Möglichkeiten von Kooperation und Autonomie. Und sie zeigen: Die scheinbar einfachen Lösungen waren eigentlich immer die schlechtesten.

STÄRKE AUS VERWUNDBARKEIT

VON DEN VORTEILEN DER SCHULD

17. 04. 2015

Deutschland diskutiert über die Europäische Union und Brüssel. Die anderen Länder in Europa diskutieren über Deutschland und Berlin. Das ist die grundlegende Asymmetrie der europäischen Debatten seit dem Ausbruch der Finanzkrise.

Der deutsche Europa-Diskurs ist überwiegend moralisch und legalistisch. Deutschland habe die Pflicht, seine Interessen den europäischen unterzuordnen, bis hin zu massiven Transferleistungen in die verschuldeten Länder, sagen die einen. Die anderen pochen auf die Verträge und verlangen, alle sollten «ihre Hausaufgaben machen», um das schaudervolle Mantra deutscher Politiker zu zitieren. Isoliert ist die radikal linke Position Wolfgang Streecks, der am liebsten die Wirtschaftsordnung wieder aufs Maß demokratischer Nationalstaaten zurückschneiden würde. Diese Kritik am neoliberalen «Hayek-Europa» teilt er mit dem irischen Marxisten Perry Anderson.

Sonst aber reden Briten, Franzosen, Italiener und Polen, wenn sie über Europa nachdenken, von deutscher Hegemonie. Wer etwas gegen den Kapitalismus und die Finanzmärkte hat – und das sind derzeit viele –, hat nun auch ein Feindbild mit Gesichtern, nämlich Angela Merkel und Wolfgang Schäuble; erst danach kommen Mario Draghi und Christine Lagarde.

Dabei sind die Meinungen tief gespalten, am auffälligsten in Italien, wo der Euro den einen als Instrument für ein «Viertes Reich» gilt, den anderen aber als größte Modernisierungschance seit dem Zweiten Weltkrieg für ein marodes, zurückgebliebenes Land. Für Angelo Bolaffi hat Europa daher ein «deutsches Herz». Auch in Frankreich schwankt man zwischen Selbstzweifel, Bewunderung und Ablehnung Deutschlands;

kürzlich verteidigte Bernard-Henri Lévy Angela Merkel mit Verve gegen Nazi-Karikaturen. Polen hätte spätestens seit der Ukraine-Krise gern mehr deutsche Führung in Europa; Annäherungen an Russland würden dort mit äußerstem Misstrauen gesehen.

Am interessantesten ist der englische Blick auf Deutschland. Britische Historiker sind dabei, die gesamte ältere Geschichte Deutschlands und Europas umzuschreiben. Joachim Whaley und Neil MacGregor haben für ihre Landsleute die vornationale alte Reichsgeschichte der Fürstentümer und Städte wiederentdeckt; Brendan Simms beschreibt das europäische Staatensystem seit 1453 als Struktureffekt deutscher Machtlagen – kein europäisches Gleichgewicht ohne seine schwache Mitte als Schlachtfeld, Pufferzone und Ressourcenquelle. Der Aufbau eines preußisch-deutschen Machtzentrums 1870/71 war in dieser Sicht tatsächlich jene «Revolution», die Benjamin Disraeli bereits unmittelbar nach der Bismarckschen Reichs- gründung diagnostizierte.

Es sind solche langfristigen historischen Erinnerungen, die nun, ein Vierteljahrhundert nach der Wiedervereinigung, so viele Europäer mit so viel Argwohn und Erwartung zugleich auf Deutschland blicken lassen. In Italien war das Bismarck-Gedenken des Jahres 2015 selbstverständlich ein Zeitungsthema.

Natürlich wissen außenpolitische Fachleute und handelnde Politiker um diese prekäre Stärke. Die «Vormacht wider Willen» geistert in vielen Variationen auch bei uns durch Bücher und Leitartikel. Der moralistische deutsche Europa-Diskurs ist auch eine Antwort darauf, allerdings eine sehr unpolitische; die Uhr lässt sich eben nicht mehr zu Helmut Kohl zurückdrehen, wie ausgerechnet Jürgen Habermas das gerne sähe. Denn Europa ist seit dem weitgehenden Rückzug der USA aus seinen Ange- legenheiten nicht nur finanzpolitisch, sondern auch sicherheitspolitisch mehr als je zuvor auf sich gestellt. Innerhalb der EU wirken viele wider- streitende Interessen, die doch koordiniert werden müssen – da hilft auch der Verweis auf die vielen prozeduralen Demokratiedefizite der EU kurz- fristig wenig. Und nach Lage der Dinge kommt Deutschland nicht darum herum, diese Koordination maßgeblich zu bestimmen.

Das ist der Ausgangspunkt eines neuen Büchleins von Herfried Münk- ler, das man als die erste durchgeführte deutsche Antwort auf viele Bücher anderer europäischer Nationen begrüßen kann («Macht in der Mitte. Die neuen Aufgaben Deutschlands in Europa», Hamburg 2015). Münkler greift weit zurück in die Geschichte, darin vor allem den britischen Historikern nah, bis zurück zum Römischen Reich und zur Entstehung der Nationen in Europa. Heterogen zusammengesetzte Reiche zerfallen, wenn sie keine starke Mitte haben, das ist die wichtigste Beobachtung aus dieser frühen Phase. Sie gilt für das römische Imperium, das in einen westlichen und östlichen Teil zerfiel, für die frühe christliche Kirche, die dem Reich in die Spaltung folgte, auch für das Reich Karls des Großen, dessen lotharingische Mitte zu schwach war, um die Randmonarchien Frankreich und Deutschland zusammenzuhalten.

Die frühneuzeitliche Machtschwäche der Mitte führte im Dreißigjährigen Krieg und den Revolutionskriegen um 1800 zu jenen Traumatisierungen, die im 19. Jahrhundert den Deutschen einen nationalen Machtstaat so wünschenswert erscheinen ließen. Dessen Scheitern begreift Münkler allerdings eher als Folge vermeidbarer, wenn auch monumentaler Fehler denn als strukturelle Notwendigkeit.

Nachdem Europa im Kalten Krieg seine verbindende Mitte verloren hatte, ist Deutschland seit 1990 wieder da, in einem Kontinent, aus dem die Flügelmächte Amerika und Russland sich weit zurückgezogen haben (allerdings mit der Option, von Fall zu Fall rasch und entschieden wieder zurückzustoßen, wie die letzten Jahre gezeigt haben).

Zugleich ist das alte, instabile europäische Staatensystem durch die EU mit ihrem Euro überlagert worden – denn ganz verschwunden ist es ja nicht, wie die aktuellen Interessenkonflikte zeigen. «Macht in der Mitte», die neue Rolle des wiedervereinigten Deutschland schillert bei Münkler eigentümlich zwischen einer räumlich-geopolitischen und einer fast allegorischen Bedeutung, die von Ferne an Bismarcks «ehrliches Maklertum» erinnert: Deutschland als vermittelnde, ausgleichende, koordinierende Macht, die beispielsweise im Interesse aller nicht nur absolut, sondern auch relativ mehr bezahlt als die übrigen Mitglieder der Union, die aber insgesamt auch die Richtung vorgibt, vor allem an einem Einklang mit Frankreich interessiert ist. Das ist etwas anderes als ein «Kerneuropa» starker Länder, denn niemand kann ein Interesse an instabilen Peripherien haben. Da denkt Münkler ganz als Imperiums-Theoretiker.

Die Gefahren, Münkler spricht von «Verwundbarkeiten», stehen jedem vor Augen: Die antieuropäischen Populismen könnten siegen; der Konsens der großen Koalition (zu der kurzfristig keine Alternative in Sicht ist) nützt sich ab; die antideutschen Ressentiments nehmen überhand. All das lässt sich mit kluger Politik einhegen – Deutschland sollte nicht nur aus Eigeninteresse an seiner wirtschaftlichen Stärke festhalten, und auch seine Kultur und Wissenschaft nicht verkommen lassen. Erfolgreiche Politik muss nicht von Liebe begleitet werden. Den deutschen Journalisten empfiehlt Münkler einen gelassenen Umgang mit den zuweilen hysterischen antideutschen Reaktionen in den benachbarten Ländern.

Denn, und das ist der Clou von Münklers Argumentationsgang, natürlich wird Deutschland aufgrund seiner Geschichte moralisch verwundbar bleiben. Gerade in den Mittelmeerländern ende derzeit sogar eine «Kultur des Beschweigens» deutscher Verbrechen, die in der früheren Nachkriegszeit dazu diente, Wunden nicht länger offen zu halten. Aber gerade diese vorerst unabsehbar weiterwirkende moralische Angreifbarkeit mache die faktische deutsche Hegemonie in Europa überhaupt erst erträglich. Sie gibt den Europäern den Hebel und die Gewissheit, dass Deutschland, um es so grob zu sagen, wie Münkler es nicht schreibt, nicht in neuer Hybris durchdrehen wird.

Die deutsche Geschichte bleibt also die weiterblutende Wunde, die den Amfortas-Siegfried Deutschland so schwächt, dass er so besonnen bleiben muss, wie er es als nur halb starke Macht im Staatssystem von 1870 bis 1945 nicht war, zu seinem eigenen und zu Europas Unglück. Das ist eine Objektivierung jener moralischen Verpflichtung zur Selbstkritik, die in der Sicht kritischer Historiker die Vergangenheit den Deutschen seit 1945 auferlegt.

Ob das gut geht? Immerhin haben wir nun einen Gedanken, der uns erlaubt, uns die Sorgen der anderen Europäer zu eigen zu machen, ohne die reale Stärke zu verleugnen, die wir ja nicht einfach verschwinden lassen können.

DANKE, ENGLAND!

DER BREXIT UND DAS EUROPA DER BÜRGER

10. 12. 2018

Wenn am Dienstag das Unterhaus abgestimmt hat, wird man vielleicht immer noch nicht wissen, in welcher Form Großbritannien die Europäische Union verlässt. Sogar die Option, dass der Austritt gar nicht stattfindet, bleibt möglich. Das ist nach zwei Jahren des Überlegens und Verhandelns ein erstaunliches Resultat. Zeit für alle Bürger der Europäischen Union, sich zu fragen, was der quälende Brexit-Prozess für sie gebracht hat. Als Erstes muss man feststellen, dass das europäische Thema sich im Verlauf dieser Jahre neu politisiert hat. Lange vorbei ist die Zeit, wo «Europa» vor allem historisch begründet und konkret verlästert wurde, ohne dass dies Folgen zu haben schien.

Die historischen Begründungen hat Aleida Assmann, die diesjährige Friedenspreisträgerin des deutschen Buchhandels, soeben noch einmal klassisch zusammengefasst («Der europäische Traum», München 2018). Vier Lehren der Geschichte seien es, die den «europäischen Traum» tragen: die Friedenssicherung zwischen einstigen Erzfeinden, die Wiederherstellung von Rechtsstaatlichkeit und Demokratie in vormaligen Diktaturen, der Aufbau vor allem der deutschen Erinnerungskultur und die Erneuerung der Menschenrechte als Leitschnur der Politik. Dass all dies organisch zusammenhängt, liegt auf der Hand. «Europa», die politische Integration seiner sich vormals immer wieder aufs Blut bekämpfenden Nationen, erscheint als zwingendes Resultat dieser Lehren.

So hat man es immer wieder gehört, und darum mussten sich Zweifel und Kritik zuletzt vor allem gegen dieses «Narrativ» richten: Den Frieden zwischen den Völkern haben die Querelen um den Euro in Gefahr gebracht, die EU war bisher nicht imstande, den Abbau der Rechtsstaatlichkeit in Osteuropa zu stoppen, die Erinnerungskulturen haben das Poten-

241

zial, einander zu bestreiten – vor allem zwischen dem Westen und Osten Europas –, und die Politik der Menschenrechte hat in der Flüchtlingsfrage einen regelrechten Schiffbruch erlitten.

Doch schon der Umstand, dass sich die großen Linien der Feiertagsreden in konkrete politische Streitthemen zurückverwandelt haben, bezeichnet einen neuen Zustand. «Europa» steht seit der Krise des Euro, der Flüchtlingskrise und dem Brexit so zur Disposition wie kaum zuvor in seiner knapp siebzigjährigen Geschichte. Selbst die Ablehnung der Verfassung 2005 durch Volksabstimmungen in Frankreich und den Niederlanden bedeutete keine so tief gehende Krise.

Der britische Fall ist in vieler Hinsicht besonders. Erstens, weil das Vereinigte Königreich von manchen fundierenden Lehren der Geschichte in geringerem Maß betroffen zu sein scheint: Erbfeindschaften wie die deutsch-französische hat es nicht gepflegt; als Demokratie und Rechtsstaat verfügt es über stabile Traditionen; die Vergangenheit wird immer noch weithin als ruhmreich empfunden, historisch kann sich England durch seinen Einsatz in den zwei Weltkriegen auf der richtigen Seite sehen. Dazu kommt, dass Großbritannien sich das Euro-Problem erspart hat. Was allerdings für den Brexit eine enorme Rolle spielte, war die Migrationsfrage.

Nun gab es immer einen zweiten Europa-Diskurs, der die Vielfalt und Eigenwüchsigkeit auf dem Kontinent mit «Brüssel» kontrastierte, dem angeblichen Bürokratiemonster, seiner gouvernementalen Undurchsichtigkeit, dem «Hayek-Europa» (Perry Anderson) der Marktkonformität. Andere wiederum störten sich an Sozial-, Produkt- und Umweltstandards, die dem Markt im Gegenteil mit neuen Fesseln neue Bahnen öffneten und alte Gewohnheiten aufhoben. Kritik an Deregulierung oder an Gurkenkrümmungsnormierungen – der Anti-Brüssel-Diskurs war immer ein drehbares Geschütz.

Die Vorgeschichte des Brexit zeigt, dass jahrelanges Gerede mit Halbwahrheiten und Unwahrheiten folgenträchtig ist. Großbritannien, von historischen Belastungen vermeintlich frei, gönnte sich den Anti-Brüssel-Affekt und lernte seit der Brexit-Abstimmung eine Realität kennen, von der vorher niemand gesprochen hatte. Das Gewürge um den richtigen Weg zum Ausstieg hat nicht nur die britische Öffentlichkeit, sondern auch die aller anderen EU-Länder auf ganz neue Weise mit dem Projekt Europa bekannt gemacht. Die britische Mühsal hat, so erstaunlich das ist, erstmals profunde Öffentlichkeit über die EU hergestellt.

Nun musste das Ausmaß der Verflechtungen auf allen Ebenen neu verhandelt werden: Lieferketten, Industrienormen, Lebensmittel- und Pharmaziestandards, Sicherheitsarchitekturen, Verkehrsstrukturen zu Land und in der Luft, Fischereirechte, Forschungsverbünde, Studienaustausch, eine Riesenwelt von Reibungslosigkeit geriet nun in Gefahr. Brüssel, das angebliche Monster, das nicht mehr Beamte beschäftigt als eine mittlere deutsche Stadtverwaltung, hatte ganze Arbeit geleistet.

Außerdem musste das stolze Vereinigte Königreich entdecken, dass auch der erste Punkt auf der Assmannschen Liste, die Friedenssicherung, nicht nur auf dem Kontinent einschlägig ist: Großbritannien ist ein Verbund von Nationen mit alten Konflikten, die unter dem Dach der EU entspannt werden konnten. Nordirland, Schottland konnten von der Zentrale Abstand nehmen, ohne mit ihr zu brechen.

Und so wurde in den beiden vergangenen Jahren in der britischen Öffentlichkeit so interessant und sachhaltig über Europa und die EU debattiert wie selten zuvor. Wäre der Anlass nicht so traurig, müsste man als Kontinentaleuropäer sagen: Großartig, liebe Briten, seit Edmund Burke die Französische Revolution sezierte, waren eure Debatten für uns nicht mehr so interessant. Auch ist das Ausmaß der Selbstkritik, das in Zeitungen und Magazinen wie dem *Guardian*, dem *Economist* und dem *New Statesman* und so vielen anderen geübt wurde, ehrfurchtgebietend. Die politische Satire fand zu neuen Höhepunkten, befeuert von lebendigen Karikaturen wie Jacob Rees-Mogg und Boris Johnson.

Dazu trug der Umstand bei, dass die Remainer, also die Beinahe-Hälfte des Landes, die 2016 lieber in der EU geblieben wäre, keine parlamentarische Vertretung hatte. Die Labour-Partei hat bis heute nicht geklärt, wie sie zu dieser Frage steht, was angesichts der Dringlichkeit der Alternativen eine eigene Leistung darstellt. Es mag sein, dass man einen Pudding nicht an die Wand nageln kann, auf dem Tisch kann er aber recht lange herumstehen, ohne zu zerlaufen. Die Reihe der interessanten Witzfiguren wird von Jeremy Corbyn mit großer Gravitas bereichert.

Das Remain-Lager musste sich daher in der Presse und in Bürgerprotesten außerhalb des politischen Systems artikulieren, und das ist das erstaunlichste Ergebnis des Brexit-Jammers: Ausgerechnet in Großbritannien vermag die EU riesige Plätze zu füllen. Die Leute schwenken Fahnen und Transparente mit dem blauen Sternenbanner, gern mit Herzchen geschmückt. Die Umfragen zeigen eine mittlerweile größere Hälfte der

Bevölkerung, die immer noch für den Verbleib in der EU ist. Im Land des ätzendsten Brüssel-Spotts will sie zu Brüssel zurück.

Auf dem Kontinent gibt es Parallelen. Die Demonstrationen mit dem «Pulse of Europe» waren ein kontinuierlicher Erfolg. Von der Auflösung des Euro wird selbst in Krisenländern wie Italien nicht mehr ernsthaft gesprochen. Der jüngste krachende Misserfolg der sogenannten Patriotischen Staatsanleihe in Italien, also der Versuch, einfache Sparer für italienische Schuldentitel zu gewinnen und damit einen Versuch in finanzieller Autarkie zu starten, gleicht einem Miniplebiszit: Hier sagte nicht die Finanzindustrie nein, sondern Leute, die fürs Alter vorsorgen wollen.

In Deutschland wurde der Brüssel-Roman von Robert Menasse zum Bestseller. Noch ist allerdings unklar, wie sich die Bewegung der «Gelbwesten» in Frankreich zur EU stellt. Die bis heute nicht gelösten europäischen Großthemen, der Euro und die Migration, haben eine neue Dynamik zwischen den Nationen und Brüssel erzeugt, die womöglich jenen zweistufigen europäischen Bürgersinn befördern könnte, den Jürgen Habermas seit vielen Jahren propagiert. Die Krisen seit 2008 haben gezeigt, dass keinem Bürger der EU gleichgültig sein kann, was in den anderen Ländern geschieht.

Noch immer sind die langfristigen Folgen eines Brexit nicht absehbar. Timothy Garton Ash hat soeben vor einer finsteren Möglichkeit gewarnt: Ein nach dem Austritt isoliertes Großbritannien könnte sich künftig wieder seiner überkommenen Politik zuwenden, die Länder des Kontinents gegeneinander auszuspielen. Noch hat das Schreckgespenst des Zerfalls die Mitglieder der EU bei den Brexit-Verhandlungen zusammengehalten. Doch ob dies so bleibt, ist ungewiss. Was, wenn sich England künftig mit unzufriedenen EU-Ländern am Mittelmeer verbündet, und das vor dem Hintergrund neuer globaler Unsicherheiten, für welche die Namen Putin und Trump stehen? Das Friedensmotiv richtet sich nicht mehr bloß auf die Vergangenheit, es hat eine aktuelle weltpolitische Dimension.

Doch wenn Europa Glück hat, wird man im Rückblick einmal sagen: Der Brexit hat die EU der Regierungen beerdigt und die EU der Bürger begründet.

WAHN UND WERTE

DIE ZWEI PROJEKTE DES WESTENS

13. 06. 2020

Das Übergreifen der amerikanischen Proteste gegen rassistische Polizeigewalt auf viele Städte in Europa hat für einen Moment die Einheit des Westens wieder in den Blick gebracht. Dabei schien sie zuletzt unter den Schlägen der Präsidentschaft Donald Trumps schon abgeräumt zu sein. Doch wenn nun in Minnesota und München ähnliche Parolen skandiert werden, dann erscheint der Westen nicht als Bündnissystem und Interessengemeinschaft, sondern als normatives Projekt, wie es der Historiker Heinrich August Winkler beschrieben hat. Es formierte sich in den beiden atlantischen Revolutionen, der amerikanischen von 1776 und der französischen von 1789. Beide formulierten Kataloge von Menschen- und Bürgerrechten, beide entwarfen republikanische Verfassungen mit Gewaltenteilung und der Herrschaft des Rechts.

«Normativ» und «Projekt» nennt Winkler diese säkulare Anstrengung, weil ihre Ideale bis heute nie ganz realisiert wurden. Das Projekt blieb immer unvollendet, rückfallgefährdet, und war stets an seinen eigenen Ansprüchen zu messen und weiterzuentwickeln. Zum «Westen» gehören Selbstkritik, Protest und Reform von Anfang an dazu. Dazu gehört auch die Verbindung über den Atlantik, die wechselseitige Beeinflussung der Staaten und ihrer Gesellschaften. Der momentane Gleichklang des Protests erinnert an die Studentenbewegungen und ihren Kampf gegen den Vietnamkrieg vor einem halben Jahrhundert.

Der amerikanische Aufruhr und seine europäischen Ableger haben mit dem unvollendeten Projekt unmittelbar zu tun, weil sie einmal mehr an dessen Lücken erinnern. Die amerikanische Revolution schloss die unterjochte Urbevölkerung und die aus Afrika verschleppten Sklaven aus. Auch die Französische Revolution übertrug die allgemeinen Menschen-

und Bürgerrechte nur partiell und vorübergehend auf die Kolonien. Wie Frankreich verweigerten auch die anderen europäischen Mächte ihren überseeischen Ablegern jene mühsam errungenen Rechtsstaatsgarantien, auf denen die heimischen Bürgergesellschaften bestanden. Der Universalismus des westlichen Projekts blieb zunächst weiß, nicht nur in seiner historischen Entstehung, sondern, und das ist entscheidend, in seiner Anwendung. Die Folgen dieser Erblast sind bis heute nicht vollständig überwunden.

Zum Westen gehört eben nicht nur die schöne, bis heute weltweit attraktive Idee liberaler Verfassungen. Der Westen ist auch Ausgangspunkt und Produkt eines der gewaltsamsten Prozesse der Weltgeschichte, nämlich der europäischen Welteroberung seit der Frühen Neuzeit. Europa, vor allem dessen atlantische Küstenländer, nutzte seinen Entwicklungsvorsprung, um an fast allen anderen Küsten des Erdballs Stützpunkte für Handel, Piraterie, Ausbeutung und Landgewinn zu errichten. Selbst älteste Hochkulturen wie Indien und China konnten in dieses eurozentrische System einbezogen werden.

Die monströseste Auswirkung solcher Weltherrschaft war die jahrhundertelange Zwangsumsiedlung afrikanischer Menschen im atlantischen Sklavenhandel. Kolonialherren, Kaufleute und Plantagenbesitzer veränderten den ethnischen Zuschnitt eines ganzen Kontinents.

Der neuzeitliche Rassismus, der Begriff der Rasse und die ihn begleitenden Praktiken, sind eine unmittelbare Folge der europäischen Durchdringung der Welt. Der Rassismus ist die eigentliche Rückseite des westlichen Projekts. Denn die europäischen Seefahrer und Kolonisatoren kamen nicht nur als Eroberer und Ausbeuter, sie waren zugleich Geografen, Ethnologen, Missionare. Sie beschrieben und vermaßen die neuen Weltteile und ihre Bewohner. Beschreibung wurde zu Klassifizierung nach dem Phänotyp, wobei die Hautfarbe den ersten Anhaltspunkt bot, der bald mit allerlei anderen Eigenschaften und Bedingungen, etwa dem Klima, verknüpft wurde.

Eine globale Menschenzoologie entstand. Der aus der Pferdezucht und der Adelsgenealogie stammende Begriff «Rasse» wurde ihr wichtigstes Ordnungsmuster. Von Anfang an verfuhr sie wertend, teilte Bevölkerungen in höhere und niedere Rassen ein. Diese von der modernen Biologie längst widerlegten Doktrinen machten fremde Menschen zu Laborobjekten und Museumsstücken; man zeichnete und fotografierte sie, nahm

Gesichtsabdrücke, vermaß Skelette und führte Statistiken. Gab es überhaupt eine zusammengehörige Menschheit? Die Frage konnte offenbleiben, da von «Varietäten» die Rede war. Naturwissenschaften – so die Evolutionslehre – und Kulturtheorien gingen dabei immer öfter Hand in Hand. Vorstellungen von «Züchtung» und «Rassenkampf» befeuerten im Hochimperialismus mörderische Exzesse. Zu Hause in Europa amalgamierte sich der Rassenbegriff mit dem überkommenen christlichen Antijudaismus zum Antisemitismus. Europa beschrieb sich selbst mit Kategorien, die es zuerst für die außereuropäische Welt entwickelt hatte.

Europa, das so lange die Welt eingeteilt und besiedelt hat, ist inzwischen selbst zu einem Einwanderungsgebiet geworden. Es wird dabei ähnlich multiethnisch, wie es die USA seit jeher waren. Damit ist auch die Erblast des Kolonialismus an seinen Ausgangspunkt zurückgekehrt. Der Sprung des Protests über den Atlantik hat einen historischen Grund in der Sache; er ist mehr als wohlfeile moralische Selbsterhöhung, wie manche Kritiker glauben.

Der Kampf um Anerkennung, den eingewanderte Europäer heute führen, macht auf seine Weise Ernst mit dem normativen Projekt des Westens. Dieses setzt auf den Begriff der Menschheit und die unveräußerlichen Rechte des Individuums, es fasst die Begriffe Staatsbürgerschaft und Nation nicht ethnisch, sondern republikanisch. Dagegen hat sich in den vergangenen Jahren ein verschärfter, auch begrifflich zugespitzter Widerstand der neuen Rechten formiert. Der Kampf um den Westen und seine Ideale geht weiter.

Wenn man die Geschichte der menschlichen Gattung aus großer Entfernung betrachtet, dann zeigen sich zwei tiefgreifende Umbrüche. Der eine ist die neolithische Revolution, bei der die Menschen am Ende der letzten Eiszeit vor etwa 12 000 Jahren sesshaft wurden, ihre Wirtschaft vom Jagen und Sammeln auf Ackerbau und Viehzucht umstellten und damit auch Arbeitsteilungen, Handwerk, Wissen, Künste, Schrift, differenzierte soziale Schichtungen und Herrschaftsformen entwickelten. Damals begann alles, was wir als menschliche Hochkultur beschreiben.

Die zweite dieser Fundamentalumwälzungen begann erst vor knapp 300 Jahren: die industrielle Revolution. Sie installierte einen selbsttragenden technischen Fortschritt, automatisierte weite Arbeitsgebiete, zapfte in großem Umfang fossile Energien an, entwickelte Formen von Echtzeit- und Distanzkommunikation über den ganzen Erdball – Telefon, Radio, Fernsehen, Internet –, sie steigerte Wohlstand und Konsum auf fantastische Höhen. Sie brachte damit allerdings auch das Ökosystem der Erde in eine beispiellose Krise. Die Menschheit wurde zu einer erdgeschichtlichen Macht. Man nennt es Anthropozän. Es ist der Moment, in dem wir leben.

Was aber ist der entscheidende Unterschied zwischen der nachneolithischen und der industriellen Epoche? Könnte man nicht einfach von einer ungeheuren Steigerung aller schon durch die Sesshaftwerdung erreichten Errungenschaften sprechen? Oded Galor, in den USA lehrender

---

* Oded Galor: The Journey of Humanity. Über die Entstehung von Wohlstand und Ungleichheit. Aus dem Englischen von Bernhard Jendricke und Thomas Wollermann, München 2022.

israelischer Ökonom, macht einen Hauptunterschied zum Angelpunkt seiner kurzen, weiträumigen Menschheitsgeschichte: Vor der industriellen Revolution wurden alle durch agrarische und technische Fortschritte erreichten Nahrungszugewinne alsbald vom Bevölkerungswachstum wieder aufgezehrt.

Man nennt es «malthusianische Falle», nach dem englischen Ökonomen Thomas Malthus. Dieser stellte um 1800 die These auf, dass jede Ausweitung der Nahrungsbasis sogleich durch Bevölkerungsvermehrung wieder verschlungen werde – ganz wie im stationären Tierreich auch. Die Menschheit sei also zu einem Leben am Subsistenzminimum verdammt. Und im Blick auf die Jahrhunderte vor Malthus stimmte das auch. Bevölkerungsschwankungen folgten getreulich diesen Nahrungsspielräumen, die nicht nur durch handwerkliche Errungenschaften, sondern auch durch Seuchen- oder Kriegsverluste variierten.

Malthus entwarf seine Theorie allerdings genau in dem Moment, als ihre Geltung ans Ende kam. Denn das ist der entscheidende Unterschied, auf den es Galor ankommt: Das Industriesystem entkoppelte erstmals in der Geschichte technischen Wandel von Bevölkerungswachstum. Das wurde in Europa im Jahrhundert nach Malthus sichtbar. Im letzten Drittel des 19. Jahrhunderts begannen in den hochentwickelten Industriegesellschaften die Geburtenraten deutlich zu sinken – ein Trend, der sich bis heute fortsetzt und allmählich auch auf die postkolonialen Entwicklungsländer übergreift. Deren vor allem dem medizinischen Fortschritt geschuldete Bevölkerungsexplosion im 20. Jahrhundert war also nur eine vorübergehende Erscheinung. Die Zeichen stehen überall auf Rückgang. Das ist mit Blick auf den Klimawandel eine gute Nachricht.

Warum aber kam es so? Galors entscheidendes Wort heißt «Humankapital». Der technische Fortschritt verlangte immer besser ausgebildete Menschen, nicht nur um ihn weiterzutreiben, sondern schon um die anspruchsvollen technisierten Wirtschaftsformen aufrechtzuerhalten. Ungelernte Arbeit, gar Kinderarbeit, Analphabetismus, körperliches Schuften bis zum frühen Verschleiß lohnte sich in einer hochtechnisierten Umgebung nicht mehr. So setzten sich evolutionär Familienmodelle durch, in denen weniger Kinder besser und langwieriger ausgebildet wurden, um dann produktiver zu arbeiten, um viel besser und auch länger zu leben. Qualität ging vor Quantität. Dazu gehörte die Möglichkeit für Frauen, am nichthäuslichen Wirtschaftsprozess mitzuarbeiten.

Im Industriesystem wird also nicht fürs Bevölkerungswachstum, sondern für Wohlstand und Konsum gearbeitet. Galor lässt keine Zweifel daran, dass er das für einen enormen Gewinn hält – die Menschheit befreite sich von elementarer Not. Kinderarbeit beispielsweise ist entgegen den Bildern, die die Romane von Charles Dickens hinterlassen haben, vor allem ein Kennzeichen vorindustrieller Agrarkulturen, während sie sich in der Industrie auf Dauer nicht lohnt – die braucht ausgebildete Arbeiter. Schon die Skandalisierung von Kinderarbeit seit dem 18. Jahrhundert kündigt den Zeitenwechsel an. Der neue Industriekapitalismus führte auf lange Sicht gerade nicht in die Verelendung, sondern zum Wohlstand für viele, so Galors optimistische Diagnose.

Galor nennt diese Umstellung von Masse auf Humankapital den «demografischen Übergang», die größte Umwälzung der Menschheit seit 10 000 Jahren. Doch wie kam es dazu und warum zunächst nur an bestimmten Orten? Das ist die Frage, die seine Geschichte der Menschheitsreise eigentlich beantworten will.

Schon in den frühen sesshaften Kulturen gab es technisch-handwerklichen Fortschritt, außerdem wuchs die Bevölkerung so an, dass bald große Siedlungen und Städte entstanden. Der Fortschritt wurde in einem Umfeld, in dem technische Fähigkeiten dauerhaft überliefert und kommunikativ unentwegt erweitert wurden – hier ist die bloße Tatsache großer Menschenansammlungen wichtig –, allmählich selbsttragend. Wo viele Menschen zusammen sind, werden viele Ideen entwickelt, wo gutes Handwerk herrscht, können Erfinder ihre Ideen rasch ausprobieren und umsetzen. Dabei entstehen materielle Überschüsse, die nicht in mehr Kinder, sondern in die Ausbildung von weniger Kindern investiert werden – samt allen individuellen Freiheitsgewinnen, die damit möglich werden.

Das führt zur zweiten Frage, der nach dem Wo und Wann. Warum Europa? Das ist eine der meistbehandelten Fragen der Geschichtswissenschaft und des historischen Denkens. Angesichts der Jahrtausendzeiträume, die Galor überblickt, könnte man sie fast für zweitrangig halten, es geht in menschheitsgeschichtlichen Zeitdimensionen fast um Augenblicke, Jahrzehnte und Jahrhunderte.

Interessant ist es trotzdem, sich diese Fragen vorzulegen. Im zweiten Teil seines Buches sammelt Galor zahlreiche Faktoren, die von liberalen politischen Institutionen bis zu Klimafragen, von kleinteiliger Geografie (begünstigt Wettbewerb) bis zu religiösen Arbeitsethiken reichen. Kommt das Wasser eher von oben (Regenkulturen) oder aus den Flüssen (Fluss-kulturen)? Regen begünstigt Kleinbetriebe und Individualismus, Flüsse müssen kollektiv bewirtschaftet werden, sie fördern Despotien und Sklaverei, hemmen aber womöglich Ideenreichtum. Schwere Pflüge begünstigen Männerarbeit, bei leichten Harken können auch Frauen mithalten.

Dutzende solcher Überlegungen, die meisten aus der kulturhistorischen Tradition gut bekannt, stellt Galor an. Es ist ihm hoch anzurechnen, dass er nicht der verbreiteten Versuchung erliegt, einen einzelnen Faktor (einen «Trick siebzehn», mit dem Kulturtheorie sich gern populär macht) zu privilegieren, sondern ein ganzes Geschwader an Möglichkeiten auffährt.

Das macht Spaß, auch weil es den Blick auf soziale Tatsachen und ihre nicht immer offensichtlichen Funktionen öffnet. An einer Stelle allerdings vertut sich Galor in den Kategorien. Er hält menschliche Diversität oder Vielfalt, solange sie nicht das kooperative Vertrauen innerhalb von Gesellschaften in Gefahr bringt, für einen wichtigen Fortschrittsmotor. Dabei meint er zunächst genetische Vielfalt, und diese sei bei Bevölkerungen, die dem afrikanischen Ursprung der Menschheit geografisch näher blieben, zwangsläufig größer als bei Populationen, die sich durch Abspaltungen in immer entferntere Weltgegenden ausbreiteten, also in Europa größer als in Fernost oder in Südamerika.

Aber Galor geht aus von einem kulturellen Beispiel, der Entstehung des Rock' n' Roll im Zusammenwirken afrikanischer und europäischer Einwanderer in den USA. Doch das ist ein kultureller Begriff von Diversität, der sich nicht eins zu eins auf den genetischen abbilden lässt. Genetisch diverse Gesellschaften können kulturell – sprachlich, religiös, moralisch – natürlich völlig homogen sein. Die von Galor behauptete «Nähe zum afrikanischen Ursprung» lässt sich in der von Wanderungen durchmischten europäisch-asiatischen Landmasse im Einzelnen kaum noch ausmachen. Und auch die genetisch abgelegenen mittelamerikanischen Populationen waren zu imponierenden hochkulturellen Leistungen fähig.

Galors Buch hat einen stringenten Gedankengang und eine überreiche Kasuistik, die Unmengen von Forschungen verarbeitet. Und sie bietet einen optimistischen Ausblick: Die Kombination von langfristigem Bevölkerungsrückgang und technischem Fortschritt wird uns, so Galor, auch befähigen, dem Klimawandel zu trotzen. Weniger Menschen mit mehr Wohlstand seien weit weniger klimaschädlich als viele Menschen mit bescheidenem Wohlstand. Deshalb sollten die Entwicklungsländer auch nicht bestehende Industrien kopieren (damit würden sie immer hinterherhinken und das Klimaübel vermehren), sondern vor allem in die Ausbildung ihrer Kinder und in die Freiheit der Frauen investieren.

Wäre hier das eigentliche Ende der Geschichte? Kleinere, reichere Gesellschaften auf einer wieder geräumigeren Erde, ein von raffinierter Technik immer effizienter kultivierter Weltgarten mit frischer Luft und blauem Himmel? Kriege und Gräuel sind in Galors Welt nur Oberflächengekräusel. Im Jahrtausendblick zeigt sich, dass die Menschheit alle Zerstörungen immer wieder überraschend schnell ausgeglichen hat. Sie muss jetzt, daran lässt auch Galor keinen Zweifel, eine entscheidende Klippe umschiffen. Aber dass die Menschheit das kann, auch daran hat dieses zuversichtliche Buch keinen Zweifel.

AUSSERORDENTLICH SIND
DIE ZEITEN IMMER

EIN NACHWORT

Wir leben in außerordentlichen Zeiten, weil sich das Unerwartete, Krisenhafte, Schockhafte seit etlichen Jahren zu verstetigen scheint. Fluchtbewegungen in Europa wie seit dem Zweiten Weltkrieg nicht mehr, Brexit, Trump, die Pandemie, Russlands Überfall auf die Ukraine, im eigenen Land die Etablierung einer rechtsradikalen Partei, die alte Gewohnheiten des demokratischen Umgangs in Frage stellt, Demokratien auf der Kippe in Osteuropa, sogar im Rahmen der Europäischen Union: Jedes dieser Ereignisse hat das Zeug, Epoche zu machen, alle zusammen bilden sie eine Zeit der Wirren, die noch vor anderthalb Jahrzehnten kaum vorstellbar gewesen wäre. Die Ballung des Unerwarteten, bei der jeder Schock sogleich von einem neuen überholt wird, und all dies vor dem Horizont einer nun allerdings nicht unerwarteten, vielmehr vorhergesagten Verschärfung der Klimakrise, verlangt dem mitschreibenden journalistischen Kommentator ein beträchtliches Maß an Kaltblütigkeit ab, wenn er sich nicht vom Augenblick überwältigen lassen will. Und das ist ja seine Aufgabe: sich nicht überwältigen zu lassen, sondern Übersicht zu bewahren, auch im Moment von Schock und Entsetzen.

Die hier gesammelten, zuerst in der *Süddeutschen Zeitung* erschienenen Texte entstanden überwiegend aus solchen Momenten, im journalistischen Alltag. Sie wurden *al fresco* geschrieben, nicht selten unter Zeitdruck. Die Redaktion meldet sich am Vormittag, bis zum Nachmittag muss das Stück stehen. Wenn es gedruckt ist oder online abrufbar wird, fällt dem Autor alles Mögliche ein, das er auch noch oder anders hätte sagen sollen. Eine Kaskade von Gegenargumenten, von Differenzierungen und Verdeutlichungen entwickelt sich in seinem Kopf. Man möchte Superlative dämpfen und Ironie verstärken, weniger Pedal, mehr Piano.

Aber es hilft nichts, der Text muss bleiben, wie er ist, abgesehen von nachträglichen faktischen Korrekturen, die jedoch offengelegt werden müssen. Vom nächsten Moment überholt zu werden, das bleibt seine beständige Gefahr. Daher sind die Erscheinungsdaten integraler, in diesem Buch prominent hervorgehobener Bestandteil der Texte. Und daher erscheinen die Texte hier auch unverändert, alles andere wäre unredlich. Rechtschreibfehler wurden ausgebessert. Die Überschriften sind original, nur die knappen, thematischen Unterzeilen mussten neu gefasst werden. Sonst blieb alles, wie es in der Zeitung stand. Auch der Versuchung zu den kleinen, leicht umzusetzenden stilistischen Verbesserungen und Glättungen, die soviel ausmachen können, wurde widerstanden.

Warum dann die Texte dem Tag, dem sie entsprungen sind, wieder entreißen und ins dauerhaftere Medium Buch überführen? Ich könnte es mir leicht machen und erklären: Der Wunsch wurde an mich herangetragen, mein Lektor Detlef Felken wollte es und hat meine Zweifel (die gibt es bis jetzt) freundschaftlich überwunden. Als wir dann beim spielerischen, versuchsweisen Auswählen und Gruppieren waren – dabei leistete der junge Lektor Simon Lindner entscheidende Hilfe –, begann mich das Spiel von Einsicht und Blindheit zu reizen, also der zeitgenössische Zeugniswert solcher momentanen Blicke auf die Aktualität. Viele dieser Beiträge halten erste Eindrücke und erste Überlegungen fest, ihr Sinn war, jedenfalls für mich, Verbalisierung von Zeitgenossenschaft. Solche reflektierte Zeitgenossenschaft ist die Chance, aber natürlich auch das Risiko von Journalismus als Beruf (den Max Weber einst unmittelbar neben Politik als Beruf stellte).

Dabei bin ich auch als Journalist immer Historiker geblieben. Historiker (jedenfalls die, an denen ich mich orientiere) wollen Abstand gewinnen, sie neigen dazu, auf Meinungen nicht allzu viel zu geben und sie versuchen, das Eigentümliche des Moments durch ein Netz von Vergleichen zu identifizieren. Denn das ist der historische Vergleich: das wichtigste Instrument, um Unterschiede, Besonderheiten, Einmaligkeiten herauszuarbeiten, selbst da, wo er dazu führt, das gar nicht so Neue, vielmehr Altbekannte einer Erscheinung bewusst zu machen. In dieser Spannung zwischen dem, was neu ist, und dem, was sich fortsetzt und wiederholt oder nur variiert wird, bewegt sich geschichtliche Betrachtung. Das kann in einer Tageszeitung natürlich nur ein Spiel mit Andeutungen und Assoziationen, eine Form von Anregung und Unterhaltung sein. Der Widerspruch, die Fortsetzung im Gespräch sind vorausgesetzt, sonst dürfte man gar nicht so gewissenlos aus dem Moment schreiben.

Dieser unvermeidlichen Gewissenlosigkeit war ich mir immer bewusst, und gelegentlich habe ich unter den Aufträgen, die die freundlichen Kollegen in der Münchner Zentrale dem freien Autor in Berlin vor die Füße warfen, auch gelitten. Schreckliche Vereinfachungen auf begrenztem Raum! Als ich vor mehr als zwanzig Jahren den aktiven Redaktionsdienst verließ, hatte ich ohnehin die Hoffnung, das berühmte «Debattenfeuilleton» hinter mir zu lassen und vornehmlich ganz klassisch als Kritiker zu arbeiten, über Bücher und Kunst, Klassiker, Alte Meister und Italien schreiben zu dürfen. Und ich durfte ja auch. Aber dann wurden eben die Zeiten immer krisenhafter. Die große Erleichterung, die meine Generation im westlichen Teil Europas durch die Ereignisse von 1989 erlebte, verflog. Sie erwies sich als Illusion. Auch das konnte, so ganz im Großen, einen Historiker natürlich nicht überraschen. Geschichte ist immer Krise, ist immer unerwartet, immer «außerordentlich». Im Alltag des Miterlebens war es so mühsam und irrtumsbehaftet wie je.

Meine beiden Lektoren und ich haben uns gegen eine strikt chronologische Anordnung entschieden und ein paar lockere Sachgruppen gebildet. Die Anordnung der Momente zeigt so auch Konstanten im Wirbel der Aktualitäten. Ich würde mir tatsächlich wünschen, das kleine Buch würde jetzt in dieser Reihenfolge gelesen (aber ich weiß, dass das bei Sammelbänden eigentlich nie geschieht). Schon die Inhaltsübersicht zeigt, dass die Achse vieler Beiträge der Liberalismus ist, ein liberales Verständnis unserer politischen Ordnung. Diese musste zuletzt, das war für mich eigentlich die größte, übergreifende Überraschung der beiden letzten Jahrzehnte, elementar neu bewusst gemacht werden, gegen innere und äußere Gegner. Auf einmal wurde allen Ernstes wieder ein positiver Begriff vom Völkischen gefordert (das ist eine der Stellen, an denen meine ungläubige Ironie womöglich hätte verstärkt werden können); im parteipolitischen, von den sozialen Medien schrill verstärkten Liberalismus zeigten sich abenteuerlich reduzierte Freiheitsbegriffe, nicht zuletzt während der Pandemie; in den Achtsamkeits- und Identitätskämpfen verschärfen sich die Fronten, was auch dem Konservativismus nicht guttut; und der Begriff der Demokratie wird wieder populistisch ins Illiberale (Kant nannte es «despotisch») gewendet; der begriffliche Joker «Bürgerlichkeit» muss für eine im parlamentarischen Leben der Bundesrepublik präzedenzlose Destruktivität herhalten.

Mein liberales Glaubensbekenntnis ist im Grausamkeitsverbot beschlossen, das Judith Shklars «Liberalismus der Furcht» ausbuchstabiert hat. Das meint nicht nur körperliche Folter, sondern auch alle anderen Formen von Zwang, Not, Verachtung und Schikane. Heute muss man wieder öfter daran erinnern, dass die Tyrannei der Mehrheit ähnlich zerstörerisch sein kann wie die von Diktatoren und Parteiapparaten. Der weltweite Rechtsruck, dessen Zeugen wir seit der Finanzkrise sind, hat damit zu tun. Die Antwort darauf sind Rechtsstaat und Gewaltenteilung auf allen Ebenen, nicht nur im politischen System, sondern auch in der Ökonomie. Daher gehören auch die von Liberalen gelegentlich unterschätzten Grundsicherungen des Sozialstaats zum «Liberalism of Fear». Im bürgerlichen Alltag, das hat die Pandemie neu bewusst gemacht, gehören Rücksichtnahme, Kooperation, Höflichkeit unter Fremden dazu. Shklars Liberalismus der Furcht findet seine ideale Ergänzung in der auf Abstand und Freundlichkeit zugleich abgestellten Verhaltenslehre von Helmuth Plessners «Grenzen der Gemeinschaft». Das ist der harte Kern meines Verständnisses von Freiheit und Zivilität, den auch meine Historikerwurschtigkeit in Meinungsfragen nicht relativieren kann. Hier liegt der Punkt, zu dessen Verteidigung alle meine Kommentare geschrieben wurden.

Und hier ist auch der Standpunkt, von dem aus mich die revisionistische, nach innen und außen gerichtete Gewaltpolitik Putins nicht erst seit 2014 so nachhaltig verstört hat, offenbar mehr als große Teile der deutschen Politik. Dass daraus auf längere Sicht nur Verheerendes für Europa und die Welt entstehen könne, davon war ich seit mehr als zehn Jahren überzeugt. Um es in einem Vergleich zu sagen: Die Invasion vom 24. Februar 2022 hat mich weniger überrascht als der Brexit.

Ich danke den liebevollen Lektoren Detlef Felken und Simon Lindner und allen Kolleginnen und Kollegen in der *Süddeutschen Zeitung,* die mir die hier gesammelten Beiträge aller Genres abverlangt und abgenommen haben.

Berlin, Pfingsten 2023, G. S.